Gassmann | Friesike

33 Erfolgsprinzipien der Innovation

Oliver Gassmann | Sascha Friesike

33

ERFOLGSPRINZIPIEN
DER INNOVATION

HANSER

Bibliografische Information der Deutschen Nationalbibliothek
Die Deutsche Nationalbibliothek verzeichnet diese Publikation in der
Deutschen Nationalbibliografie; detaillierte bibliografische Daten
sind im Internet über http://dnb.d-nb.de abrufbar.

2 3 4 5   16 15 14 13

Alle Rechte der deutschen Ausgabe:
© 2012 Carl Hanser Verlag München
Internet: http://www.hanser-literaturverlage.de

Lektorat: Lisa Hoffmann-Bäuml
Redaktion: Dr. Ute Gräber-Seißinger
Herstellung: Thomas Gerhardy
Satz und Grafiken: Sascha Friesike
Umschlagrealisation: Stephan Rönigk
Druck und Bindung: Kösel, Krugzell
Printed in Germany

ISBN 978-3-446-43042-6
E-Book-ISBN: 978-3-446-43157-7

Inhalt

Mobilitäts-Prinzip
Warum wir der Produktivität hinterher eilen

Zukunfts-Prinzip
Das Meiste wurde noch nicht getan

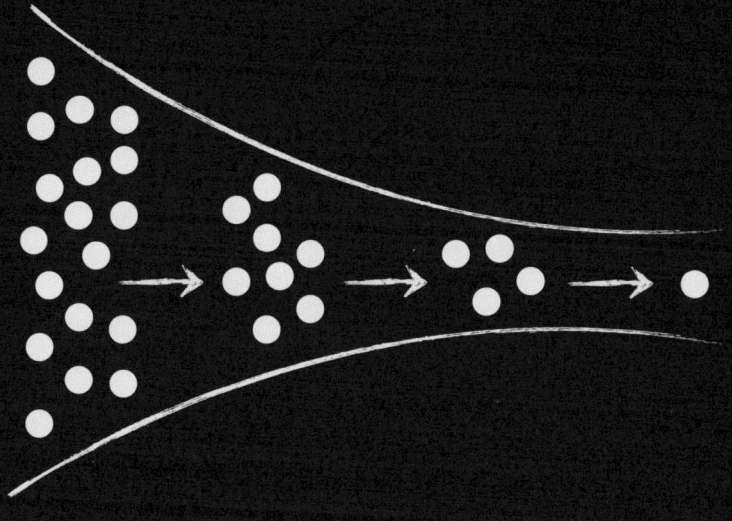

Einleitung

Innovation ist eine Fähigkeit, die jeder zu haben glaubt.

Wer auf frischen Wind wartet, darf nicht verschnupft sein, wenn er kommt.

— **Helmut Qualtinger**

Innovativ und zuverlässig, innovatives Design, innovativer Antriebsstrang, Gewinner des Innovationspreises, innovativer Ansatz, Durchbruch durch Innovation, Innovation in Technik und Design, Innovation treibt uns an ... »Innovation« ist zu einem emotionsgeladenen Schlagwort verkommen. Kaum ein Unternehmen, das nicht auf seiner Website damit wirbt, kaum eines, das sich nicht in seinen Broschüren mit dem Wort schmückt. Und so drängt sich der Eindruck auf,»Innovation« sei der Heilige Gral. Das ist umso bemerkenswerter, als die Marketingabteilungen allerorten darauf bestehen, dass die eigene Firma diesen Gral bereits gefunden habe. Doch wenn wir uns umsehen, dann ist die Welt trotzdem nicht voll von innovativen Produkten und Dienstleistungen, ganz im Gegenteil.

Innovation war immer die Aufgabe der Produktentwicklung; sie war nicht nur ihre Aufgabe, sie war ihr Monopol. Wer in anderen Abteilungen arbeitete, von dem wurde Innovativität selten gefordert. Doch dieses Verständnis hat sich in den letzten Jahren gewandelt. Innovation hat den Rang einer Grundaufgabe des Unternehmens erworben.

Dieses Buch ist weder eine wissenschaftliche Abhandlung noch ein Werkzeugkasten. Vielmehr wollen wir über Fragen sprechen, die uns tagtäglich gestellt werden. Erfolgreiche Innovationen sind eine Mischung aus Veränderung, Inspiration, handwerklichem Geschick, Passion und der Fähigkeit zu führen. Manager wünschen sich häufig eine Checkliste, so etwas wie eine Anleitung unter der Überschrift»In fünf Schritten zum innovativen Unternehmen«. Doch damit können wir nicht dienen, denn Innovation ist kein vorhersagbarer Prozess. Nichtsdestotrotz sind erfolgreiche Innovatoren Wiederholungstäter, die nach handfesten Prinzipien handeln.

Warum Innovationen scheitern

Bedenkenträger haben in den meisten Fällen Recht: Innovationen floppen viel häufiger, als dass sie erfolgreich sind.

Beim Surfen sind wir im Fotoarchiv *life.com* über eine Sammlung von dummen Erfindungen gestolpert – richtige Flops, Ideen, bei denen man sich unweigerlich fragt, wer überhaupt den Mut hatte, sie als Produkt auf den Markt zu bringen. Darunter befinden sich längst vergessene »Perlen« des erfindungsreichen 20. Jahrhunderts, wie der Regenschirm für die Zigarette, das Gewehr, das um die Ecke schießt, oder Honegar – ein Produkt, das jeweils zur Hälfte aus Honig (honey) und Essig (vinegar) besteht und dessen Sinn und Zweck bis heute ungeklärt ist.

Wenn wir hier über Produkte schreiben, dann meinen wir fertig entwickelte Produkte – und damit weder Ideen noch Prototypen, sondern marktreife Produkte. Tatsächlich wird nur jedes sechzehnte Produkt ein Erfolg, die anderen fünfzehn setzen sich nie durch. Hinzu kommt, dass fast die Hälfte aller Entwicklungsleistungen in Projekte fließt, deren Ergebnisse nie auf den Markt kommen. Die tatsächlich erfolgreichen Produkte erhalten durchschnittlich also etwa 5 Prozent des Entwicklungsbudgets, 95 Prozent werden förmlich verbrannt.

»Me too« reicht nicht aus

Die wichtigste Ursache für Produktflops ist die Me-too-Mentalität vieler Unternehmen. Aus ihr erwachsen Produkte, die sich von denen der Konkurrenten nicht unterscheiden. Für den Konsumgütermarkt wird geschätzt, dass nur jedes zehnte Produkt den Verbrauchern einen tatsächlichen Vorteil bietet. Alle andern bieten etwas, das der

Kunde auch vorher schon bei der Konkurrenz finden konnte. Besonders ausgeprägt ist diese Relation in homogenen Produktkategorien wie Joghurt oder Waschmittel. Die heutigen Werbebotschaften der Waschmittelfirmen vermitteln uns den Eindruck, als sei es vor fünf Jahren quasi unmöglich gewesen, einen Fleck aus der Kleidung zu waschen. Schauen wir uns die Werbespots der 1970er Jahre an, so empfinden wir das Gleiche. Neue Produkte, die es nicht schaffen, dem Kunden einen klaren Mehrwert zu bieten, haben es besonders schwer, wenn es schon zahlreiche andere Produkte gibt, die genau die gleichen Bedürfnisse bedienen.

Technologie als Selbstzweck

In Deutschland arbeiten gut 650.000 Ingenieure, die gerne unter Beweis stellen möchten, dass sie mit Technologie umgehen können. Und es gibt zwei Arten, auf die dieser Umgang mit Technologie zum Flop führt. Hinter der ersten steht der *kundennahe* Ingenieur. Dieser Typus geht auf jeden möglichen Kundenwunsch ein, mit dem Ergebnis, dass das Produkt am Ende kaum noch benutzbar ist. Es ist überfrachtet mit Funktionen, die die meisten Kunden nicht brauchen, und zusätzlich schwer zu bedienen. Hinter der zweiten Art steht der *technologienahe* Ingenieur, der sich erst gar nicht fragt, was der Kunde gerne hätte, sondern der alles entwickelt, was die Technologie zulässt. Das Resultat sind in Technologie gegossene Luftschlösser, die der Kunde nicht benutzen kann und erst recht nicht bezahlen möchte.

Die Sache mit der Marke

Marken sind ein bedeutender Anker in unserer Gesellschaft. Wir kaufen keine Taschentücher, wir kaufen Tempos. Wir benutzen keinen Lippenstift, sondern einen Labello. In unserem Küchenschrank steht kein Schokolade-Nuss-Brotaufstrich, sondern Nutella.

Unternehmen setzen gewaltige Werbebudgets ein, um den Namen ihrer Marke fest mit ihrem Produkt, der Produktkategorie und – noch besser – Emotionen zu verbinden. Und wenn sie dies geschafft haben, dann kommen etliche von ihnen auf die Idee, unter derselben Marke ein anderes Produkt auf den Markt zu bringen, das mit jenem nichts gemein hat, für das die Marke steht.

In besonders markanten Fällen widerspricht das neue Produkt der beworbenen Emotion sogar. Anschauliche Beispiele sind die Fertiggerichte Kitchen Entrees der Zahncrememarke Colgate, die Parfumlinie von Harley Davidson oder die Fahrräder von Mercedes-Benz.

Am Kunden vorbeientwickelt

Produkte, die am Kunden vorbeientwickelt wurden, sind die eine weitere Ursache für Flops. Den Kundennutzen der tanzenden Büroklammer aus Microsoft Word beispielsweise hat uns bis heute kein Word-Nutzer bestätigt.

Viele Unternehmen zeigen hierbei, dass sie ihre Wettbewerbssituation bestens im Blick haben, und entwickeln Produkte, die dieser entsprechen, wobei allerdings der Kundennutzen auf der Strecke bleibt. Benchmarking kann für die Chefetage zur regelrechten Sucht werden. Es gibt DAX-Unternehmen, in deren Vorstand nicht mehr gefragt wird: »Ist das sinnvoll?«, sondern: »Macht VW das auch?«

So werden einschlägigen Studien zufolge vier von fünf Innovationen der Automobilhersteller am Kunden vorbeientwickelt. Prominente Beispiele sind neben dem bereits erwähnten Honegar der A2 von Audi, der Roadster von Smart und die R-Klasse von Mercedes.

Vielfach zeigt sich auch, dass Unternehmen die Trägheit ihrer eigenen Kunden unterschätzen. Nichts wird allein schon deshalb gekauft, weil es neu ist. Ein viel zitiertes Beispiel ist New Coke, die überarbeitete Coca-Cola mit dem vermeintlich verbesserten Geschmack. Der neue Geschmack kam bei den Kunden so gut an, dass Coca-Cola binnen weniger Wochen 400.000 Beschwerden erreichten. Psychologen, die die Telefon-Hotlines betreuten, erklärten später, dass es Anrufer gegeben habe, die so klangen, als würden sie den Tod eines Familienmitglieds beklagen. Coca-Cola kehrte nach kurzer Zeit zur ursprünglichen Formel zurück und ist bis heute dabei geblieben.

Der Ford Scorpio ist ein Beispiel für einen regelrechten Modellreihen-Suizid. Die letzte Scorpio-Reihe, die ab 1994 auf den Markt kam, unterschied sich äußerlich drastisch von den Vorgängermodellen. Der klassische Scorpio-Fahrer, nicht unbedingt ein Innovationsheißsporn, konnte mit dem neuen Gesicht seines Automodells nichts anfangen und wurde widerwillig zum Ford-Mondeo-Fahrer, wenn er nicht gar zu Opel wechselte. Jüngere Kunden schreckte die Aura des Scorpio ab, und so wurde die Modellreihe bereits vier Jahre später eingestellt.

Nicht jeder Flop fällt in eine dieser Kategorien. Und gerade bei großen, radikalen Innovationen ist der Grund fürs Scheitern vielschichtiger. Die deutsche »Erfolgsgeschichte Transrapid« etwa kann bis heute nicht eindeutig aufgeklärt werden – je nachdem, ob man bei der Bahn, bei Siemens oder beim damaligen bayerischen Ministerpräsidenten

Edmund Stoiber nachfragt, erfährt man eine andere Wahrheit.

Die folgenden 33 Prinzipien sollen zeigen, wie innovative Unternehmen arbeiten. Sie bauen nicht aufeinander auf, sodass das Buch nicht chronoligisch gelesen werden muss. Eine Musterlösung für Innovation gibt es nicht, aber die Prinzipien in diesem Buch werden trotzdem all denen helfen, für die Innovation mehr sein soll als eine Worthülse zur Bewerbung neuer Produkte.

Sie werden feststellen, dass sich einige der Prinzipien widersprechen, da letztlich jedes Unternehmen seinen eigenen Weg geht. Dieses Buch soll keine Bedienungsanleitung sein nach dem Motto »Befolgen Sie diese 33 Prinzipien, und Sie sind innovativ«. Vielmehr soll es die Möglichkeiten vorstellen, die erfolgreiche Innovatoren nutzen. Wie ein Unternehmen diese Möglichkeiten kombiniert und seinen eigenen Bedürfnissen anpasst, muss es für sich selbst entscheiden. Kein Buch kann ihm diese Aufgabe abnehmen.

St. Gallen, Berlin, Dezember 2011
Oliver Gassmann, Sascha Friesike

Alle Prinzipien
auf einen Blick

Überblick schafft Weitblick.

Scotty: Das Schiff gehört Ihnen, Sir. Alle Systeme sind bereit und laufen automatisch. Ein Schimpanse und zwei Praktikanten könnten es fliegen.

Captain Kirk: Danke, Mister Scott. Ich werde versuchen, das nicht persönlich zu nehmen.

— Star Trek

Rekombinations-Prinzip: Jede Erfindung lässt sich in bekannte Bestandteile zerlegen. Die Herausforderung für Unternehmen liegt darin, bekannte Bestandteile so zu kombinieren, dass ein echter Mehrwert für den Kunden entsteht. (→ Seite 17)

Beatles-Prinzip: Egal wie unangefochten ein Unternehmen einen Markt dominiert, die Konkurrenz ist stets bemüht, seinen Innovationsvorsprung aufzuholen. So werden neue Technologien oder Geschäftsmodelle oft zum Sargnagel ehemals erfolgreicher Unternehmen. (→ Seite 27)

Rogers-Prinzip: Die Verbreitung neuer Technologien folgt einer Glockenkurve. Um ein neues Produkt nachhaltig am Markt zu etablieren, ist es essenziell, die richtige Zielgruppe anzusprechen. (→ Seite 35)

Service-Prinzip: Neue Dienstleistungen lassen sich deutlich leichter entwickeln als neue physische Produkte. Die Gefahr liegt darin, zu viele Dienstleistungen und Tarifmodelle anzubieten, sodass sich die Kunden verärgert abwenden. (→ Seite 43)

Open-Innovation-Prinzip: Die Zusammenarbeit mit Unternehmensfremden öffnet den Zugang zu neuen Technologien und Lösungsansätzen sowie zu neuen Absatzmärkten. (→ Seite 51)

Cross-Industry-Prinzip: Probleme des eigenen Industriezweiges mögen in anderen Branchen bereits gelöst sein. Interdisziplinäre Zusammenarbeit hilft, den eigenen Horizont zu erweitern, und schafft so Räume für neue Lösungen. (→ Seite 57)

Crowdsourcing-Prinzip: Traditionell wurden einzelne Experten zur Lösung von Problemen herangezogen. Heute jedoch stellen Unternehmen ihre Probleme vermehrt ins Internet und lassen sie dort von tüchtigen Freiwilligen lösen. Crowdsourcing ist ein junges Phänomen, das zunehmend an Bedeutung gewinnt. (→ Seite 63)

Ford-Prinzip: Zu viele Firmen laufen mit ihrer Entwicklung Kundenbedürfnissen hinterher. Neue Produkte dürfen nicht lediglich das bieten, wonach die Kunden schon lange gefragt haben. Vielmehr müssen sie Lösungen eröffnen, die nachhaltig begeistern. (→ Seite 73)

Yogi-Berra-Prinzip: Um zu verstehen, wie Kunden ein Produkt benutzen, ist es wichtig, die Kunden zu verstehen. Nur wer sieht, womit die Kunden Schwierigkeiten haben und wie sie das Produkt tatsächlich verwenden, kann Innovationen schaffen, die funktionieren. (→ Seite 81)

Serendipity-Prinzip: Serendipity beschreibt die zufällige Beobachtung von etwas Nützlichem, nach dem man nicht gesucht hat. Unternehmen müssen lernen, Zufallstreffer zu nutzen, auch wenn das Entwicklungsprojekt ein ganz anderes Ziel verfolgt. (→ Seite 91)

Kleines-Schwarzes-Prinzip: Vielfalt und Komplexität bergen die Gefahr, Konsumenten zu verwirren. Erfolgreiche Innovatoren konzentrieren sich auf einfache und logische Produkte, die Kunden gerne benutzen, weil sie genau dem Zweck dienen, zu dem sie gekauft wurden. (→ Seite 99)

Ästhetik-Prinzip: Das äußere Erscheinungsbild eines Produkts ist ein oft vernachlässigter Faktor. Unternehmen unterschätzen den Wert eines guten Designs für die Kaufentscheidung. Schlecht gestaltete Produkte lassen sich kaum je durch große Werbebudgets schönreden. (→ Seite 107)

Methusalem-Prinzip: Die demografische Veränderung ist eine zentrale Triebkraft für Innovationen. Unternehmen tun gut daran, nicht einfach nur Produkte für alte Menschen zu entwickeln. sie sollten vielmehr einen Schritt weiter gehen und Produkte ersinnen, die unabhängig vom Alter benutzt und geliebt werden. (→ Seite 113)

Widerstands-Prinzip: Widerstände sind eine natürliche Reaktion auf alles Neue. Innovatoren müssen diese Widerstände überwinden. Oft ist es dabei ratsam, sich nicht mit den passionierten Gegnern zu streiten, sondern stattdessen dafür zu sorgen, dass die unentschlossene Masse sich für die eigene Idee begeistert. (→ Seite 119)

Mut-zur-Freiheit-Prinzip: Innovation ist das Ergebnis eines langen Prozesses. Den eigenen Mitarbeitern Freiheiten einzuräumen, zu vertrauen und nicht genau vorzuschreiben, was sie zu tun haben, ist Grundlage für die Motivation, die nötig ist, um Neues zu schaffen. (→ Seite 125)

Kaizen-Prinzip: Kein Produkt kommt perfekt auf den Markt. Wer langfristig erfolgreich sein will, muss daher seine Produkte ständig verbessern. (→ Seite 135)

Walkman-Prinzip: Gute Produkte brauchen auch gute, eingängige Namen. Der Name eines Produkts ist dessen Personifikation. Ein guter Name macht es leichter, sich an das Produkt zu erinnern und sich mit ihm zu identifizieren. (→ Seite 143)

Nostalgie-Prinzip: Die Digitalisierung hat als Nebeneffekt eine regelrechte Retro-Welle losgetreten. Viele erfolgreiche Unternehmen erinnern mit ihren Produkten an die »gute alte Zeit«. Etablierte Anbieter greifen auf ihren eigenen Fundus zurück und verbinden Historisches mit Aktuellem. (→ Seite 149)

Windschatten-Prinzip: Als Erster auf den Markt zu kommen, sichert nicht den nachhaltigen Erfolg. Oft zeigt der Pionier, wie es *nicht* geht, und ebnet so den Weg für neue, verbesserte Produkte. (→ Seite 155)

Aikido-Prinzip: Erfolgreiche Unternehmen bieten oft Lösungen an, die der Branchenlogik widersprechen. Wer es schafft, etwas anzubieten, das die Konkurrenz nicht nachahmen kann, weil es ihrer Philosophie widerspricht, der kann sich langfristig etablieren. (→ Seite 163)

Musik-Combo-Prinzip: Innovation ist immer eine Mischung aus chaotischem, kreativem Zusammenspiel einerseits und routinierter, ausgereifter Handwerkskunst andererseits. Es gilt, beide Fähigkeiten im Unternehmen zu vereinen. (→ Seite 171)

Globalisierungs-Prinzip: Die Globalisierung ist ein fortschreitender Prozess, der auch die Forschung und Entwicklung erreicht hat. Wichtigster Punkt ist hierbei die Entwicklung einer gemeinsamen Wissens- und Vertrauenskultur. (→ Seite 177)

Boutique-Prinzip: Viele Unternehmen laufen Gefahr, zu schnell zu diversifizieren. Statt sich auf wenige ausgezeichnete Produkte zu konzentrieren, bringen sie in schneller Folge etliche mittelmäßige Produkte auf den Markt. Dadurch verlieren sie ihre gute Ausgangsposition und gehen schlimmstenfalls unter. (→ Seite 185)

Gore-Prinzip: Innovative Wiederholungstäter unterscheiden sich von den anderen vor allem durch eines: ihre Kultur. Es zeigt sich immer wieder, dass letztlich nicht die Zusammensetzung des Teams über den Erfolg entscheidet, sondern dessen Umgebung und Führung. (→ Seite 195)

Bonbon-Prinzip: Monetäre Anreizsysteme eignen sich nicht zur Förderung kreativer Tätigkeiten. Werden sie dennoch installiert, so verdrängt der Fleiß die Kreativität. Die Ergebnisse verschlechtern sich, und Quantität verdrängt Qualität. (→ Seite 203)

Primadonna-Prinzip: Kreative Teams arbeiten nicht auf Knopfdruck. Nur wer seinen Mitarbeitern ihre Frei- und Eigenheiten lässt, wird aus ihrem vollen Potenzial schöpfen können. (→ Seite 209)

Spaß-Prinzip: Spaß lässt sich nicht verordnen, doch damit er entstehen kann, muss er erlaubt sein. In vielen Unternehmen jedoch wird Spaß noch nicht einmal geduldet. Indes erbringen Mitarbeiter bessere Leistungen, wenn ihnen das Arbeitsumfeld Freude macht. (→ Seite 215)

Zweisprachigkeits-Prinzip: In Unternehmen werden zwei Sprachen gesprochen, die Sprache des Geldes (Betriebswirte, Volkswirte …) und die Sprache der Dinge (Ingenieure, Handwerker, Kreative …). Unternehmen brauchen eine Kultur des gegenseitigen Verständnisses. (→ Seite 223)

Realtime-Prinzip: Die Idee der ständigen Verfügbarkeit hat dazu geführt, dass wir unter ständig wachsendem

Zeitdruck stehen und die Ergebnisse unserer Arbeit immer schlechter werden. Neue Technologien bieten enorme Möglichkeiten, um dieser Tendenz entgegenzuwirken. Sie müssen nur richtig eingesetzt werden. (→ Seite 229)

Kreativitäts-Prinzip: Kreativität ist nicht das Monopol von Künstlern. Es ist eine Fähigkeit, die in jeder Abteilung des Unternehmens gebraucht wird. Nur dort, wo kreativ mit neuen Aufgaben umgegangen wird und wo dies auch begrüßt wird, kann Neues entstehen. (→ Seite 237)

Eisenhower-Prinzip: Wir tun zu viel, und das vom Falschen. Nur ein Bruchteil der Arbeit, die wir leisten, mündet in die relevanten Ergebnisse. (→ Seite 245)

Mobilitäts-Prinzip: Mitarbeiter sollten danach beurteilt werden, was sie für das Unternehmen leisten, und nicht danach, wie lange und wie oft sie anwesend sind. Trotzdem hat sich gerade in Deutschland eine Kultur der Anwesenheit etabliert. Anwesenheit rückt an die Stelle der Leistung; es werden die Falschen befördert. (→ Seite 251)

Zukunfts-Prinzip: Im Mittelalter war gebildet, wer wusste, wo welches Buch steht. Heute ist wichtig, zu wissen, wer was weiß. Zukünftig wird es immer wichtiger, zu wissen, wo relevantes Wissen gerade entsteht. (→ Seite 259)

Rekombinations-Prinzip

*Ein verdammt fauler Mensch
muss das Rad erfunden haben.*

Daher ist die Aufgabe nicht sowohl,
zu sehen, was noch keiner gesehen hat,
als, bei dem, was jeder sieht,
zu denken, was noch keiner gedacht hat.

— **Arthur Schopenhauer**

Innovationen werden nicht von genialen Wissenschaftlern aus dem Nichts geschaffen. Vielmehr sind sie die Weiterentwicklung von Dingen, die schon bekannt sind. So wurde auch das Rad vor 5.500 Jahren nicht aus der hohlen Hand erfunden, sondern es entstand aus der Kombination von zwei bekannten Konzepten. Um schwere Lasten zu bewegen, benutzte man Schlitten. Auf Sand oder Schnee funktionierte das passabel, auf anderen Oberflächen kaum. Aus Töpfereien waren runde Platten bekannt, die gedreht wurden, um gleichmäßige Krüge zu formen. Frühe Zeichnungen zeigen Schlitten, die mit Töpfereirädern ausgestattet waren: Das Wagenrad war erfunden.

Eine Innovation im eigentlichen Sinne ist eine Erfindung, die Kunden findet, die also gekauft wird. Insofern entsteht eine Innovation immer aus einer Idee und deren Übersetzung für einen Markt. Damit aus einer Erfindung eine Innovation wird, muss sie sich also am Markt behaupten. Der Chief Technology Officer von Henkel meint dazu treffend: »Innovation ist, wenn der Markt Hurra schreit.« Dabei kann die Erfindung auf einen bekannten Markt abzielen, wie der X5 von BMW, der zunächst nur für die Kunden von Mercedes-Geländewagen gedacht war. Eine Innovation kann aber auch einen ganz neuen Markt schaffen, so wie Apples iPad, Sonys Walkman oder Nintendos Gameboy. Innovationen lassen sich also immer in die Komponenten Markt und Idee zerlegen. Doch nicht jede Innovation ist gleich. Stattdessen gibt es drei grundlegende Typen: Leistungsinnovationen, Anwendungsinnovationen und radikale Innovationen.

- *Leistungsinnovationen* werden aus neuen Ideen für einen bekannten Markt geboren. Meistens entstehen sie, weil die bereits existierenden Angebote verbessert werden können oder weil neue Technologien eine neue Produktgeneration möglich machen. In diese Kategorie fallen beispielsweise neue Laufschuhe von Adidas oder ein neues Haarshampoo von L'Oréal.

- *Anwendungsinnovationen* schaffen einen neuen Markt für eine bereits bekannte Idee. Sie verkörpern den Traum eines jeden Unternehmers: mehr Kunden für ein bereits bestehendes Angebot. Post-its basieren auf einem Kleber, der nicht besonders gut klebt. Und bei der Entwicklung von Viagra griff man auf einen Blutdrucksenker mit bekannten Nebenwirkungen zurück. Oftmals sind es sogar die Kunden, die eine Erfindung kaufen und anschließend »zweckentfremden«. Wer wüsste heute nicht, dass Backpulver nicht nur zum Backen geeignet ist, sondern auch zum Bleichen oder zur Abwehr von Ameisen? Ein anderes Beispiel ist die Webseite *ikeahackers.net*, die zeigt, für welche Zwecke und auf welche Weisen sich IKEA-Produkte sonst noch einsetzen lassen. Anwendungsinnovationen kranken oft an der nur oberflächlichen Kenntnis des scheinbar ähnlichen Marktes. Dabei gilt es nicht nur, das Produkt zu transferieren, sondern auch die Markt- und Branchenlogik zu verstehen. Für Lifestyle-Produkte gelten völlig andere Vermarktungsregeln als für Medikamente. Auf der Basis der eigenen Kerntechnologien neue Anwendungsfelder zu betreten klingt verlockend, doch erfolgreich sind dabei nur diejenigen, denen es gelingt, die damit verbundenen Gefahren zu umschiffen.
- *Radikale Innovationen* sind neue Ideen, die neue Märkte schaffen. Der Computer hat das Arbeiten revolutioniert, der Buchdruck das Wissen und die Fotografie die Kunst. Durch die bloße Erfindung wird ein Kundenbedürfnis geschaffen, das es vorher nicht gab. Radikale Innovationen sind die riskanteste Art der Innovation. Beide Komponenten, die Idee und der Markt, sind unbekannt. Die

Kunst besteht darin, die richtigen Suchfelder zu definieren, bei der Entwicklung die Technologierisiken zu beherrschen und das Ergebnis erfolgreich zu vermarkten.

Wie die Balance zwischen den drei Innovationstypen beschaffen sein soll, muss jedes Unternehmen für sich selbst entscheiden. Wer den Anspruch auf Innovationsführerschaft erhebt, der führt ein anderes Innovationsportfolio als derjenige, der sich dazu entschlossen hat, die Innovationen anderer als Vorbild zu nehmen. Branchen im Umbruch sind experimentierfreudiger als solche, die sich in einem stabilen Umfeld wähnen. Doch auch der Buchhandel wähnte sich in einem stabilen Umfeld, bevor Amazon kam; ebenso die Werkstätten mit angeschlossenen Tankstellen, bevor sie zu 24-Stunden-Shops mit Zapfsäulen wurden.

Der Motor des Fortschritts

Unternehmen gehen früher oder später unter, ungeachtet ihrer Größe und ihres Erfolgs. Der häufigste Grund dafür ist, dass sie nichts Neues mehr schaffen. Egal wie groß der Vorsprung des Marktführers ist, die Konkurrenz trachtet unablässig danach, ihn einzuholen. TWA, Pan Am, Grundig, AEG, Woolworth oder Karstadt waren bedeutende Unternehmen des 20. Jahrhunderts, die es in entscheidenden Momenten versäumten, ausreichend Neues zu entwickeln. Menschen fliegen heute häufiger denn je, und trotzdem sind TWA und Pan Am untergegangen. Für Elektroartikel geben wir heute mehr Geld aus als je zuvor, und trotzdem sind Grundig und AEG von der Bildfläche verschwunden. Und auch eingekauft wird heute immer noch, nur nicht mehr bei Woolworth oder bei Karstadt. All diese Unternehmen sind untergegangen, weil andere an ihrer Stelle Neues geschaffen haben.

In einer Welt ohne Innovationen gleichen sich die Angebote am Markt im Lauf der Zeit mehr und mehr an. Am Ende ähneln die Produkte einander so sehr, dass sie kaum noch unterscheidbar sind, und die Preise pendeln sich in der Nähe der Produktionskosten ein. Nur die günstigsten Anbieter überleben am Markt. In der Praxis dürfte die Wahrscheinlichkeit gering sein, dass die entsprechenden Produkte aus Europa kämen.

Es gibt zwei wesentliche Gründe für Innovationen: Zum einen gilt es, den Mehrwert für die Kunden zu steigern, zum andern, die Kosten zu reduzieren.

Den Mehrwert aus Kundensicht steigern

Unternehmen, die den Nutzen aus Kundensicht auf einzigartige Weise erhöhen, binden Kunden an sich. Die Folge sind loyale Kunden, die Spielräume für Preisanhebungen eröffnen und damit höhere Margen möglich machen. Kunden zu begeistern und zugleich große Margen zu realisieren, mutet wie ein hoher Anspruch an. Doch es ist möglich. Firmen wie Mini, der Sportbekleidungshersteller Under Armour oder die Möbelfirma USM zeigen es.

Aber Achtung: Es geht hier immer um den vom Kunden und damit subjektiv wahrgenommenen Mehrwert. Dieser Mehrwert hat oft wenig mit technischen Spezifikationen zu tun. Design, Ästhetik, Kommunikationsstrategie oder Community-Entwicklung können aus der Sicht des Kunden wichtiger sein als das Produkt selbst.

Kosten reduzieren

Prozess- oder Verfahrensinnovationen können die Kosten senken. Schnellere Produktionstechniken oder weniger Arbeitsschritte sind Beispiele hierfür. Betrachtet man Kostensenkungsprogramme genauer, so fällt auf, dass hier des Öfteren mit viel Aufwand wenig Wirkung erzielt wird. Beispiel: Werden die Kosten im Einkauf um 5 Prozent reduziert, so reduziert dies bei einem Materialanteil von 30 Prozent die Gesamtkosten um magere 1,5 Prozent. In China sind gleichzeitig immer noch 500 Millionen Menschen bereit, für weniger als 2 US-Dollar am Tag zu arbeiten. Der Kostensprung ist so gewaltig, dass echte Innovation notwendig ist, um ernsthaft konkurrieren zu können. Die Anwendung radikaler Design-to-Cost-Prinzipien in den frühen Innovationsphasen kann helfen, Kostensenkungen in ausreichenden Größenordnungen zu erzielen. Die Uhren von Swatch sind ein bekanntes Beispiel dafür: Die drastische Verringerung der Anzahl der Teile und ein durchgängiges Plattformkonzept haben Niedrigpreisuhren möglich gemacht, die schnell den Status von Sammlerstücken errangen.

Innovation ist ein ewiger Kreislauf, der durch die Globalisierung beschleunigt wird. Dabei lautet das Ziel nicht zwangsläufig, Kosten- oder Differenzierungsführer zu sein. Wirklich innovative Unternehmen schaffen beides: Nespresso bietet seine Maschinen für 150 Euro günstig an und verdient anschließend pro Kilo Kaffee das Vielfache anderer Kaffeeverkäufer. Von zentraler Bedeutung ist es, dem Kunden mehr zu bieten als es die Konkurrenz tut.

Jede Erfindung lässt sich zerlegen

Gut 400 Jahre vor Christi Geburt begründete der griechische Philosoph Demokrit die Atomtheorie. Er erklärte, dass die gesamte Natur aus kleinsten unteilbaren Einheiten, den Atomen, besteht. Etwas, das neu entstanden ist, ist nicht tatsächlich neu, sondern vielmehr eine Rekombination bereits bestehender kleinster Teile. Jeder Baum, der wächst, jedes Kind, das geboren wird, besteht nicht aus neuen, sondern aus viele Millionen Jahre alten Atomen. Was Baum wie Kind einzigartig macht, ist die Art und Weise, in der sie zusammengesetzt sind.

Was in Demokrits Atomtheorie galt, gilt auch für Innovationen. Kaum eine Erfindung ist von Grund auf neu. Was eine gute Idee auszeichnet, ist die einzigartige Rekombination von bereits Bekanntem. Ähnlich wie in einer Explosionszeichnung lässt sich jede Innovation in einzelne, bekannte Elemente zerlegen. Die Originalität einer Innovation liegt nicht darin, dass sie aus dem Nichts geschaffen worden wäre, sondern darin, dass in ihr Bekanntes neu und einzigartig arrangiert wurde. Die Rolling Stones haben die Musik nicht erfunden, aber sie haben Bekanntes auf einzigartige Weise rekombiniert. Dafür benutzten sie Instrumente, die im Rock 'n' Roll seit Jahren gängig waren, und machten mit bekannten Noten, bekannten Akkorden und bekannten Rhythmuselementen »neue« Musik. Auch Alfred Hitchcock hat nicht den Film erfunden, aber er erschuf mithilfe von bekannten Mitteln neue und einzigartige Werke.

80 Prozent aller Innovationen sind ausschließlich Rekombinationen aus existierenden Ideen, Konzepten und Technologien. Die Kunst besteht darin, Bekanntes mit neu-

en Augen zu sehen, neue Einflüsse einzubringen oder bekannte Ideen auf neue Einsatzgebiete zu übertragen.

Was »neu« ist, hängt vom Betrachter ab

Ob etwas neu ist, hängt von der Sicht des Betrachters ab. Bei Innovationen entscheidet die Sichtweise des Kunden und nicht die des Herstellers. Der Kunde entscheidet, ob eine Rekombination es wert ist, von ihm gekauft zu werden, er entscheidet, ob aus einer Erfindung eine Innovation wird. Als »neu« wird wahrgenommen, was nicht einfach der nächste logische Schritt in einer Abfolge von Lösungen ist. Es ist etwas, das sich von dem unterscheidet, was es bisher gab. Der Neuheitsgrad setzt sich aus zwei Komponenten zusammen: aus dem Unterschied zu vorherigen Lösungen, also dem Überraschungsmoment, und dem Wissen des Kunden.

Die Schweizer Supermarktkette Migros belegt in unserem Ranking der innovativsten Unternehmen der Schweiz, das wir für die Bilanz 2009 durchgeführt haben, einen Platz unter den Top Ten. Und das, obwohl ihre Produktstrategie häufig die Imitation ist. Demgegenüber sorgten im Jahr 2009 Kundenpflege und überraschende Aktionen der Migros wochenlang für Schlagzeilen und Gesprächsstoff unter den Kunden.

Nur weil etwas als neu bezeichnet wird, wirkt es auf den Kunden noch lange nicht wie neu. Anbieter tun gut daran, Wörter wie neu oder innovativ sparsam zu verwenden. Dinge als neu oder innovativ zu bezeichnen, die weder neu noch innovativ sind, löst beim Kunden nur Ärger aus und verfehlt damit die gewünschte Wirkung.

Vom Rekombinations-Prinzip lernen

- Innovationen bestehen immer aus einer Idee und einem Markt. Nur das, was sich an einem Markt durchsetzt, ist auch eine Innovation.
- Es gibt drei Formen von Innovationen: Leistungsinnovationen, Anwendungsinnovationen und radikale Innovationen. Erfolgreiche Unternehmen beherrschen die Mischung.
- Innovationen haben zwei Ziele: den Mehrwert für den Kunden zu steigern und die Kosten zu senken. Versäumen Unternehmen es, am Markt Schritt zu halten, so gehen sie unter.
- Eine Innovation lässt sich in bekannte Teile zerlegen. Die Kunst liegt darin, solche bekannten Teile so zusammenzusetzen, dass sie für den Kunden eine Neuheit darstellen.
- Immer wieder darauf hinzuweisen, dass man innovativ ist, ist etwa so, als würde man immer wieder darauf hinweisen, dass man Humor hat. Wer so handelt, der verliert an Glaubwürdigkeit.

Beatles-Prinzip

Die Konkurrenz schläft nicht.

Alle großen Wahrheiten waren anfangs Blasphemien.

— George Bernard Shaw

Rock 'n' Roll war die dominante Musikrichtung der 1950er Jahre, Ausdruck eines Lebensgefühls und jugendlicher Protestkultur. Doch der Rock 'n' Roll ging unter, seine Musiker sind heute größtenteils in Vergessenheit geraten – anders als ihre Erben, die Beatles. Schöpferische Zerstörung ist der Untergang einer Technologie, eines Produkts, einer Produktkategorie oder gar eines ganzen Industriezweigs durch die Entstehung eines neuen, leistungsfähigeren Nachfolgers. Indem eine Innovation die geltenden Spielregeln des Wettbewerbs außer Kraft setzt, wird sie zum Sargnagel etlicher vormals erfolgreicher Unternehmen – oder im Fall des Rock 'n' Roll einer vormals dominanten Musikrichtung.

Geschichten von umwälzenden Innovationen wie die der Beatles gibt es viele. Ende des 19. Jahrhunderts existierte eine ganze Schar von Unternehmen, die Eisblöcke aus Gletschern schnitten und in den Städten zum Kühlen von Lebensmitteln verkauften. Später wurden Kühlhäuser erfunden, und die Städter brachten ihre Lebensmittel dorthin, um sie vor dem Verderb zu schützen. Kein einziges der Unternehmen, die vorher Eisblöcke geliefert hatten, hatte später Erfolg in der Kühlhausbranche. Mit der Erfindung des Kühlschranks veränderten sich die Gewohnheiten in der Aufbewahrung von Lebensmitteln erneut. Der Mensch konnte seine Lebensmittel nun zu Hause kühlen, ohne Kühlhäuser und ohne Gletschereis. Nicht ein einziger Hersteller von Kühlhäusern stellte später erfolgreich Kühlschränke her. Die Unternehmen erkannten zwar, dass in ihrer Branche Veränderungen im Gange waren. Sie waren jedoch so sehr von ihrem eigenen Geschäftsmodell überzeugt, dass sie der »Mode« trotzten – so lange, bis es zu spät war.

Die Adlerwerke, Triumph, Olivetti oder Olympia wurden mit Schreibmaschinen zu Herstellern von Weltruf. Den

Umstieg auf den PC verpassten sie allesamt. Vergleichbares erlebten Agfa, Fuji, Polaroid oder Kodak bei der Einführung der Digitalfotografie. Und auch ehemalige Leuchttürme der deutschen Industrie wie Grundig, AEG oder Telefunken verpassten den Einzug ins digitale Zeitalter.

In Deutschland und der Schweiz wurden digitale Schlüsseltechnologien entwickelt. Man denke nur an die MP3-Technologie und deren Wiege am Fraunhofer-Institut oder an das World Wide Web, das am CERN in Genf ersonnen wurde. Demgegenüber findet die Kommerzialisierung der digitalen Technologien oft außerhalb Europas statt. Die großen Innovatoren des Internets sind vor allem amerikanischen Ursprungs: Google, eBay, Facebook, Twitter, Amazon, Dropbox. In anderen Bereichen wie Umwelttechnologien, intelligente Materialien oder Life Science haben europäische Unternehmen eine gute Ausgangsposition. Es wird sich zeigen, ob sich die Fehler der Vergangenheit wiederholen.

Unternehmen mit einer starken Marktposition versäumen es nicht nur, auf Innovationen zu reagieren, sie geben sich mitunter nicht einmal die Mühe, neue Technologien zu verstehen. Sie verschanzen sich hinter ihren bestehenden Produkten und gehen mit wehenden Fahnen unter.

Das größte Problem umwälzender Innovationen besteht darin, dass man nicht vorhersagen kann, was sich morgen verkaufen wird. Je länger ein Anbieter in einer Branche tätig ist, desto eher meint er zu verstehen, wie sie funktioniert und was sich morgen am Markt durchsetzen wird. Zudem sind erfolgreiche Unternehmen von der Überlegenheit ihrer eigenen Produkte überzeugt. Die alte Technologie ist der aufkommenden neuen Technologie zunächst weit überlegen. Man denke nur an die ersten Digitalkameras, die Bilder in 640 mal 480 Bildpunkten schossen und dabei Unmengen an Batterien verbrauchten. Diese Kameras waren keine wirkliche Alternative zum bewährten Fotoapparat. Aber irgendwann holt die neue Technologie auf und wird wettbewerbsfähig. Doch dann ist es für viele Unternehmen bereits zu spät, umzusteigen. Andere Unternehmen haben sich im neuen Markt bereits einen Namen gemacht. 1999 wurden weltweit gut fünf Millionen Digitalkameras produziert, 2008 waren es mehr als 116 Millionen, und heute gibt es quasi kein Mobiltelefon mehr, mit dem sich keine Fotos machen ließen.

Innovation in Stufen

Jede Innovation durchläuft sechs Stufen. Je später sie von den Anbietern der etablierten Technologien ernst genommen wird, desto unwahrscheinlicher ist es, dass diese Anbieter sich am Markt weiterhin halten können.

1. *Das kritische Bedürfnis.* Relevante Bedürfnisse des Kunden werden aufgenommen. Dies sind nicht immer Themen, die der Kunde ausdrücklich benennt, sondern oft Anforderungen, die latent vorhanden sind. Durch die richtigen Fragen offenbart sich das kritische Bedürfnis.
2. *Die kritische Lösung.* Jedes Problem kann auf verschiedene Weisen gelöst werden. Der potenzielle Lösungsraum ist so groß, dass nicht jedes Konzept detailliert ausgearbeitet werden kann. Zum richtigen Zeitpunkt muss der Mut zur Entscheidung für eine Lösungsvariante aufgebracht werden.
3. *Der kritische Preis.* Fällt eine Technologie unter einen bestimmten Preis, so wird sie für potenzielle Käufer interessant. Die ersten Kunden stellen sich ein, die Verkaufszahlen steigen an.

4. *Die kritische Masse.* Ab einer bestimmten Zahl von Kunden erreicht die Technologie eine kritische Masse. Die Kunden sind nun so zahlreich, dass sich die Technologie am Markt etabliert. Zentral sind dabei die Pionierkunden.

5. *Der kritische Moment.* Dies ist der Moment, ab dem die umwälzende Innovation die alte Technologie verdrängt und den Markt übernimmt. Die neue Technologie erreicht die Mehrheit der Kunden, die alte klingt nach und nach aus.

6. *Die kritischen Kosten.* Hat die Technologie die ersten fünf Stufen durchlaufen, so ist sie etabliert. Das Produkt wird zum Allerweltsprodukt, zur »Commodity«. Durch die großen Stückzahlen lässt es sich günstig fertigen. Es taucht im Sortiment von Supermärkten oder Tankstellen auf.

Zu Beginn eines Projekts besteht die Herausforderung vor allem in der Prognose. Hier helfen »S-Kurven« von McKinsey wenig. Auch die Business Cases sind für die Kalkulationen von »Net Present Value«, »Figure of Merit« und anderen verbreiteten Kennzahlen zu unsicher. Meist schwanken die Kostenprognosen für ein Projekt in einem frühen Technologiestadium um einige hundert Prozent, die erwarteten Einnahmen um einige tausend Prozent. Der amerikanische Raketenpionier Robert H. Goddard kommentierte das Problem treffend: »Es ist schwer zu sagen, was unmöglich ist, denn der Traum von gestern ist die Hoffnung von heute und die Wirklichkeit von morgen.« Der Traum von heute kann für viele Firmen aber auch zum Albtraum von morgen werden.

Vom Beatles-Prinzip lernen

- Umwälzende Innovationen sorgen für den Untergang alter Technologien und treiben damit zahlreiche Unternehmen in den Konkurs. Dabei gilt: Besseres ist der Feind des Guten.
- Innovationen durchlaufen sechs Stufen. Je später ein Unternehmen beschließt, sich mit einer Innovation zu beschäftigen, desto schwieriger wird der Übergang.
- McKinseys S-Kurven und Business Cases helfen in der Frühphase wenig. Statt die Zukunft zu prognostizieren, ist es sinnvoller, sie den eigenen Vorstellungen gemäß zu gestalten.

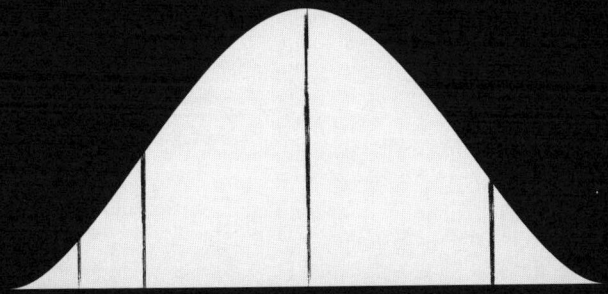

Rogers-Prinzip

Die Zukunft ist schon da,
sie ist nur noch nicht gleichmäßig verteilt.

*Dinge verändern sich nicht. Das Einzige, was
sich verändert, ist, wie wir die Dinge betrachten.*

— **Carlos Castaneda**

Das Elektroautomobil ist in jeder Fachzeitschrift präsent, Elektromobilität gehört zum Inventar eines jeden Energiesymposiums, der Genfer Autosalon stellt seit über zehn Jahren Elektromobile vor. In Dänemark wird erforscht, wie man Elektroautomobile als Energiespeicher in einem intelligenten Energienetzwerk (Smart Grid) nutzen kann. Doch die kommerzielle Verbreitung beim Konsumenten lässt weiter auf sich warten.

Oft dauert es lange, bis eine neue Technologie kommerziell genutzt wird. Die Brennstoffzelle wurde bereits 1838 entwickelt, der erste Hybridantrieb 1902 von Ferdinand Porsche erfunden und gebaut. 1936 wurde das erste Bildtelefon zwischen Berlin und Leipzig betrieben, bald darauf wieder eingestellt, nur um seit dem Ende der 1980er Jahre regelmäßig als Neuheit auf der Cebit angekündigt zu werden, immer noch ohne Erfolg. 1981 gab es das erste Navigationssystem von Honda, doch erst zwei Jahrzehnte später begann sich das »Navi« durchzusetzen.

So ziemlich jeder Unternehmensgründer dürfte von der eigenen Geschäftsidee überzeugt und von der Hoffnung auf eine schnelle Marktdurchdringung angetrieben sein. Doch zahlreiche Start-ups werden blindlings gegründet und gegen die Wand gefahren. Übersehen wird dabei, dass die meisten Innovationen sich nur langsam verbreiten. So hatte das Farbfernsehen zwanzig Jahre nach seiner Einführung erst in vier von zehn Haushalten Eingang gefunden. Der PC wies noch im Jahr 1990 (und damit vierzehn Jahre nach dem Apple I) einen Verbreitungsgrad von nur 22 Prozent auf. Das Telefon, das Flugzeug oder das Auto – Technologien mithin, die auf eine eigene Infrastruktur angewiesen sind – brauchten mehr als einhundert Jahre, ehe sie sich beim Großteil der Bevölkerung durchgesetzt hatten. All diese Ideen haben die Welt revolutioniert, aber keine von ihnen hat den Markt im Sturm erobert.

Im Zuge ihrer Verbreitung sprechen Technologien nach und nach verschiedene Nutzergruppen an. Die Marktdurchdringung folgt typischerweise einer Glockenkurve, der sogenannten Rogers-Kurve. Bei großen wissenschaftlichen Entdeckungen dauert es oft ein bis zwei Generationen, bevor die kommerzielle Nutzung breit einsetzt. Während ihrer Lebensphase sprechen neue Technologien nacheinander fünf Gruppen an, die wir im Folgenden näher betrachten.

- *Techies.* Kommt eine neue Technologie auf den Markt, so geht sie zuerst durch die Hände der Techies. Diese technikbegeisterten Pioniere sehen nicht zwangsläufig einen Nutzen in der Innovation, sind aber an der Technik interessiert und bereit, hohe Preise zu zahlen, um dabei zu sein.
- *Trendsetter.* Trendsetter (häufig auch als »Early Adopters« bezeichnet) nutzen Technologien, bevor sie von einer großen Masse angenommen werden. Dieser Typus hatte bereits in den 1980er Jahren einen PC, in den 1990ern eine Digitalkamera und einen DVD-Spieler und fährt heute einen Tesla oder sieht fern auf Hulu.
- *Pragmatiker.* Diese Gruppe hebt die zuvor kaum verbreitete Technologie in den Massenmarkt und ist entsprechend groß. Sie umfasst diejenigen Anwender, bei denen nicht die Technik im Vordergrund steht, sondern der Nutzen. Während der Techie verstehen will, wie eine Innovation funktioniert, möchte der Pragmatiker sie lediglich nutzen. Erfolgreiche Innovationen zeichnen sich dadurch aus, dass der Brückenschlag von den Trendsettern zum breiten Markt gelingt. Eine wichtige Rolle spielt dabei die treffende Kombination von Grund- und Zusatznutzen der neuen Technologie.

- *Konservative.* Erst wenn eine Technologie sich offensichtlich am Markt etabliert hat, sind auch die Konserva-
tiven bereit, sich mit ihr auseinanderzusetzen. Umgeben
von Menschen, die die Technologie bereits nutzen, und
geködert von sinkenden Preisen, entschließen auch sie
sich, die Technologie anzunehmen.
- *Skeptiker.* Diese Gruppe umfasst all diejenigen, die bis
zum letzten Moment zögern. Skeptiker lassen sich erst
dann von einer Technologie überzeugen, wenn sie zu
einem Allerweltsprodukt geworden ist und wenn die
Alternativen so unattraktiv geworden sind, dass sie quasi zum Wechsel gezwungen sind.

Die Rogers-Faktoren

Mit welcher Geschwindigkeit eine Innovation die Gunst
dieser fünf Gruppen erobert, hängt von verschiedenen
Faktoren ab. Rogers nennt fünf Einflüsse:

1. *Vorteil.* Der Kunde, nicht der Hersteller, muss die Innovation als vorteilhaft wahrnehmen. Dabei sind ganz verschiedene Vorteile denkbar wie Wirtschaftlichkeit, Pres-
tige, Komfort oder Mode. Nicht jede Innovation muss ein
Problem lösen (wie oft propagiert wird), aber jede Innovation muss den Kunden einen echten Vorteil bieten.
2. *Kompatibilität.* Die Kompatibilität bestimmt den Aufwand, den der Nutzer auf sich nehmen muss, um von
der bestehenden auf die neue Lösung umzusteigen. Ist
der Aufwand größer als der erwartete Nutzen, so weigert
sich der Kunde, die Innovation anzunehmen. Kompatibilität beschränkt sich nicht nur auf die Schnittstellen
und Zusatzgeräte, die der Kunde beibehalten will, sondern umfasst auch das erworbene Wissen.

3. *Komplexität.* Wie lange dauert es, bis Nutzer den Umgang mit der neuen Technologie beherrschen? Zahlreiche Microsoft-Kunden haben das Betriebssystem Windows Vista als Nachfolger von Windows XP deshalb abgelehnt, weil ihnen die Umstellung zu kompliziert erschien. Siemens und später auch BenQ haben regelmäßig die grafische Oberfläche ihrer Handymodelle derart »verbessert«, dass die Nutzer die Handhabung immer wieder von neuem erlernen mussten.

4. *Verfügbarkeit.* Je einfacher sich Innovationen ausprobieren lassen, desto schneller verbreiten sie sich. Das ist der Grund dafür, dass Autohändler Testfahrten anbieten und Joghurthersteller im Supermarkt Kostproben verschenken. Wer ein überzeugendes Produkt anbietet, der muss dafür sorgen, dass die Kunden es testen.

5. *Sichtbarkeit.* Ist der Nutzen einer Innovation einfach erkennbar, so begünstigt dies die Geschwindigkeit, mit der sich die Innovation verbreitet. Der Kundennutzen sollte sich in acht Worten beschreiben lassen. Ein Großteil aller Werbespots zielt darauf ab, die Sichtbarkeit des Kundennutzens zu erhöhen, unabhängig davon, ob dieser unmittelbar mit dem Produkt selbst verknüpft ist oder ob er sich nur im Kopf des Kunden abspielt. Die moderne Hirnforschung zeigt, dass sich Präferenzen auch aktiv kreieren lassen.

Produktentwickler konzentrieren sich zu oft auf den Erfindungsprozess, den Vorteil, den sie selbst in der Innovation sehen, und vernachlässigen dabei die fünf Rogers-Faktoren. Wer dieser Gefahr entgehen will, der sollte diese Punkte – beispielsweise als Bestandteile einer Checkliste – bereits bei der Entwicklung seiner Produkte und nicht erst bei der Vermarktung berücksichtigen.

Erst wenn Unternehmen verstanden haben, welche Faktoren die Verbreitung von Innovationen beschleunigen, können sie selbst versuchen, die Verbreitungsgeschwindigkeit zu beeinflussen. Nur wenn mit der Innovation die richtigen Kundengruppen angesprochen werden, gelingt der Übergang von den visionären zu den pragmatischen Kunden und damit zum Massenmarkt. Beispielsweise haben sich digitale Fotodrucker erst durchgesetzt, nachdem die Werbung Mütter als potenzielle Kundinnen entdeckt hatte. Amerikanische »Soccer-Mums«, deren Lebensinhalt zum großen Teil darin besteht, ihre Kinder von einer Sportveranstaltung zur nächsten zu fahren und die Ereignisse im Bild festzuhalten, haben Fotodrucker zum Massengeschäft gemacht. Vielfotografierer hatten dagegen zunächst nur bedingtes Interesse an den Geräten, die hohen Druckkosten und die mäßige Qualität schreckten sie ab.

Vom Rogers-Prinzip lernen

- Die Verbreitungsgeschwindigkeit neuer Technologien wird oft überschätzt. Auch wenn eine Technologie in Industriekreisen bereits lange bekannt ist, heißt dies keineswegs, dass der Zug für den Massenmarkt schon abgefahren ist.
- Neue Technologien sprechen im Laufe ihres Lebens fünf Käufergruppen an. Die Kunst besteht weniger darin, die Techies zu begeistern, als bei den Pragmatikern Gehör zu finden.
- Nur diejenigen Unternehmen, denen es gelingt, die eigene Technologie für den Massenmarkt tauglich zu machen, werden nachhaltig erfolgreich sein.

- Wer alle fünf Rogers-Faktoren – Vorteil, Kompatibilität, Komplexität, Verfügbarkeit und Sichtbarkeit – bereits in der Entwicklung berücksichtigt, der erhöht seine Verkaufschancen im Massenmarkt erheblich.

Service-Prinzip

»Weniger ist mehr« muss keine Ausrede sein.

An dem Gaste wird's verspürt,
wie der Wirt den Handel führt.

— **Sprichwort**

»Freude am Fahren« hört nicht in der Werkstatt auf. Um ihren Kunden einen zusätzlichen Service zu bieten, beschlossen die amerikanischen BMW-Händler vor einigen Jahren, ihnen die kostenlose WLAN-Nutzung anzubieten. Was als Zusatzleistung ohne Hintergedanken gedacht war, entpuppte sich als wahrer Segen für BMW. Denn das neue Angebot hatte einen unerwarteten Nebeneffekt: Die Nachfrage nach Ersatzwagen ging um 15 Prozent zurück. Statt sich einen Ersatzwagen zu nehmen, zurück ins Büro zu fahren und später den eigenen BMW wieder aus der Werkstatt zu holen, entschieden sich viele Kunden dafür, ihr Notebook mitzunehmen und die Wartezeit beim Händler produktiv zu nutzen. Die Bereithaltung und Wartung von Ersatzwagen ist für Autohändler mit erheblichen Kosten verbunden, eine Ersparnis von 15 Prozent bedeutet eine enorme Entlastung.

Dienstleistungen machen heute mehr als 60 Prozent des weltweiten Bruttosozialprodukts aus, in Industrienationen sind es sogar 80 Prozent. Innovationen sind auch dort die zentrale Triebkraft für Fortschritt und Wachstum. Vier von fünf Dollar, Euro oder Franken werden mit Dienstleistungen verdient, und dennoch wird das Thema »Dienstleistungsinnovation« nach wie vor stiefmütterlich behandelt.

Produkte werden zunehmend zu Plattformen und somit zu Trägern von Dienstleistungen. Rolls-Royce verkauft keine Turbinen mehr, sondern »Flugstunden«, Schindler verkauft keine Aufzüge mehr, sondern »vertikalen Transport«. Der Kundennutzen rückt zusehends in den Mittelpunkt, und das Eigentum am materiellen Endprodukt wird mehr und mehr zur Nebensache.

Doch genau hier liegt das Dienstleistungsparadox, denn während Dienstleistungen einen immer prominenteren Teil des Sozialprodukts ausmachen, spiegelt sich dies im Management von Innovation kaum wider. Eine Studie der Universität St. Gallen hat gezeigt, dass 80 Prozent aller Dienstleistungsunternehmen überhaupt kein Innovationsmanagement betreiben, 60 Prozent verfügen noch nicht einmal über eine definierte Innovationsstrategie, und nur jeder zweite Dienstleister gibt an, einen Zuständigen für das Thema »Innovationen« benannt zu haben. Meist fehlt es an Systematik. Anstelle eines Prozesses regiert der Zufall, dem es überlassen bleibt, ob neue Dienstleistungen entdeckt werden. Von einer Service-Oase kann keine Rede sein.

Den richtigen Innovationstypen angehen

Für eine erfolgreiche Innovation muss der Kundennutzen ins Zentrum gerückt werden, und die Suche nach Neuem muss dort ansetzen, wo sich der Kundennutzen steigern lässt. Das gilt für alle Innovationen gleichermaßen. Wenn wir uns aber speziell mit Dienstleistungsinnovationen beschäftigen, dann ist es zunächst sinnvoll, drei verschiedene Innovationstypen zu unterscheiden:

- *Potenzialinnovationen* betreffen die Bereitstellung bestimmter Fähigkeiten oder Ausstattungen, die den Dienstleister in die Lage bringen, eine Leistung anzubieten. Der Kauf neuer Flugzeuge allein schafft für eine Airline noch keine neue Dienstleistung, ist aber eine notwendige Voraussetzung für Flugreisen. Hier liegen große Chancen: Energieversorger können über intelligente Netzinfrastrukturen neue Leistungen anbieten, Maschinenbauer über intelligente Fernwartungstools die Verfügbarkeit ihrer Maschinen erhöhen.
- *Prozessinnovationen* finden in den Abläufen, Strukturen und Managementsystemen von Organisationen statt.

Die Firma Amazon, die regelmäßig für ihren Kundenservice ausgezeichnet wird, gilt vor allem deswegen als mustergültiges Dienstleistungsunternehmen, weil man als Käufer mit dem Kundenservice quasi nie zu tun hat. Die Prozesse finden statt, ohne vom Kunden wahrgenommen zu werden. Das ist auch gut so, denn der Kunde ist schließlich nicht am Prozess interessiert, sondern an der Leistung. Auch in der Finanzindustrie bieten sich Gelegenheiten für Prozessinnovationen. So ist zum Beispiel das Online-Banking noch lange nicht dort, wo viele Kunden es gerne hätten.

- *Ergebnisinnovationen* betreffen die vom Kunden wahrgenommenen Leistungen. In einem Restaurant gehen diese über die servierten Speisen hinaus. Flair, Ambiente, Service, Wohlfühlen sind nur ein paar Attribute, die Gäste einem guten Restaurant zuschreiben.

Es ist wichtig für Dienstleistungsanbieter, sich vor Augen zu führen, dass eine Dienstleistungsinnovation nicht zwangsläufig an der Schnittstelle zum Kunden angesiedelt werden muss. Amazon zeigt, dass Prozessinnovationen große Wettbewerbsvorteile bieten. Dennoch bauen die einzelnen Innovationstypen aufeinander auf. Um beim Beispiel des Restaurants zu bleiben: Im ersten Schritt muss das Dienstleistungspotenzial geschaffen werden, das heißt, jemand muss kochen können und eine vernünftige Küche zur Verfügung haben. Anschließend können Prozessinnovationen greifen. Gleiches gilt für Ergebnisinnovationen, denn diese können ihre Wirkung erst entfalten, wenn der Koch und seine Beschäftigten die Prozesse beherrschen. In einem Restaurant, in dem man über eine Stunde auf sein Essen warten muss, wird es schwierig, die Kunden zufriedenzustellen.

Gedankliche Hebel nutzen

Je länger ein Hebel ist, desto weniger Kraft muss man aufbringen. Das Prinzip lässt sich auch auf Dienstleistungsinnovationen übertragen, wie das folgende Bahnprojekt zeigt. Die Bahn möchte den Kundennutzen steigern. Eine direkte Möglichkeit dazu, die ohne gedanklichen Hebel ansetzt, besteht darin, durch den Ausbau des Schienennetzes und den Einsatz einer größeren Zahl von Zügen die Wartezeiten zu verkürzen. Solch ein Ausbau ist kostspielig und dauert lange, oft Jahre. Folglich sucht die Bahn nach Alternativen, die auf anderen Wegen zum Ziel führen. Sie setzt gedankliche Hebel ein und überlegt sich erstens, was anstatt einer verkürzten Wartezeit getan werden kann und zweitens, warum die Wartezeit als so unangenehm empfunden wird. Die Wartezeit für die Kunden angenehmer zu gestalten, das heißt, das »Erlebnis Wartezeit« zu verbessern, ist im Verhältnis zum Ausbau des Schienennetzes leicht möglich: Saubere Bahnsteige, kostenlose Zeitungen, WLAN-Zugang, bessere Sitzgelegenheiten und guter Kaffee sind nur einige aus einer ganzen Reihe von Angeboten, die den Nutzen der Bahnreise für die Kunden erheblich steigern könnten. Gedankliche Hebel können der Bahn Zeit und Geld ersparen, ohne den gewünschten Mehrwert für den Kunden zu schmälern.

Die Qual der Wahl

Es ist ein verbreiteter Trugschluss, dass der Nutzen für den Kunden steigt, wenn die Zahl der Optionen, unter denen der Kunde wählen kann, erhöht wird. Dieser Trugschluss geht auf die industrieökonomische Annahme zurück, dass jedes Individuum bereit ist, für ein bestimmtes Angebot einen bestimmten Preis zu zahlen. Idealerweise handelt der Anbieter einer Dienstleistung, so die Theorie, mit jedem einzelnen Kunden genau den Preis aus, den der Kunde gerade noch zu zahlen bereit ist. Um sich diesem nur in der Theorie denkbaren Idealzustand möglichst weit anzunähern, bieten Dienstleistungsfirmen Varianten an.

Dabei kann es schnell passieren, dass sie des Guten zu viel tun. T-Mobile beispielsweise bietet Mobilfunkverträge in fünf verschiedenen Gruppen an. Jede dieser Gruppen ist in verschiedene Tarifklassen unterteilt, die jeweils bis zu vier verschiedene Einzeltarife umfassen. Für einen normalen Kunden ist es fast unmöglich herauszufinden, welcher Tarif tatsächlich am günstigsten für ihn ist. Und auch der Kundendienst stößt schnell an die Grenzen seines Wissens.

Dabei lehrt uns die aktuelle Hirnforschung das genaue Gegenteil. So nimmt die Zufriedenheit mit der eigenen Kaufentscheidung mit zunehmenden Optionen nicht zu, sondern ab. Je mehr Auswahl dem Kunden eingeräumt wird, desto unzufriedener wird er mit der schlussendlich getroffenen Entscheidung. Der Kunde ist schlicht überfordert. Hirnforscher erklären das Phänomen in erster Linie damit, dass der Mensch Entscheidungen nicht rein rational trifft. Wir haben keinen ausformulierten Bedürfniskatalog, der Punkt für Punkt abgehakt werden kann. Bei der Fülle an Entscheidungen, die wir tagtäglich treffen müssen, sind rationale Entscheidungen sogar hinderlich. Menschen mit einem Hirnschaden, die keine emotionalen Entscheidungen treffen können, sind auch mit den kleinsten Entscheidungen – etwa mit der Wahl zwischen einem roten oder blauen Stift – stundenlang beschäftigt.

Vom Service-Prinzip lernen

- Dienstleistungsinnovationen finden nicht zwangsläufig an der Schnittstelle zum Kunden statt. Eine freundliche Bedienung kann auch nichts mehr retten, wenn die Grundleistung mangelhaft ist.

- Erfolgreiche Dienstleistungsanbieter entwickeln ihre Dienstleistungen an den Stellen weiter, an denen der Kundennutzen am stärksten beeinflusst werden kann. Welche Stellen dies sind, ist nicht immer auf den ersten Blick ersichtlich.

- Dienstleistungsunternehmen laufen Gefahr, zu viele Leistungen gleichzeitig anzubieten und so die Kundenzufriedenheit einzuschränken.

- Dienstleistungen dürfen nicht unkontrolliert entwickelt werden. Zunächst muss geprüft werden, wie die Dienstleistungen zueinander stehen. Erst nachdem dies geklärt ist, können neue Leistungsbündel entwickelt werden. Ansonsten wuchert ein Dienstleistungsdschungel, der sich als Gemeinkosten auf die Produkte niederschlägt. Eine klare und konsistente Servicestrategie fehlt bei vielen Unternehmen.

- Konsumenten suchen oftmals eine intelligent ausgesuchtes Angebot von wenigen Leistungen, die sich klar voneinander unterscheiden. Denken wir etwa an ein Spitzenrestaurant: Auch dort ist die Auswahl überschaubar. Jede Kundenentscheidung ist immer auch eine Entscheidung gegen alle übrigen Optionen. Je mehr man dabei ausschließen muss, desto mühsamer ist der Entscheidungsprozess.

Open-Innovation-Prinzip

Wenn Wissen geteilt wird

*In der langen Evolutionsgeschichte haben sich
stets diejenigen durchgesetzt, die es gelernt haben,
am effektivsten zu kollaborieren und zu improvisieren.*

— **Charles Darwin**

Im Frühjahr 1988 bat die Warner Music Group, die Platten-
firma von George Harrison, den Ex-Beatle um eine B-Seite
für die Single-Auskopplung von *This Is Love*. Harrison fragte ein paar Freunde, ob sie kurzfristig Zeit hätten, eine B-
Seite aufzunehmen. Bob Dylan hatte Zeit, Harrisons Pro-
duzent Jeff Lynne brachte Roy Orbison mit, und Dylan rief
seinen Freund Tom Petty an. An einem einzigen Tag wurde
der Song *Handle With Care* geschrieben, komponiert und
aufgenommen. Den Song hatte man nach der Aufschrift
eines Kartons in Dylans Garage benannt. Warner fand das
Stück zu gut für eine B-Seite und bat die Künstler um mehr.
In zehn Tagen komponierten und arrangierten die fünf
Musiker zehn weitere Stücke, die als *Vol. 1* unter dem Pseu-
donym »Traveling Wilburys« veröffentlicht wurden. Das
Magazin *Rolling Stone* führt *Vol. 1* heute in seiner Liste der
besten Alben aller Zeiten. Große Ideen entstehen in der Regel nicht, wenn man in sich gekehrt das tut, was man schon
seit längerem tut, sondern wenn man fremdes kreatives Potenzial mit dem eigenen zusammenbringt.

Geheimniskrämerei war jahrzehntelang die Maxime der
Innovatoren; die Angst, dass Wissen abfließen könnte oder
ein anderer mit einer ähnlichen Idee früher auf den Markt
kommen könnte, dominierte die Disziplin, und der Schutz
des eigenen Wissens vor dem Zugriff Dritter sollte die In-
novationsrendite garantieren. Das Bestreben, die eigenen
Prozesse effizienter zu gestalten als die Konkurrenz, war
die treibende Kraft. Im Laufe der letzten Jahre wurde diese
Einstellung vermehrt durch ein Konzept verdrängt, das unter dem Namen »Open Innovation« bekannt wurde. Open
Innovation bezeichnet die systematische Öffnung des Innovationsprozesses. Diese Öffnung kann bedeuten, dass
mit anderen Firmen zusammen entwickelt wird, dass Kunden in den Innovationsprozess integriert werden oder auch,

dass eigene Technologien anderen zur Verfügung gestellt werden.

Zwar haben externe Ideen vereinzelt schon immer zu erfolgreichen Produkten geführt, doch die strategische Öffnung des Innovationsprozesses wurde erst kürzlich zu einer Leitidee des Innovationsmanagements erklärt. Procter & Gambles CEO setzte sich für 2009 das ehrgeizige Ziel, dass 50 Prozent aller Innovationen aus externen Quellen stammen sollten – und erreichte es. Im selben Jahr startete Siemens eine Open-Innovation-Initiative mit Programmverantwortlichem unterhalb der Vorstandsebene. Zahlreiche Großunternehmen folgten dem Beispiel der systematischen Öffnung bei Xerox und Philips. Neben der Elektronikindustrie sind vor allem Pharmaunternehmen damit beschäftigt, ihre Innovations-Pipelines durch den Ankauf und die Einlizenzierung externer Forschungsergebnisse zu füllen. Aber auch Auslizenzierungen nicht benötigter Patente an Dritte finden in großem Stil statt.

Zahlreiche mittelständische Unternehmen folgen, oft mit gesunder Skepsis, dem Open-Innovation-Trend. Nicht ohne Grund, denn Open Innovation birgt auch Gefahren, und deshalb sollten nicht unterschiedslos alle Entwicklungsleistungen dem Konzept folgen. Die Abwägung, was geöffnet wird, wo Externes wirklich hilft und wo nicht, ist eine der wesentlichen Fähigkeiten, die Unternehmen entwickeln müssen, um von Open Innovation profitieren zu können.

Open Innovation beinhaltet die Aufnahme fremden Wissens zum Zweck der eigenen Kommerzialisierung und die Abgabe von Wissen, sodass es von anderen verwendet werden kann. Die folgenden drei Methoden machen den Kern von Open Innovation aus:

- *Absorption.* Der Begriff bezeichnet die Fähigkeit, Wissen von außerhalb der Unternehmensgrenzen aufzusaugen. Das Wissen kann dabei sowohl von Kunden oder Lieferanten als auch von anderen Unternehmen oder Universitäten stammen.
- *Multiplikation.* Hierbei geht es um die Vervielfachung der eigenen Fähigkeiten durch andere Unternehmen, das heißt durch die externe Kommerzialisierung von Technologien. Man muss nicht alles selber machen. Oftmals ist es viel lukrativer, Technologien zu lizenzieren.
- *Komplementarität.* Eigene Kompetenzen werden durch Partnerschaften ergänzt. Komplementarität bedeutet, das Wissen verschiedener Unternehmen zusammenzuführen. Der Kooperationserfolg in Allianzen, Joint Ventures und Innovationsnetzwerken setzt eine tragfähige Balance zwischen Geben und Nehmen voraus.

Open Innovation ist nicht gleich Open Source

Die Begriffe Open Innovation und Open Source werden fälschlicherweise oft synonym verwendet. Dabei haben die beiden Konzepte nur bedingt etwas miteinander zu tun.

Die Kernidee hinter der Open-Source-Bewegung ist es, dass Standards niemandem gehören und damit größere Freiheiten für die Entwicklung entstehen. Open Source bezieht sich also auf Rechte und den freien, offenen Zugang zur Nutzung dieser Rechte für jedermann. Erfolgreiche Beispiele sind der Webbrowser Firefox, der Webserver Apache und das Betriebssystem Linux.

Open Innovation hingegen macht geistiges Eigentum nicht frei zugänglich. Im Gegenteil, geistiges Eigentum ist ein Gut, das gehandelt wird. Open Innovation lebt davon, dass Ideen von außerhalb der Unternehmensgrenzen aufgenommen werden oder eigene Ideen und Kompetenzen andernorts kommerzialisiert werden.

Vom Open-Innovation-Prinzip lernen

- Open Innovation ist in vielen Unternehmen fester Bestandteil der Entwicklungsaktivität. Es umfasst das Integrieren fremden Wissens in die eigene Entwicklung sowie das Veräußern eigenen Wissens an andere Unternehmen.
- Es ist wesentlich, zu entscheiden, welche Teile der eigenen Entwicklung geöffnet werden und welche nicht. »Open« bedeutet nicht gleich »besser«. Außerdem stellt sich die Frage, ob bestimmte Problemstellungen überhaupt sinnvoll mit Externen bearbeitet werden können. Kann das Problem aus seinem Kontext gelöst werden? Was können Externe beitragen?
- Ebenso wichtig wie die Frage, ob man die eigene Entwicklung öffnet, ist die Frage, mit wem man zusammenarbeitet. Nicht jede Problemstellung kann gleich behandelt werden. Die Frage der Entwicklungspartnerschafft muss ständig neu beantwortet werden.
- Geistiges Eigentum wird vermehrt zur Handelsware. Durch den aktiven Handel mit Wissen und das Tauschen von Patenten entstehen in vielen Branchen Oligopole. Wer nicht genug Patente zum Handeln besitzt, hat es schwer, Zugang zu Technologien zu erhalten.
- Open Innovation ist nicht dasselbe wie Open Source. Während Open Source bedeutet, Konzepte frei zugänglich zu machen, sind Konzepte im Open-Innovation-Paradigma Handelswaren.

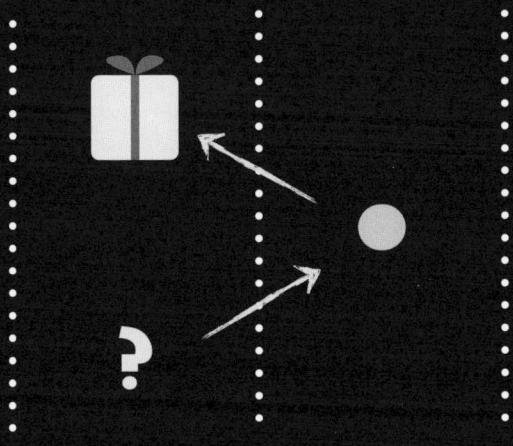

Cross-Industry-Prinzip

Jenseits der Leitplanken der eigenen Industrie

In jeder Industrie existieren unendlich viele Möglichkeiten.
Wer aufgeschlossen ist, wird die Grenzen verschieben.

— **Charles F. Kettering**

Als bei Adidas ein neuer Fußballschuh entwickelt wurde, fragten sich die Beteiligten, ob man Kraftübertragung und Kontrolle mit einem verbesserten Schutz für den Fuß verbinden könnte. Statt wie üblich die interne Materialentwicklung voranzutreiben, untersuchten die Ingenieure andere Sportarten, in deren Ausübung ähnliche Probleme auftreten. Ausgewählt wurden Ballsportarten, bei denen ein Ball mit einem Material in Kontakt kommen muss und gleichzeitig Kontrolle nötig ist. So wurde das weite Feld möglicher Analogien eingeschränkt. Golf und Tennis wurden in den Mittelpunkt der weiteren Untersuchungen gerückt. Beide Sportarten beruhen auf dem gleichen physikalischen Prinzip. Adidas übertrug das Prinzip auf Materialien und Form und entwickelte so den Predator Pulse, einen der meistverkauften Fußballschuhe weltweit.

Viele Probleme sind in anderen Branchen schon gelöst. Die Tätigkeit in Unternehmen wird gerne durch die Leitplanken des eigenen Industriezweiges begrenzt. Daher ist die Wahrscheinlichkeit groß, dass durch den Blick über diese Leitplanken hinweg neue Lösungen entstehen. Die systematische Überwindung des Branchendenkens kann in fünffacher Hinsicht von Vorteil sein:

1. Geringere Entwicklungsrisiken und schnellere Innovationszyklen durch die Nutzung von bewährtem Wissen und erprobten Lösungen,
2. Verringerung der Entwicklungskosten durch Ergebnisse aus anderen Branchen,
3. Erträge aus der Verwertung eigener Entwicklungen und Patente in anderen Industriezweigen ohne Wettbewerbskonflikte,
4. Stärkung der Innovationskraft durch die Zusammenarbeit mit neuen Partnern,

5. Konzentration auf die entscheidenden Erfolgsfaktoren durch eine neue, analogiebasierte Sichtweise des eigenen Angebots.

Die systematische Überwindung dieser »Branchendenke« wird Cross-Industry-Innovation genannt. Es lassen sich drei Phasen unterscheiden:

- *Abstraktion.* Die erste Phase einer Cross-Industry-Innovation ist die Phase der Abstraktion. Hier erfolgt die Loslösung vom aktuellen Problem. Wo liegt der Kundennutzen, wie wird das Produkt gebraucht, welche Funktionen sind notwendig? In diesem Prozess sollte analysiert werden, welche grundlegenden Fragen zur Entwicklung des Produkts gestellt werden müssen. Die Abstraktion ist eine Herausforderung, die ein Denken außerhalb der eigenen Expertise und oft auch eine andere Sprache verlangt. Der Einsatz von Hilfsmitteln ist sinnvoll. TRIZ ist eine bewährte Methode, die zur Identifizierung genereller Funktionsweisen eingesetzt wird und die somit auf existierende Lösungen in anderen Branchen verweisen kann. (Das Kunstwort TRIZ steht stellvertretend für die Theorie erfinderischer Problemlösung.) Zur Verfolgung übergeordneter Ziele, zum Beispiel zur Aufdeckung neuer Fragestellungen oder neuer Märkte, ist die TRIZ-Methode nicht geeignet. Hier sind Brainstormings oder Workshops mit Experten aus anderen Branchen zu empfehlen.
- *Analogie.* In der zweiten Phase werden die abstrahierten Probleme oder Bedürfnisse als Richtschnur für die Suche nach analogen Lösungen aus anderen Industriezweigen verwendet. Hier können Industrielisten, DIN-Normen oder Rohstofftabellen helfen, um systematisch Lösungsmöglichkeiten aufzuspüren, die infrage kommen könn-

ten. Die schier endlose Vielfalt an Möglichkeiten macht es gleichzeitig notwendig, eine Selektion vorzunehmen. Die Vielfalt analoger Lösungen wird größer, je offener die Fragestellung ist. In der Phase der Analogiesuche gibt es zwei wesentliche Herausforderungen: die systematische Erfassung aller möglichen Lösungen und die Evaluation derjenigen Lösungen, die zum eigentlichen Problem passen. Die genannten Werkzeuge und Methoden können eine systematische Erfassung vereinfachen. Die frühe Auswahl aus der Vielzahl der Möglichkeiten muss auf der Basis von Grundsätzen und Kompetenzen erfolgen. Solche Grundsätze können beispielsweise lauten: Begrenzung auf Massenmärkte oder auf Märkte, die mit Zellulose als Grundstoff arbeiten, Einschränkung auf die Verwendung von Aluminium als Kernprodukt.

- *Adaption*. Die Evaluation der gefundenen Lösungen, die Selektion der richtigen Lösung und deren Anwendung auf den Produktkontext kennzeichnen die dritte und letzte Phase des Prozesses. Viele Analogien, die in der vorangegangenen Phase identifiziert wurden, könnten das Problem zwar grundsätzlich lösen, lassen sich aber nicht oder nur mit großem Aufwand auf das Unternehmen oder das entsprechende Produkt übertragen.

Das Beispiel des Adidas-Fußballschuhs zeigt, dass die Klärung von Spezifikationen und Anforderungen sowohl bei der Analogiesuche als auch in der Adaptionsphase helfen kann. Bereits etablierte Prozesse wie das Lizenzieren fremder Technologien, die Prototypenentwicklung und die Integration von Experten können zur kreativen Übersetzung und Adaption der Lösung verwendet werden. Generell ist eine sinnvolle Balance von methodisch-systematischem und kreativ-chaotischem Vorgehen gefordert. Dabei spielen Teams aus verschiedenen Fachdisziplinen, Branchen, Kulturkreisen und Persönlichkeiten eine zentrale Rolle.

Vom Cross-Industry-Prinzip lernen

- Viele Probleme sind in anderen Branchen bereits gelöst. Die Methodik der Cross-Industry-Innovation bietet eine strukturierte Herangehensweise, die dazu dient, das entsprechende Wissen für die eigene Branche zu nutzen.
- Cross-Industry-Projekte lassen sich in drei sequenzielle Phasen gliedern: Abstraktion, Analogie, Adaption.
- Abstraktion beschreibt das Loslösen vom konkreten Problem.
- Analogie ist die Übertragung der fremden Lösungen auf das eigene Problem.
- Adaption ist die Anpassung und Anwendung der gefundenen Lösung im eigenen Kontext. Die gefundene Lösung wird entsprechend der eigenen Produkte, Prozesse und Strategien angepasst.
- Die strukturierte Herangehensweise hilft dabei, das Ziel im Auge zu behalten. Die Methode wird angewendet, um neue Inspirationen zur Lösung eines gegebenen Problems zu gewinnen.

Crowdsourcing-Prinzip

Die Kunst, die Masse für sich arbeiten zu lassen

The fool wonders, the wise man asks.

— Benjamin Disraeli

Der Schweizer Bergsportausrüster Mammut dachte lange über eine Alternative zum Reißverschluss nach. Etliche Konzepte wurden verfolgt und dann verworfen – bis sich das Unternehmen auf der Online-Plattform atizo.com mit seinem Problem an alle Welt wandte. Tausende Nutzer zerbrachen sich für das Unternehmen den Kopf, zwei deutsche Tüftler fanden schließlich eine Lösung. Inspiriert durch Verschlusssysteme von Gefrierbeuteln, entwickelten die beiden ihren neuen Reißverschluss. Selbst die Verantwortlichen bei Mammut waren angesichts der Kreativität und der Ideenqualität verblüfft. Der neue Verschluss verhakt nicht und lässt sich zu deutlich geringeren Kosten herstellen. Momentan wird getestet, wie er sich in Extremsituationen verhält, bevor er serienmäßig in die bekannten Jacken eingebaut werden kann.

Während bisher einzelne Experten oder Unternehmen zur Lösung praktischer Probleme herangezogen wurden, stellen Unternehmen ihre Probleme heute vermehrt ins Internet und lassen sie dort von tüchtigen Freiwilligen lösen. Crowdsourcing ist ein junges Phänomen und gewinnt als Innovationsfaktor zunehmend an Bedeutung.

Durch Crowdsourcing werden die unterschiedlichsten Probleme gelöst. In der Regel stellen Unternehmen ihre Frage auf eine bereits existierende Plattform wie innocentive.com, brainfloor.com, designboom.com oder atizo.com, auf der auch andere Unternehmen ihre Probleme lösen lassen. Seltener stellen sie eine eigene Plattform auf die Beine, wie es beispielsweise BMW mit seiner Virtual Innovation Agency (VIA) oder Tchibo mit Tchibo ideas vorgemacht haben.

Die Fragen, die beim Crowdsourcing behandelt werden, reichen von wissenschaftlichen Problemen über Marketingmaßnahmen und Produktdesigns bis hin zu trivialen Fragen, die sich nicht allein durch Computer beantworten lassen. Ein Beispiel für Letzteres bietet der Google Image Labeler, bei dem Nutzer im Wettbewerb beschreiben, was sie auf Bildern sehen können. Die Einsatzgebiete von Crowdsourcing sind mannigfaltig: Während in der Wikipedia Freiwillige ein Lexikon erstellen, wird bei OpenStreetMap die Welt kartografiert.

Crowdsourcing in fünf Schritten

Der Prozess eines Crowdsourcing-Projekts lässt sich in die folgenden fünf Phasen aufgliedern:

1. In der *Vorbereitungsphase* muss der Auftraggeber sich Klarheit darüber verschaffen, was er sich von dem Projekt erhofft und welche Teilnehmer oder Innovatoren angesprochen werden sollen. Als Nächstes muss entschieden werden, ob dazu eine der bestehenden Plattformen genutzt werden soll oder ob es einer eigenen Plattform bedarf. In dieser Phase stellt sich auch heraus, ob eine Fragestellung überhaupt für Crowdsourcing geeignet ist.

2. Die nächste Stufe, die *Initiierung* des Prozesses, besteht darin, mit der richtigen Frage die richtigen Leute zu adressieren. Was profan klingt, ist oftmals eine große Herausforderung, denn eine Fragestellung in wenigen Worten so deutlich zu formulieren, dass sie passable Antworten hervorbringt, stellt viele Unternehmen vor Probleme. In dieser Phase werden die entscheidenden Weichen für das Projekt gestellt. Es gilt das bekannte GIGO-Prinzip (Garbage In, Garbage Out): Wer dumme Fragen stellt, bekommt auch dumme Antworten.

3. Während der *Durchführung*, also wenn der Wettbewerb bereits auf der Plattform ausgeschrieben ist, schränkt sich der Handlungsspielraum des suchenden Unterneh-

mens drastisch ein. Die Frage ist gestellt, und die Innovatoren verstehen sie so, wie man sie eben als Außenstehender versteht. Das Unternehmen hat in dieser Phase nur noch die Möglichkeit, moderierend einzugreifen. Der Aufwand, den es betreiben muss, um die Ergebnisse in die gewünschte Richtung zu lenken, ist nicht zu unterschätzen.

4. Die *Auswertung* der eingesandten Ideen und Vorschläge ist erfahrungsgemäß mit dem höchsten Arbeitsaufwand für das Unternehmen verbunden. Allerdings bilden sich in der Auswertungsphase sowohl der entscheidende Mehrwert als auch die Bereitschaft zur internen Verwertung der Ideen heraus. Der Umfang der Arbeit kann reduziert werden, wenn das Unternehmen sorgfältig überlegt, welche Kriterien der Bewertung zugrunde gelegt werden sollen. Es empfiehlt sich, die Auswertung nicht unvorbereitet vorzunehmen, denn gerade in Ideenwettbewerben sind Hunderte von eingereichten Ideen keine Seltenheit. Wer keine Ressourcen für die Auswertung parat hat, der sollte ein Crowdsourcing-Projekt gar nicht erst initiieren.

5. Die *Verwertung* bildet den Abschluss des Crowdsourcing-Projekts. Zudem ist sie Schnittstelle zur klassischen Beratungsarbeit. Weiterentwicklungsprojekte und Markteinführungskonzepte sind Beispiele hierfür. Spätestens dann, wenn alle Ideen ausgewertet sind, sollte man sich die Frage stellen, wie mit den gesammelten Ergebnissen umgegangen werden soll. Nach unseren Beobachtungen besteht das größte Risiko eines Crowdsourcing-Projekts darin, dass das Ganze als netter Zeitvertreib und Erfahrungsgewinn betrachtet wird und dass die Ergebnisse in einer Schublade verschwinden. Doch auch wenn aus den Ergebnissen ein direkter Nutzen gezogen werden kann, müssen wichtige Punkte beachtet werden. Der Ruf der Firma in der Innovatoren-Community hängt davon ab,

wie sie mit den Beitragenden umgeht. Wenn das Gebot der Fairness nicht eingehalten wird, dann hilft es auch nichts, rechtlich abgesichert zu sein. Denn dies schützt nicht vor einem möglichen Imageschaden. Crowdsourcing bietet große Chancen für Unternehmen, die ihre Kundennähe nicht nur in Werbebotschaften postulieren, sondern durch bessere Produkte belegen wollen.

Risiken und Nebenwirkungen

Crowdsourcing wird kontrovers diskutiert. Neben etlichen Erfolgsgeschichten sind die folgenden Risiken bekannt:

- *Gesamtkosten.* Die Kosten, die ein Unternehmen zu tragen hat, um ein Projekt abzuschließen, liegen weit über den Kosten, die das Crowdsourcing selbst verursacht. Die eingereichte Lösung muss vom Unternehmen umgesetzt, vollendet und in den organisatorischen Kontext eingebettet werden.
- *Geringe Löhne.* Die Teilnehmer erhalten in der Regel bestenfalls eine geringe Kompensation für ihre Tätigkeit. In vielen Fällen werden nur die besten Lösungen prämiert. Dies wirft immer wieder die Frage auf, ob Unternehmen die Teilnehmer angemessen entschädigen. Reputationsschäden sind möglich.
- *Motivationsproblem.* Durch die geringe Kompensation und dadurch, dass die Teilnehmer in der Regel alle Rechte an ihren Lösungen abtreten müssen, ist das persönliche Interesse an einer optimalen Lösung mitunter eingeschränkt.
- *Rechtliche Probleme.* Wie viel eine Idee wert ist, lässt sich im Voraus nicht beziffern. Die gezahlten Prämien führen im Nachhinein nicht selten zu Unstimmigkeiten. Teil-

nehmer möchten am liebsten vom Markterfolg ihrer Idee profitieren, Unternehmen sind in der Regel bestrebt, sich die alleinigen Rechte an den Ideen zu sichern.

Crowdsourcing wird auch in Zukunft eine wichtige Rolle spielen. Im Rahmen vernetzter Innovationsprozesse wird es für mehr und mehr Firmen zu einer interessanten Alternative. Daher sollte man sich mit dem Thema auseinandersetzen. Für viele Unternehmen ist Crowdsourcing Neuland, und so sollten im ersten Schritt Informationen gesammelt werden: Ist die Konkurrenz aktiv? Welcher Art sind die Probleme, die dort gelöst werden? Welche Plattformen gibt es? Was ist ihr jeweiliger Schwerpunkt? Bevor man sein Unternehmen kopfüber in ein Crowdsourcing-Projekt führt, sollte man sich Zeit nehmen und selber als Problemlöser aktiv werden. Dies trägt viel zum Verständnis der Methode bei und ist weder mit Kosten noch mit Risiken verbunden.

Betriebliches Vorschlagswesen: ein alter Hut

Die Kreativität, das Wissen und die Auffassungsgabe der eigenen Mitarbeiter sind schier unerschöpfliche Quellen für Innovationen. Das gilt für jedes Unternehmen. Ein bekannter und verbreiteter Versuch, dem eigenen Mitarbeiter dieses Wissen zu entlocken, ist das betriebliche Vorschlagswesen. Dabei wird ein Briefkasten mit der Aufschrift »Verbesserungen« aufgehängt, und jeder Mitarbeiter wird angehalten, seine Vorschläge auf einen Zettel zu schreiben und dem anonymen Schlitz zu übergeben. Wird der Vorschlag umgesetzt, so erhält der Mitarbeiter meist eine Kompensation.

Ähnlich wie bei einem bekannten deutschen Autobauer hat diese Art des Innovationsmanagements gern dazu geführt, dass Mitarbeiter »durchschlagende« Innovationen wie »für Mountainbikes taugliche Fahrradständer«, »Papier beidseitig bedrucken«, »Energiesparlampe für den Flur« oder »Kaffeeautomat auf dem dritten Stock« vorschlagen und auf ihre Kompensation pochen. Mit wirklichen Innovationen hat das wenig zu tun. Meist handelt es sich um Aufforderungen an die Geschäftsleitung, die Bedingungen am Arbeitsplatz zu verbessern. Wenn Mitarbeiter einen Briefkasten brauchen, um anonym Verbesserungen einzubringen, dann fehlt es eher an offener Kommunikation und konstruktiver Kritik als an Erfindungsreichtum. Das betriebliche Vorschlagswesen hat einige Unternehmen in der Vergangenheit vorwärts gebracht, es rettet sie aber nicht hinüber in die Wissensgesellschaft des 21. Jahrhunderts.

Aber es geht auch anders. Unternehmen nutzen heute ausgefeilte Methoden, um Diskussionen über ihre Zukunft zu entfachen. IBM hält alle paar Jahre eine globale »InnovationJam« ab, bei der Stakeholder der Firma dazu ermuntert werden, über aktuelle Fragen zu diskutieren. Im Jahr 2008 wurden in neunzig Stunden mehr als 32.000 Beiträge gesammelt, die die zukünftigen Innovationsbemühungen von IBM mitbestimmen werden. Als Nebeneffekt ergab sich ein großes Presseecho, zahlreiche Medien berichteten.

Den eigenen Mitarbeitern kreative Ideen zu entlocken, ist eine entscheidende Fähigkeit innovativer Unternehmen. Nur wem es gelingt, ein Klima zu schaffen, in dem die Mitarbeiter sich für die Ziele des Unternehmens begeistern, der kann ihre Kreativität entfesseln. Dabei muss man sich jedoch davor hüten, den Ideenmarkt zu eng an Quartalsziele zu binden. Als in einer Großbank der Ideenmarkt mit den Bonuszahlungen verbunden wurde, führte dies zwar zu bedeutend mehr, aber nicht zu besseren Ideen. Findige Mitarbeiter erklärten, die Ziele nicht nur erreicht, sondern sogar übertroffen zu haben, und dass man Kreativität ja wohl nicht kritisieren dürfe.

Bei der Ciba Specialities wurde der Ideenmarkt konsequent weiterentwickelt: Man richtete eine echte Ideenbörse ein, bei der alle eingebrachten Ideen transparent bewertet und ein ausgewählter Teil von ihnen mit einem knappen Entwicklungsbudget von 100.000 Franken weiterentwickelt wurde. Auch der Aluminiumhersteller Alcan geht in diese Richtung; dort ist zusätzlich ein Innovationsboard in die Beurteilung der Ideen eingebunden.

Ideenmärkte zum Leben zu erwecken, setzt eine Kultur der Eigenverantwortung voraus. Ein gutes Ideenmanagement führt vor allem zu Ideen, die im Unternehmen selbst umgesetzt werden können und dem ureigenen Unternehmenszweck dienen, Werte für den Kunden zu schaffen. Das Motto lautet nicht »Antrag an Dritte«, sondern »Hilfe zur Selbsthilfe«.

Vom Crowdsourcing-Prinzip lernen

- Wer Fragestellungen von einer Masse Freiwilliger lösen lässt, der kann technische Lösungen für ein Problem finden, Werbung in eigener Sache machen, Innovationsfreude signalisieren, intern verworfene Ideen wiederbeleben, Wünsche erkennen und neue Marktimpulse bekommen und so die eigene Betriebsblindheit überwinden.
- Ein Crowdsourcing-Projekt lässt sich in fünf Phasen gliedern. Die Erfahrung hat gezeigt, dass man sich früh mit dem Gedanken der Verwertung beschäftigen muss. Nur wer weiß, wie die gesammelten Ideen auch tatsächlich umgesetzt werden können, kann am Ende auch einen Nutzen aus dem Projekt ziehen.

- Neben den Vorteilen von Crowdsourcing sind auch Risiken bekannt. Damit Crowdsourcing-Projekte gelingen, müssen Unternehmen diese Risiken berücksichtigen.

- Das betriebliche Vorschlagswesen ist ein altbekanntes Instrument, und doch hat es sich nie wirklich durchgesetzt. Es wirft erfahrungsgemäß kaum wirklich kreative Impulse ab. Stattdessen werden Verbesserungsvorschläge gesammelt, die meist nicht umgesetzt werden. Crowdsourcing, ob nur mit den Mitarbeitern oder mit jedermann, gibt Unternehmen die Möglichkeit, spezifische Probleme anzugehen. Nur wer genaue Fragen stellt, kann auch mit hilfreichen Antworten rechnen.

Ford-Prinzip

Die üblichen Verdächtigen werden uns nicht sagen,
wie wir die Welt verändern können.

*Unsere Aufgabe ist es, dem Kunden etwas zu geben,
was er haben möchte, von dem er aber nie wusste,
dass er es suchte, und von dem er sagt,
dass er es schon immer haben wollte,
wenn er es bekommt.*

— **Innovationsmamangement BMW**

Hilti-Kunden wollen keine Bohrhämmer, sie wollen Löcher. Kunden möchten Lösungen für Probleme, und das heißt im Fall des Bohrhammers, dass sie Löcher an den richtigen Stellen haben möchten, und das möglichst schnell. Hilti nahm das Problem ernst und beobachtete ausgesuchte Kunden bei der Montage von Trassen. Bei der Zeitmessung fiel auf, dass 62 Prozent der Zeit für einen Bohrvorgang auf Messungen und Markierungen verwendet wurden und nur 38 Prozent auf das Bohren selbst. Gleichzeitig erkannten die Hilti-Techniker, dass beim Mess- und Markiervorgang einfache Technologien wie der Zollstock zum Einsatz kamen und deshalb das Verbesserungspotenzial als hoch eingeschätzt werden konnte – ganz im Gegensatz zum Bohren selbst, bei dem ein Hilti-Bohrhammer in vielen Bereichen schon an den physikalischen Grenzen arbeitet. Der »Sweetspot« mit hohem Nutzenpotenzial und niedrigem Aufwand war gefunden. Beantwortet wurde er mit der Entwicklung eines Laserdistanzmessgeräts, das bereits nach wenigen Jahren mehrere hundert Millionen Euro Umsatz eingebracht hat.

Von Henry Ford stammt das Bonmot: »Hätte ich meine Kunden gefragt, was sie gerne hätten, so hätten sie gesagt, ein schnelleres Pferd.« Den Kunden zu fragen, was er gerne hätte, hat in vielen Unternehmen traurige Tradition. Zu oft werden Funktionen von Konkurrenzprodukten genannt, selten kommt es so zu wirklich großen Würfen. Innovationen sollten nicht dem Ziel dienen, bestehende Kundenwünsche zu erfüllen. Werden die Erwartungen erfüllt, so führt dies zwar zu zufriedenen Kunden, das reicht aber nicht aus, um die Kunden längerfristig an das Unternehmen zu binden. Bei günstigeren Angeboten wechseln Kunden schnell. Das Ziel muss sein, anstelle von zufriedenen Kunden begeisterte Kunden zu haben. Erwartungen müssen übertroffen werden. Es reicht nicht aus, Kundenspezifikationen zu erfüllen. Nun melden sich an dieser Stelle stets die abgeklärten Marketingkollegen zu Wort und berichten, dass begeisterte Kunden eher selten sind. Umso besser, gerade dies bietet Chancen.

Unerwartete Leistungen erhält man beim BMW-Service, wenn man eine Panne hat. Hier gelingt es, trotz schwieriger Situationen, die Kunden zu begeistern. Auch Apple bietet regelmäßig Funktionen, mit denen die Kunden nicht gerechnet hätten – und die sie deshalb begeistern. Das iPhone fällt zwar in die Kategorie der Mobiltelefone, doch durch den angeschlossenen App-Store übersteigt seine Funktionalität die der Konkurrenzprodukte ganz erheblich. Einzig Google mit Android scheint Schritt halten zu können. Die Zeit wird zeigen, ob Nokia und Blackberry im Smartphone-Markt künftig überhaupt noch eine Rolle spielen werden.

Die große Herausforderung besteht darin, die Grundfunktionen eines Produkts nicht mit Zusatzfunktionen zu mischen. Eine intuitive und einfache Bedienung muss garantiert werden. Um auch einmal ein negatives Beispiel aus dem Hause BMW zu nennen: Das iDrive als zentrales Bedienelement scheiterte in der 7er-Reihe, da es Basisanforderungen eines durchschnittlichen Kunden, jenseits der fünfzig Jahre, nicht erfüllen konnte. Allein der Wechsel vom Radio zum CD-Spieler erforderte mehrere Schritte, die sich nicht intuitiv vollziehen ließen. Ein kompliziertes neues Produkt kann zwar die Techies begeistern, den häufig vorkommenden Durchschnittskunden aber auch derart abschrecken, dass er zur Konkurrenz abwandert.

Entwickeln, was man selber lieben wird

Wirklich erfolgreiche Firmen werden von Persönlichkeiten geführt, die Probleme sehen und lösen wollen. Walt Disney begann, über Vergnügungsparks nachzudenken, als er sich darüber ärgerte, dass er keinen vernünftigen Ort fand, um seine Töchter auszuführen.

Im Jahr 2004 schrieb der US-amerikanische Fernsehsender HBO Fernsehgeschichte. Bei der Verleihung der Emmys, der Fernseh-»Oscars«, erhielt die Mannschaft von HBO 124 Nominierungen und konnte 32 der begehrten Trophäen mit nach Hause nehmen. Vielleicht ein Rekord für die Ewigkeit, in jedem Fall aber ein Indiz dafür, dass Innovationen bei dem Sender, der uns Serien wie *Sex and the City*, *The Sopranos*, *Rome* oder *Entourage* gebracht hat, eine besondere Rolle spielen. HBO hat das Fernsehen neu erfunden und Sendungen in neuer Qualität produziert – und das hochprofitabel. Dabei untersucht der Sender keine demografischen Zielgruppen, produziert keine ungenießbaren Talkshows, keine Gerichtsdramen und keine Reportagen über Teenagermütter, sondern stellt sich immer wieder drei einfache Fragen: Ist es anders? Ist es unverwechselbar? Ist es gut? HBOs Slogan trifft den sprichwörtlichen Nagel auf den Kopf: »It's not TV. It's HBO.«

Wer Innovationen entwickeln will, muss sich vornehmen, etwas zu schaffen, das er selber lieben wird. Es ist falsch, mit der Frage zu beginnen: »Wie kann ich innovativ sein?« Die Frage muss lauten: »Wie kann ich ein großartiges Produkt entwickeln, das ich selber lieben werde?« Der Komiker Seth Rogen fasste dieses Prinzip treffend zusammen: »You can guess all day as to what other people would like – but you know what you like.«

Die eigene Suppe auslöffeln

Die Entwicklung von Porsche sitzt im beschaulichen Weissach in der Nähe von Stuttgart. Die Landstraße nach Weissach ist, gelinde gesagt, überarbeitungswürdig. Sie ist voller Schlaglöcher, hat einen miserablen Belag, Buckel und Senken. Es hält sich das Gerücht, dass Porsche die lokalen Behörden dazu bewegen würde, die Straße *nicht* zu erneuern. Hunderte Porsche-Ingenieure nutzen die Straße täglich auf dem Weg zur Arbeit – als Teststrecke. Für einen Entwickler ist es ein gewaltiger Unterschied, ob er von der Marktforschung ein Lastenheft mit den Kundenwünschen für die nächste Produktgeneration bekommt oder ob er selbst die Schwachstellen erkennt.

Selbst passionierter Kunde der eigenen Angebote zu sein, muss zur obersten Maxime eines jeden Unternehmens werden. Bevor ein Unternehmen anfängt, seine Kunden zu befragen, muss es sich selbst fragen: Weiß niemand in den eigenen Reihen, woran die eigenen Produkte kranken? Benutzen die Mitarbeiter die eigenen Innovationen nicht?

Aber Achtung: Weiter oben war die Rede von BMWs zunächst gescheitertem iDrive für die 7er-Reihe. Die *New York Times* spottete damals, dass BMW wohl nur 25-jährige New-Economy-Millionäre ins Auge gefasst habe. Tatsächlich war die Akzeptanz im angestammten 50-plus-Markt gering. Dabei wurde das Produkt intensiv bei den eigenen 50-plus-Mitarbeitern getestet. Man vergaß nur, dass BMW-Mitarbeiter technikverliebten Autofreaks sind und damit wenig repräsentativ.

In jedem Geschäft ist man auf den Input seiner Kunden angewiesen. Wer nicht selbst Kunde sein kann, muss Energie investieren, um zu ergründen, wie seine Kunden mit dem eigenen Produkt umgehen. Wie wird es eingesetzt, wo wird es stehen, wie lange läuft es, wer benutzt es?

Es reicht nicht, Bedürfnisse zu befriedigen

Jahrzehntelang hieß es, dass Unternehmen Kundenbedürfnisse erfüllen müssen. Man unterschied explizite von latenten Kundenbedürfnissen. Um explizite Kundenbedürfnisse zu erheben, nahm man das Telefon in die Hand, rief den Kunden an und fragte:»Kunde, was möchtest du haben?« Latente Kundenbedürfnisse zu entdecken, bedurfte bereits größerer Anstrengungen. So setzte man Kunden in Fokusgruppen zusammen und entlockte ihnen, was sie in einem anderen Rahmen nicht in Worte fassen konnten, trotzdem aber haben wollten.

Die Veränderungen, die solche Kundenbefragungen hervorbringen, sind in der Regel inkrementell und damit wenig spektakulär. Man stelle sich vor, was herausgekommen wäre, hätte Eduscho seine Kunden nach ihren Bedürfnissen befragt – bestimmt kein Starbucks. Und aus Suzuki wäre so auch kein Harley Davidson geworden. Die erfolgreichen Geschäftsmodelle der letzten Jahre wie Starbucks, Victoria Secret oder Pixar bieten keine kleinen Veränderungen bereits bekannter Vorlagen, sondern gänzlich neue Gesamtkonzepte. Dazu müssen nicht nur Bedürfnisse der heutigen Kunden erfüllt werden, sondern die Präferenzen von zukünftigen Kunden neu konstruiert werden. Auch Mini oder Bionade zeigen, wie sich dieses Prinzip erfolgreich anwenden lässt.

In der Automobilindustrie haben wir gute Erfahrungen mit dem Aufbau emotionaler Zukunftswelten gemacht: Für die Entwickler werden komplette Zukunftsräume gestaltet, zum Beispiel mit Möbeln und Accessoires für das Jahr 2025, in denen sie leben und arbeiten. Das erfordert einige Vorbereitung, kann aber sehr effektiv sein. Zahlreiche Patente und konkrete Produktideen sind so entstanden. Es geht nicht darum, Bedürfnisse zu erfüllen, sondern Kunden etwas zu bieten, das sie sich in Zukunft von jedem anderen Angebot wünschen werden.

Vom Ford-Prinzip lernen

- Zu viele Firmen laufen mit ihrer Entwicklung Kundenbedürfnissen hinterher. Statt Kundenbefragung gilt das BMW-Motto: Gib dem Kunden etwas, von dem er nicht wusste, dass er es suchte, aber von dem er begeistert ist, wenn er es sieht.

- Statt Fokusgruppen und Kunden zu befragen, sollten Unternehmen Ideen für Produkte verfolgen, die sie selber benutzen wollen und lieben werden. Viel zu oft werden gute Produktideen von Marktforschern oder Beratern weichgespült und ihrer Identität beraubt.

- Es reicht in unserer wettbewerbsintensiven Welt nicht aus, Bedürfnisse zu befriedigen, die die Kunden artikulieren. Zu viele Anbieter versuchen genau dies. Nur wer sich mit seinem Angebot von der Masse der Produkte abhebt, kann langfristig erfolgreich sein.

Yogi-Berra-Prinzip

You can observe a lot by watching.

*Die wahre Entdeckungsreise besteht nicht darin,
dass man neue Länder sucht, sondern darin,
dass man neue Augen hat.*

— **Marcel Proust**

Jede Verbesserung beginnt damit, dass ein Problem festgestellt wird. Gibt es kein Problem, so denkt auch niemand über eine Lösungen nach. Wenn niemandem auffällt, dass Becherhalter zu klein sind, dann wird es keine größeren geben – dazu später mehr. Yogi Berra, der legendäre Catcher der New York Yankees, sagte einmal: »You can observe a lot by watching.« Dies ist sicherlich nicht die eleganteste Formulierung dessen, was uns in diesem Kapitel beschäftigen wird, im Kern aber treffend. Um etwas zu verbessern, muss man feststellen, wo der Hase im Pfeffer liegt, und wenn man seine Produkte oder seine Dienstleistungen besser machen will, dann muss man durch Beobachtung herausfinden, womit sich die Kunden tatsächlich beschäftigen, was sie aufregt, ärgert oder verwundert.

Dass auf einem Föhn von Sears der Warnhinweis »Nicht beim Schlafen benutzen« aufgedruckt war, wurde ebenso zur weltweiten Lachnummer wie die Bitte »Nicht umdrehen«, die man bei Tesco auf den Boden eines Tiramisus geschrieben hatte. Dem Internet sei Dank, dass diese und ähnliche Geschichten binnen Tagen Millionen potenzieller Kunden erreichen, die sie kopfschüttelnd zur Kenntnis nehmen.

Bereits 2005 rief der Blogger Jeff Jarvis die Website »Dell Hell« ins Leben und sammelte aus eigenem Frust Geschichten über den schlechten Kundenservice des PC-Herstellers. Auch andere enttäuschte Kunden berichteten von ihren Erfahrungen. In kürzester Zeit waren abertausend Erfahrungsberichte über Qualitätsmängel zusammengetragen, die Kommunikationsabteilung des Konzerns war mit dem medialen Echo völlig überfordert. Sucht man über Google nach »Dell Hell«, so findet man heute über 51.000 Einträge. Konventionelle Anleitungen zur Krisenkommunikation sind im Zeitalter des Web 2.0 untauglich. Die Kommunikationsagenturen haben ihre Reaktionsweisen entsprechend angepasst: Anstatt offizielle Pressemitteilungen zu versenden, unterwandern sie die User und ihre Web-Communities. Guerillakampf statt offenem Schlagabtausch. Aber auch hier lauern Gefahren. Immer wieder berichtet die Presse über Firmen, die ihren eigenen Wikipedia-Eintrag aufpoliert haben oder ihre eigenen Produkte loben.

Dass Kunden nicht dumm sind, ist keine neue Erkenntnis, doch in Zeiten von Facebook, Twitter oder Reddit zeigen etliche Unternehmen ein beeindruckendes Durchhaltevermögen bei ihrem Versuch, die eigenen Kunden für dumm zu verkaufen. Mit dem Internet hat erstmals jeder Mensch ein Sprachrohr, das Millionen erreichen kann, wenn der richtige Inhalt geliefert wird. Viele Unternehmen haben bis heute nicht verstanden, dass schlechter Service, falsche Versprechen in Werbeanzeigen, falsche Leistungsmerkmale und schlechte Bedienungsanleitungen oft der richtige Inhalt sind, der dieses Millionenpublikum findet. Etliche Unternehmen halten beharrlich an ihrem Standpunkt fest und registrieren nicht, dass es sie weit weniger kostet, auf einen verärgerten Kunden zuzugehen, als ihn gänzlich zu vergraulen. Denn gerade Letzteres setzt im Kunden die Energien frei, die ihn dazu bewegen, alle Welt über seine Fehlbehandlung zu informieren.

Mitunter ist es schwer, über eine Hotline tatsächlich mit einer Person zu sprechen. Hat man es geschafft und trägt sein Leid mit der Zusatzbemerkung vor, dass der Fehler bekannt zu sein scheint – denn Google zählt in 0,52 Sekunden Hunderte ähnlicher Fälle auf –, so wird einem erklärt, dass man das nicht ernst nehmen darf. Im Internet könne sich schließlich jeder äußern. Genau das passierte bei einem großen PC-Hersteller, dessen Werbebotschaft dadurch so absurd wurde, dass langjährige Kunden zur Konkurrenz abwanderten.

In den letzten Jahren häufen sich die Geschichten über den Machtgewinn verärgerter Kunden. Viele Unternehmen sehen darin eine Gefahr für sich. Man kann die Situation aber auch anders betrachten und festhalten, dass es dank Internet noch nie so einfach war, die eigenen Kunden und ihre Erfahrungen mit dem Unternehmen kennenzulernen. Noch nie war es so einfach herauszufinden, welche Probleme Kunden haben, was sie verärgert und welche Funktionen nicht wie vorgesehen funktionieren.

Für innovative Unternehmen birgt die neue Macht des Kunden ein Potenzial, das bisher kaum genutzt wird. Das Ziel darf nicht darin bestehen, den verärgerten Kunden mundtot zu machen. Viel sinnvoller ist es, die Kritik aufzunehmen, sich mit ihr auseinanderzusetzen und mit innovativen Produkten zu antworten. Nicht nur über die eigenen Kunden lassen sich die Daten einsehen, auch die unzufriedenen Kunden der Konkurrenz stellen wertvolles Material zur Verfügung. Die Idee, die verärgerten Kunden der Konkurrenz zu den eigenen, zufriedenen Kunden von morgen zu machen, wird noch viel zu selten aufgegriffen.

Probleme beheben kann nur, wer sie sieht

Um herauszufinden, warum US-Amerikaner immer weniger Volkswagen kaufen, schickte VW 23 Mitarbeiter für ein knappes Jahr nach Kalifornien. Ihr Auftrag unter dem Codenamen »Moonraker«: Amerikaner beobachten. Was isst der Amerikaner, wie kommt er zur Arbeit, was macht er in seiner Freizeit, wie kauft er ein und, natürlich, wie nutzt er sein Auto? Heraus kam sowohl Banales, etwa der Befund, dass VWs Becherhalter schlicht zu klein waren für amerikanische Getränkebecher, als auch eine Reihe komplexerer soziologischer Erkenntnisse, auf deren Grundlage in Zukunft eigene Modelle für den amerikanischen Markt entwickelt werden.

Die Beobachtung ist der Befragung von Kunden oft überlegen. Wer beobachtet, greift nicht in den Prozess ein, sondern nimmt lediglich wahr, was tatsächlich passiert. Als Philips eine Jukebox für Jugendliche entwickelte, wurde in Fokusgruppen ausgiebig über die farbliche Gestaltung diskutiert. Heraus kamen zwei Designs, eine schwarze Jukebox für ältere Kunden und eine gelbe für die jüngeren. Als Dank für seine Teilnahme erhielt jeder Jugendliche eine Jukebox, und fast alle entschieden sich für die schwarze Variante. Genau hinzusehen bringt oft mehr, als Fragen zu stellen. Das gilt besonders für private oder intime Vorgänge.

Wenn Henkel das Konsumentenverhalten bei Waschmitteln erforscht, dann helfen Befragungen wenig. Die Antworten werden zu stark durch das Bedürfnis verzerrt, sozial erwünschte Aussagen zu treffen. Beobachtet man jedoch, wie tatsächlich gewaschen wird, so kommt die Wahrheit ans Licht. Fragt man die Hausfrau oder den Hausmann nach ihren oder seinen Waschgewohnheiten, so wird gemäß der Gebrauchsanleitung geantwortet: Füllen des Messbechers bis zum Füllstrich. Beobachtet man dieselbe Person im Alltag, so stellt man fest, dass es eine gewaltige Kluft zwischen Aussage und tatsächlichem Handeln gibt.

Nähe zum Kunden und die Bereitschaft, von ihm zu lernen, sind essenziell für den Innovationserfolg. Dies ist jedoch nicht einfach, denn vorurteilsfreies Beobachten fällt uns schwer. Je mehr wir über ein bestimmtes Themengebiet wissen, desto voreingenommener sind wir und desto weniger Schlüsse ziehen wir aus einer Beobachtung. Zum Beobachten muss die Brille des Fachmanns gegen die des neugierigen Anthropologen getauscht werden. Die Devise lautet, einzutauchen und zu lernen. Dies geht nicht vom Bürotisch aus.

Sechs Gründe für unzufriedene Kunden

Zu sehen, woran es den eigenen Angeboten mangelt, ist eine Kernaufgabe des Unternehmens. Doch wo muss man hinsehen? Es gibt sechs wesentliche Gründe dafür, dass sich Kunden mit Produkten plagen:

- *Das wussten wir nicht.* Die Firma weiß schlicht nicht, wie ihre Kunden bestimmte Produkte benutzen. Wer in den USA keine Getränke kauft, kommt eben nicht auf die Idee, dass die Becherhalter zu klein sein könnten.
- *Die Welt dreht sich weiter.* Als das Produkt entwickelt wurde, funktionierte es noch. Damals stand die Berliner Mauer auch noch, Benzin kostete 80 Pfennig pro Liter und man bestellte im Versandhauskatalog. Produkte sind selten zeitlos, meistens sind sie abhängig von einer bestehenden Infrastruktur, von Technologien und dem Verhalten der Benutzer.
- *Niemandes Aufgabe.* Es ist niemand für ein Problem verantwortlich. So wird zwar bemerkt, dass da etwas nicht ganz stimmt, aber jede Verbesserungsambition wird in den Mühlen der betrieblichen Bürokratie zermahlen. Wir haben dieses Phänomen in etlichen Großunternehmen beobachtet, das Potenzial ist nach wie vor enorm groß.
- *Egozentriker.* Die Technologen sind sich sicher, dass man das Produkt nur so und nicht anders benutzen kann. Deswegen wird das Problem nicht behoben, auch wenn sich Kundenbeschwerden häufen. Statt das Produkt zu verbessern, werden die Bedienungsanleitungen immer dicker. Sie beschreiben genauestens, wie Bedienungsfehler zu vermeiden sind. Das Problem ist nur, dass kein Kunde Werke wie die 95-seitige Anleitung der neuesten Casio-Armbanduhr liest.

- *Widersprüche.* Löst man ein Problem, so entsteht ein anderes. Egal welche Lösung man wählt, sie scheint ein Kompromiss zu sein, und irgendwer bleibt unzufrieden. Nicht selten sind Widersprüche eine echte Herausforderung für die Entwicklungsabteilung. Wie so oft gilt: Wer versucht, jeden glücklich zu machen, der erreicht damit, dass niemand wirklich glücklich ist.
- *Das war Absicht.* Das kennt bestimmt jeder: Man kauft etwas, es funktioniert nicht wie gedacht, man ruft die Hotline an und nach einer Stunde Warteschleifenmusik erklärt die Stimme am anderen Ende: »... das ist kein Problem, das ist so gedacht.« Wenn sich Kunden beschweren, dann ist es immer ein Problem, ganz egal, ob »das so gedacht« war.

Für das Beobachten hat sich einiges bewährt. Ein Notizbuch zu führen, empfänglich zu werden für die Probleme der eigenen Umwelt und seine Beobachtungen sofort festzuhalten, ist ein Einstieg. In einem weiteren Schritt sollte der aktive Austausch mit Kollegen folgen. Welche Probleme haben sie beobachtet? Wie stehen sie zu den Erkenntnissen? Werden die Beobachtungen in die nächste Produktgeneration einfließen? Die Emotionen, die Endkunden während einer Beobachtung zum Ausdruck bringen, sind wertvoller als Interviews mit Fokusgruppen. Was freut den Kunden? Was ärgert ihn? Was wird nicht so benutzt wie erwartet? Was lässt sich gar nicht so benutzen, wie es vorgesehen ist?

Ein Bild sagt mehr als tausend Worte. Es war noch nie so einfach wie heute, Videos zu drehen und zu schneiden. Mit etwas Übung lassen sich kurze Filme zusammenstellen, die Beobachtungen viel beeindruckender darstellen, als jeder Text es vermag. Anstatt eine weitere Fokusgruppenbefragung zu veranstalten, sollte man Nutzer filmen, beobachten und festhalten, wo tatsächlich der Schuh drückt.

Vom Yogi-Berra-Prinzip lernen

- Den Kunden zu verstehen, wird in vielen Unternehmen als Aufgabe der Marktforschung verstanden. Deren Ergebnisse werden in der Produktentwicklung gerne ignoriert, oder schlimmer: Sie rauben dem Produkt seine Identität.
- Das Internet macht es leicht, sich über Macken und Probleme von Produkten zu informieren. Viele Unternehmen sehen dies als Gefahr für sich. Sie machen sich nicht klar, dass der Austausch im Internet ihnen die Arbeit abnimmt, die vorher von der Marktforschung erledigt wurde.
- Wer bessere Produkte entwickeln will, muss seine Kunden verstehen. Es reicht oft nicht, Fragebögen zu verschicken. Unternehmen müssen mehr tun, um zu erkennen, was dem Kunden am Produkt nicht gefällt. Probleme kann man nur beheben, wenn man weiß, dass es welche gibt.

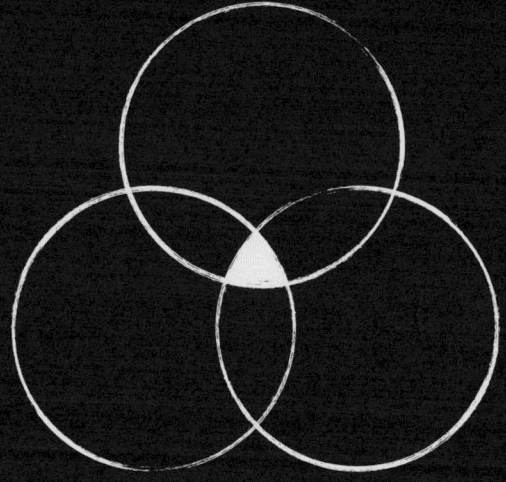

Serendipity-Prinzip

*Wie man die Nadel im Heuhaufen sucht
und die Tochter des Bauern findet.*

Das Wesentliche an der Erfindung tut der Zufall,
aber den meisten Menschen begegnet der Zufall nicht.
Was er Zufall nennt, ist in Wahrheit der Einfall,
und der begegnet jedem, der sich für ihn
wach und bereit hält.

— **Friedrich Nietzsche**

Um ein Patent der Konkurrenz zu umgehen, erforschte Roy Plunkett 1938 für die Firma DuPont Kältemittel für einen neuen Kühlschrank. Dabei fand er einen Stoff, der im Jahr 1941 als *PTFE* von DuPont patentiert wurde. Jahrelang schien der Stoff nutzlos. 1954 beschichtete der Chemiker Marc Grégoire seine Angelschnur mit *PTFE*, um sie leichter entwirren zu können. Seine Frau kam auf die Idee, Töpfe und Pfannen zu beschichten. *PTFE* ist uns heute unter seinem Markennamen *Teflon* bekannt. Entgegen der gängigen Meinung wurde *Teflon* keineswegs für die Raumfahrt entwickelt. Die erste Teflonpfanne gab es bereits 1954 und damit vier Jahre bevor der erste Sputnik sich ins All aufmachte.

Serendipity beschreibt die zufällige Beobachtung von etwas Nützlichem, nach dem man nicht gesucht hat. Das Wort Serendipity wird von der British Translation Company als eines der am schwersten zu übersetzenden Wörter der englischen Sprache gehandelt. Im Deutschen kann man es noch am ehesten mit dem Wort Zufallsfund beschreiben, wobei dies keine aktive Suche nach etwas ganz anderem voraussetzt. Das bekannteste Beispiel für Serendipity ist der erfolglose Versuch von Christoph Kolumbus, einen Seeweg nach Indien zu finden.

Es gibt zahlreiche Beispiele für unbeabsichtigte Durchbruchsinnovationen: Dem Post-it von 3M lag ein missglücktes Experiment zugrunde – ein Klebstoff, der nicht klebte. Serendipity bedeutet auch, Möglichkeiten in solchen Zufällen zu erfassen und diesen nachzugehen. Dabei darf man nicht nur in klassischer Controller-Tradition die negativen Abweichungen vom angestrebten Ziel betrachten. Vielmehr gilt es, die neuen Gegebenheiten umfassend zu analysieren und neu zu beurteilen. Abweichungen von den erwarteten Ergebnissen sind immer auch als Chancen zu sehen.

Auch sind Innovationen selten das Resultat einer ge-
zielten Suche, sondern das Ergebnis der Wahrnehmung
von Möglichkeiten. Dies zeigt der Anfang des Teebeutels.
Zu Beginn des 20. Jahrhunderts verschickte der Teehändler Thomas Sullivan Teeproben in kleinen Seidensäckchen.
Tee wurde normalerweise in Blechdosen verschickt, für
Proben war das jedoch zu schwer und zu teuer. Sullivans
Kunden tauchten die Seidensäckchen in kochendes Wasser,
in dem Glauben, ihr Teehändler habe dies gewollt: Der Tee-
beutel war erfunden. Serendipity widerfährt Unternehmen,
die es verstehen, Neugierde und Offenheit mit Beharrlichkeit zu verbinden.

Neugierde

Die Kletten, die sich im Fell seines Hundes festhakten,
brachten den Schweizer Ingenieur Georges de Mestral
dazu, die Pflanzen genauer zu untersuchen. Unter einem
Mikroskop fand er an den Kletten winzige elastische Häk-
chen. Er nutzte das Wirkprinzip und erfand den Klettver-
schluss. Neugierde ist eine Grundvoraussetzung für Serendipity. De Mestral suchte kein Verschlusssystem, aber seine
Neugierde brachte ihn dazu, eines zu finden.

Auch der Blitzableiter war eine Erfindung, die als nicht
beabsichtiges Nebenprodukt entstand. In seinem be-
rühmten Experiment zur Wirkung von Blitzen ließ Benjamin Franklin während eines Gewitters einen Drachen steigen und band an das Ende der Schnur einen Schlüssel. Als
der Schlüssel den Boden streifte, leitete die nasse Schnur
den elektrischen Strom und erzeugte bei Bodenberührung
Funken. Franklin war ein neugieriger und interessierter

Geist, Eigenschaften, die ihn später zu einem der Gründungsväter der USA machten.

Offenheit

Manchmal muss man es hinnehmen, dass man die Lösung eines Problems gefunden hat, das man gar nicht hatte. Sildenafil, besser bekannt unter seinem Markennamen Viagra, wurde entwickelt, um Herzkranzgefäße zu erweitern. Das tut Sildenafil auch, aber eben nicht nur das. Lange waren die Nebenwirkungen unbekannt. Erst als ein pharmakologisch einmaliges Phänomen festgestellt wurde – Patienten klauten zusätzliche Tabletten –, kam man der Wirkung auf die Spur. Viagra ist heute das erfolgreichste Lifestyle-Medikament. Es wurde jedoch nur entdeckt, weil in der pharmazeutischen Forschung Medikamente nach allen (Neben-) Wirkungen untersucht werden. Was bei pharmazeutischen Produkten Wirkung und was Nebenwirkung ist, bestimmt letztlich die Betrachtung. Der Stanford Professor Robert Sutton fasste es gut zusammen, er sagte: »Im kreativen Prozess ist Unkenntnis ein Segen, vor allem in den Frühphasen. Menschen, die nicht wissen wie die Dinge sein sollen, werden nicht von bestehenden Überzeugungen verblendet.«

Beharrlichkeit

Teflon konnte erst etliche Jahre nach seiner Entdeckung sinnvoll eingesetzt werden. Es zum Patent anzumelden, erschien anfangs gewagt. Was man tatsächlich entdeckt hat, lässt sich bisweilen erst rückblickend beurteilen. Nur Unternehmen, die gewillt sind, dieses Risiko einzugehen, und auch anfangs scheinbar sinnlose Entdeckungen fördern, haben eine Chance auf Serendipity.

Auch die Erfindung des Gesellschaftsspiels *Monopoly* war nur ein Ergebnis großer Beharrlichkeit. Charles Darrow reichte das schon im Jahr 1904 von Elizabeth Magie Phillips erdachte Spiel 1929 vor dem Hintergrund der Weltwirtschaftskrise bei Parker ein. Die Firma lehnte das Spielkonzept mit der Begründung ab, es enthalte »52 prinzipielle Fehler«. Darrow ließ sich von dem negativen bescheid nicht einschüchtern und brachte es trotzdem auf den Markt. Erst später lizenzierte Parker das Spiel. Heute wird es in 37 Sprachen in 103 Ländern äußerst erfolgreich und nachhaltig verkauft.

Auch aus Unnützem kann Großes entstehen

Die deutschen Mobilfunkanbieter sahen zu Beginn keinen kommerziellen Nutzen in der SMS. Der Service wurde kostenlos angeboten, denn wer möchte auf einem Nummernblock kompliziert Texte verfassen, oder wer möchte solche Texte lesen, wenn er oder sie auch anrufen kann? Doch die Nutzung entwickelte sich anders als prognostiziert: 1999 wurden in Deutschland bereits knapp vier Milliarden SMS verschickt, 2009 waren es 34,4 Milliarden.

Der Markt lässt sich nicht vorhersagen. Kunden verhalten sich überraschend und selten so, wie man es im Businessplan festgehalten hat. Ideen, die wunderbar und einleuchtend klingen, werden vom Markt ignoriert. Andere, die befremdlich anmuten, werden euphorisch angenommen. Man denke nur an das Tamagotchi, den Strohhalm oder den Kaugummi.

Vom Serendipity-Prinzip lernen

- Serendipity beschreibt die zufällige Beobachtung von etwas Nützlichem, nach dem man nicht gesucht hat.

- Was auf andere wie ein Glückstreffer wirkt, ist in der Regel ein Zusammenspiel aus Offenheit, Neugierde und Beharrlichkeit. Nur wer sein Glück erzwingt, dem wird Serendipity begegnen.

- Nicht alle abgelehnten Produktvorschläge entwickeln sich positiv. Aber Serendipity lehrt uns, die Zufälligkeiten zu erkennen und anzupacken. Häufig werden innovative Produkte nicht erkannt oder abgelehnt, weil sie nicht in die dominierende Branchen- oder Produktlogik passen. Nicht selten werden sie aber gerade deshalb zu großen Verkaufsschlagern.

 **VS.**

Kleines-Schwarzes-Prinzip

*Der Mensch ist Jäger und Sammler,
und genau das ist das Problem.*

Simplicity and response are qualities that measure the true value of any work of art.

— **Frank Lloyd Wright**

Das kleine Schwarze als Vorbild

Coco Chanel gilt weithin als die Erfinderin eines der bedeutendsten Kleidungsstücke des 20. Jahrhunderts, des »kleinen Schwarzen«. Das kleine Schwarze ist ein schlichtes, minimalistisches Kleid. Es hat sich zu einer der wenigen festen Größen in der notorisch unbeständigen Welt der Mode entwickelt. »Reduce to the max« wurde auch zum Slogan des Smart. Perfekt ist ein Produkt, wenn man nichts mehr weglassen kann (was nicht heißen soll, dass der Smart perfekt ist).

Bei vielen Unternehmen ist die Anmut des Einfachen auch heute noch nicht angekommen. Es ist schließlich auch eine große Aufgabe, ein System zu vereinfachen und aus etwas Komplexem etwas wirklich Verständliches zu machen. Zu häufig sieht man den Wald vor lauter Bäumen nicht. Dies stellen wir fest bei Produkten, aber auch bei Prozessen, Messkennziffern, Anreizsystemen, Managementinformationssystemen – kurz: Das ganze Unternehmen wird zu komplex und verliert damit an Klarheit, Geschwindigkeit und letztlich auch an Erfolg.

Als Google Anfang des Jahrtausends seinen Siegeszug im Internet antrat, war Yahoo der unangefochtene Marktführer. Yahoo war jedoch ein Gemischtwarenladen mit Suchfunktion, Google hingegen eine reine Suchmaschine. So stand und steht bei Google der Cursor bereits beim Öffnen der Homepage im Suchfeld; man besucht die Website schließlich, weil man etwas sucht. Einfachheit wurde zum entscheidenden Erfolgsfaktor im damaligen Kampf zwischen Goliath Yahoo und David Google.

Heute muss das gewachsene Unternehmen Google zeigen, ob es ihm gelingt, den eigenen Idealen treu zu bleiben. In seinen neueren Produkten wie Wave, Buzz oder Plus ist wenig geblieben von der einstigen Einfachheit. Stattdessen sind die Produkte gespickt mit Funktionen – und werden im Endeffekt kaum benutzt.

Menschen haben einen natürlichen Hang zur Komplexität. Aufgrund unserer evolutionären Veranlagung sind wir Menschen noch immer Jäger und Sammler. Einen Feuerstein zu besitzen war besser, als keinen zu besitzen. Zwei waren besser als einer. Der Mensch sammelt. Er häuft an, er hortet und er sortiert ungern aus. Bei Innovationen verhalten wir uns ähnlich. Gerne fügen wir der nächsten Produktgeneration neue Funktionen hinzu, um wieder einen neuen Kunden für das neue Produkt zu gewinnen. Wie beim Jäger und Sammler ist »haben« immer besser als »nicht haben«. Ungern entfernen wir etwas, das zuvor eingeführt wurde. Irgendwo da draußen könnte ein unzufriedener Kunde seine geliebte Funktion vermissen.

Dass da draußen Tausende von Kunden sind, die von der schieren Masse an Funktionen erschlagen werden, wird vernachlässigt. Die Überfülle von Funktionen wird auch »Feature Creep« genannt. Wer seine TV-Fernbedienung studiert, der dürfte sofort verstehen, was mit dem Begriff gemeint ist. Noch eindrucksvoller sind die Fernbedienungen für DVD- oder Blu-ray-Spieler. Zum Abspielen eines Films bieten die Hersteller auf ihren Fernbedienungen ein buntes Mosaik aus gut und gerne achtzig Knöpfen. Oftmals ist es ein Geduldsspiel, denjenigen zu finden, der tatsächlich das Abspielen in Gang setzt.

Das Paradoxe an »Feature Creep« ist, dass der Mensch eine Unzahl von Funktionen gar nicht will. Im Gegenteil, je komplexer die Welt wird, mit je mehr Technologien wir uns umgeben, desto einfacher wünschen wir uns jede einzelne davon. Die Erfolgsgeschichte des Internetdienstes Twitter verdeutlicht dies. Twitter bietet nichts weiter an, als kurze Nachrichten ins Internet zu stellen und die Nachrichten anderer zu lesen. Eine Nachricht besteht aus maximal 140

Zeichen. Im Jahr 2011 hatte der Dienst 200 Millionen Nutzer, Tendenz steigend.

Einfache, elegante Lösungen, die wenige Funktionen bieten, diese aber anstandslos und verständlich ausführen, erfreuen sich zunehmender Beliebtheit. Der Fiat 500 zeigt dies für das Auto, das Tivoli für Radios und Apple in seiner ganzen Produktpalette. Aufgeräumte Geschäftskonzepte, wie das des japanischen Einzelhändlers Muji, der puristische Büroartikel, Möbel, Kleidung und Haushaltsgeräte vertreibt, verdrängen das unübersichtliche, überladene und konzeptlose Kaufhaus aus unseren Innenstädten. Konsumentenverwirrung durch Komplexität führt zu Verdruss und Kaufabstinenz.

Aus einem mittelmäßigen Produkt wird allein dadurch, dass man ihm weitere Funktionen hinzufügt, noch lange kein großartiges Produkt. Jedes zusätzliche Merkmal macht ein Produkt komplizierter und somit weniger attraktiv. Leo Tolstoi schrieb bereits in *Krieg und Frieden,* dass stets die einfachsten Ideen außergewöhnliche Erfolge haben. Das Geheimnis der Schöpfer erfolgreicher Innovationen liegt darin, dass sie das Wesentliche vom Unwesentlichen unterscheiden und sich auf das Wesentliche konzentrieren.

Die Kunst, nein zu sagen

Die Firma Gallus ist Weltmarktführer für Etikettendruckmaschinen. Das war nicht immer so. Durch falsch verstandene Kundenorientierung geriet das Unternehmen einst ins Straucheln. Erfolg verleitet zu Wachstum, und so reagierte Gallus auf neue Kundenwünsche stets mit neuen Produktvarianten. Dadurch konnte das Unternehmen höhere Preise erzielen, gleichzeitig ging der Verkauf der Standardmaschinen zurück. Das wiederum hatte eine erhöhte Komplexität, geringere Losgrößen und schlechtere Qualität zur Folge, es entstanden Mehrkosten. Die erhofften zusätzlichen Margen wurden förmlich aufgefressen. Unkontrollierte Variantenexplosion ist in zahlreichen Unternehmen zu beobachten. Der Grund dafür ist nicht selten, dass die Kosten einer neuen Variante unter Einschluss der Prozess- und Komplexitätskosten nur unzureichend erfasst werden.

Bei Gallus brachte erst die Definition eines »aktiven Standards« die gewünschten Margen zurück. Varianten außerhalb dieses Standards wurden mit einem pauschalen Kostenzuschlag von 20 Prozent, um sechs Wochen verlängerten Lieferzeiten für Ersatzteile und einer kürzeren Frist für Garantieleistungen »bestraft«. So konnte auch der Vertrieb zum Verkauf von Standardlösungen erzogen werden. Gerade in Maschinenbauunternehmen können technisch starke Vertriebsingenieure zum Margenkiller des Unternehmens werden, da sie gerne in ausgefeilten Varianten ihre Erfüllung finden.

In der unternehmerischen Praxis haben sich einige Konzepte zum Komplexitätsmanagement bewährt: Die eingängigste Art, Einfachheit zu erzielen, ist die bedachte Reduktion. Anstelle eines Schilds an der Tür mit der Aufschrift »drücken« kann man auch den Türgriff weglassen – dann muss man drücken. Um in der Schwerelosigkeit des Weltraums schreiben zu können, wurde in den USA ein Kugelschreiber mit druckgefüllter Mine entwickelt. In einem aufwendigen Entwicklungsprojekt schuf man den Fisher Space Pen, der bis heute ein Zeichen der US-amerikanischen Raumfahrt ist. In der Sowjetunion war man mit demselben Problem konfrontiert und begnügte sich damit, den Kosmonauten einen Bleistift einzupacken.

Ein organisiertes System wirkt einfacher als ein chaotisches. Wenn wichtige Elemente besser sichtbar platziert werden, erleichtert dies die Bedienung. Hier, wie so oft, gilt die 80/20-Regel. Ein Bedienelement, das in 80 Prozent der Fälle zentral für die Benutzung des Produkts ist, sollte auch entsprechend platziert werden. Nach einem Knopf, der für das Abspielen einer DVD zuständig ist, darf nicht jedes Mal gesucht werden müssen

Einfachheit wird auch dadurch empfunden, dass effiziente, zeitsparende Bedienwege gewählt werden. Vielstufige Menüstrukturen oder Wartezeiten werden als unangenehm und komplex empfunden. In vielen Fällen verleiht erst der offensichtliche Unterschied zum Gewohnten der Einfachheit ihren Wert. Googles Suchmaschine wirkt erst in der Gegenüberstellung mit Yahoo klar, aufgeräumt und erfrischend wesentlich.

Vom Kleines-Schwarzes-Prinzip lernen

- Konsumentenverwirrung entsteht durch Vielfalt und Komplexität. Kunden suchen einfache, logische Lösungen. Nur selten sind sie mit der sprichwörtlichen eierlegenden Wollmilchsau zufrieden.
- Jede zusätzliche Funktion oder Option macht dem Kunden das Leben schwerer.
- Die Aufgabe des Innovators ist es, nicht nur zu entscheiden, welche zusätzlichen Eigenschaften oder Funktionen das Produkt haben soll, sondern auch zu bestimmen, welche verzichtbar sind.
- Ein perfektes Produkt ist ein Produkt, an dem man nichts mehr weglassen kann, so wie das kleine Schwarze.

- Ein Produkt sollte so gestaltet sein, dass die Funktionen, die am häufigsten benötigt werden, am leichtesten zu finden sind.
- Es gibt nichts Eleganteres als eine einfache Lösung. Je intuitiver und einfacher ein Produkt aufgebaut ist, desto eher spricht es an.

Ästhetik-Prinzip

Ästhetik ist ein Wertfaktor und kein Kostenfaktor.

Ich wünschte, es flössen mehr Geld und Zeit in die Gestaltung außergewöhnlicher Produkte anstatt in die psychologische Beeinflussung der Wahrnehmung der Käufer mittels aufwendiger Werbung.

— **Philip Kotler**

In den beiden ersten Jahrzehnten ihres Daseins waren PCs weiße, anonyme, unspektakuläre Plastikkisten. Bis Apple 1998 den iMac vorstellte. Aus der Plastikkiste wurde eine Skulptur, ein Objekt der Begierde. Erstmals kauften Kunden einen Rechner wegen seines Erscheinungsbildes und nicht wegen seiner »inneren Werte«. Apple rettete sich so vor dem Aus und verkauft heute erfolgreicher Computer als je zuvor. Design wurde vom Kostenfaktor zum Wertfaktor.

Diesen Übergang haben bei weitem nicht alle Unternehmen vollzogen. Gutes Design setzt sich zwar nach und nach durch, doch viele Unternehmen haben Ästhetik noch nicht als Verkaufsargument für sich entdeckt. Dabei kaufen die meisten von uns MP3-Player nicht mehr, weil sie mehr Speicherplatz haben als andere, Kaffeemaschinen nicht, weil sie schneller Kaffee aufbrühen, und Autos nicht, weil sie mehr PS haben. Design bewirkt Leidenschaft, Emotion und Anziehungskraft und ist eines der maßgeblichen Faktoren für Kaufentscheide. Galt früher die Designregel »form follows function«, so gilt heute »form is function«.

Design Thinking steht erst am Anfang

Unsere Ausbildung ist, was Design angeht, ungenügend. Ingenieure lernen Qualitätsmanagement, Produktionstechniken, Thermodynamik und unzählige mathematische Formeln. Während ihres gesamten Studiums werden sie jedoch nie mit dem Thema Ästhetik konfrontiert. Anschließend bekommen sie ihren Abschluss und werden entlassen, um Produkte zu entwickeln.

Die betriebswirtschaftliche Ausbildung ist selten besser. Anhand von Zahlenwerken wird den Studenten erklärt, dass ein Produkt gekauft wird, wenn es besser, schneller oder günstiger ist als diejenigen der Konkurrenten. Dem

Umstand, dass man Produkte auch erfolgreich verkaufen kann, weil sie ästhetisch sind, wird keine große Bedeutung zugestanden. Anstatt Design als integrierten Bestandteil der Strategie eines jeden Unternehmens zu verstehen, wird es oft als Teil der Produktkosmetik angesehen, quasi als ein »abschließendes Frisieren«. In den meisten Produktentwicklungsprozessen wird Design nicht einmal erwähnt.

Cheap Chic: Ästhetik als Commodity

Schönheit hat ihren Preis, das galt schon bei Hofe. Und so konnte man in der Folge in vielen Industriezweigen eine weit geöffnete Schere zwischen unansehnlichen Billigprodukten und ästhetischen Luxusprodukten beobachten. Eine günstige Kamera besaß nie die Formensprache einer Leica, ein günstiges Auto sah schon auf weite Entfernung wie ein günstiges Auto aus. Doch gerade in letzter Zeit haben etliche Firmen gezeigt, dass Ästhetik keine Frage des Preises, sondern eine Frage der Unternehmensstrategie ist.

H&M ist dafür bekannt, Modetrends in Metropolen zu beobachten und binnen weniger Wochen in den eigenen Läden anzubieten. Nicht selten finden sich die Angebote schon im H&M-Sortiment, wenn Modemagazine erstmals über den Trend berichten. Kooperationen mit Marken wie Comme des Garçons oder Karl Lagerfeld unterstreichen H&Ms Anspruch. Anders sieht es bei C&A aus, ein Unternehmen, das 1987 noch Marktführer war und seitdem nach und nach Marktanteile verloren hat. C&A steht für vieles, aber für ästhetische Kleidung?

Auch in anderen Branchen lässt sich der Trend zum »Cheap Chic« beobachten. Nur weil ein Produkt nicht teuer ist, muss es nicht gleich hässlich sein. In den USA hat sich mit Target gar ein Discounter der Idee »Design muss nicht teuer sein« verschrieben, mit beachtlichem Erfolg.

Design als Kernkompetenz

Der beispiellose Aufstieg Audis seit Beginn der 1990er Jahre vom »Auto für Beamte« zur konkurrenzfähigen Luxusmarke ist auch eine Geschichte des Designs. Zwar lautet die Werbebotschaft von Audi nach wie vor »Vorsprung durch Technik«, wer aber mit Audi-Fahrern spricht, der erfährt fast immer, dass der Wagen nicht gekauft wurde, weil die Volkswagen-Technologie jener von BMW und Mercedes überlegen ist, sondern weil der Audi besser gefällt. Der Automobilhersteller hat es in den vergangenen Jahren geschafft, schöne Autos zu entwickeln, für die Endkunden bereit sind, deutlich tiefer in die Tasche zu greifen als für die Konkurrenzprodukte der gleichen VW-Plattform.

Auch Verpackungen brauchen Design, wie der Schweizer Blechschachtelproduzent Hoffmann mit seiner Click-Clack-Dose zeigt. Auch Apple- oder Leica-Verpackungen sind stets durchgängig hochwertig gestaltet. Man findet keinen unaufgeräumten Stecker, alles ist gestaltet. Im Internet gibt es einen regelrechten Kult um Verpackungen. In »unboxing videos« zeigen Kunden, wie Produkte verpackt sind, und Millionen schauen zu.

Ästhetik beschränkt sich längst nicht mehr auf begehrenswerte Objekte wie teure Uhren oder Sportwagen. Ästhetik ist vielmehr die Einstellung des Unternehmens zu seiner Außenwirkung. So ist bei BMW nicht nur das Produktdesign wichtig. Das Streben nach ästhetischen Formen erstreckt sich vielmehr auch auf die Architektur des Forschungs- und Innovationszentrums und die Gestaltung von BMW-Händlerflächen. Auch B2B-Firmen wie der Pneumatik- und Automatisierungsspezialist Festo zeichnen sich durch ihr exzellentes Design aus. Der Festo-Stammsitz in Esslingen ist ein architektonisches Meisterstück. Unter den Firmen, die Ästhetik besonders stark betonen, finden sich aber auch etliche Dienstleister wie Disney, HBO, Starbucks oder Sixt. Ästhetik hat mit Dienstleistungen ebenso viel zu tun wie mit physischen Gegenständen.

Vom Ästhetik-Prinzip lernen

- Design weckt Emotionen und Leidenschaft, es verleiht dem Produkt eine besondere Anziehungskraft und ist in vielen Fällen ein zentraler Kauffaktor.
- Unternehmen unterschätzen tendenziell den Wert von Design für die Kaufentscheidung.
- Gestaltung spielt in unserer Ausbildung fast keine Rolle. Umso mehr sind die Unternehmen gefordert, Ästhetik in der eigenen Kultur zu verankern. Eine Designabteilung ist ein richtiger Schritt, der aber für sich genommen nicht ausreicht. Design muss als eigenständiger Wert im gesamten Unternehmen verkörpert werden.
- Design muss nicht teuer sein.
- Design und Ästhetik implizieren eine unternehmerische Grundhaltung, die weit über Produktkosmetik hinausgeht.
- Neben den klassischen Konsumentenprodukten gilt die Bedeutung von Design auch für Dienstleistungsanbieter und klassische B2B-Unternehmen.

Methusalem-Prinzip

Karl Lagerfeld und sein Rentner-Handy

Die jungen Leute haben Angst,
die älteren haben Geist.

— **Karl Lagerfeld**

Die demografische Entwicklung ist einer der vielzitierten zentralen Megatrends. Bob Dylan, Mick Jagger und Karl Lagerfeld sind heute alle im besten Rentenalter. Coolness hat kein Alter, aber Alter ist mit gewissen Beeinträchtigungen verbunden. Wenn »Haarshampoo« oder »Haarspülung« so winzig klein auf äußerlich gleichen Verpackungen steht, dass man es ab 55 ohne Brille nicht mehr lesen kann, dann schreit dieses nicht nach einem Shampoo für Rentner, sondern nach einer größeren Schrift. Ältere Menschen sind kein anonymes Marktsegment, sondern Individuen, die ebenso einfache, elegante und coole Produkte suchen wie der 35 Jahre alte Banker oder der siebzehn Jahre alte Schüler. Schwer kann man sich Karl Lagerfeld beim Kauf eines klobigen Rentner-Handys vorstellen.

Unsere Studien haben gezeigt, dass 85 Prozent der Unternehmen meinen, dass man den demografischen Wandel bei der Entwicklung von Produkten berücksichtigen muss. Tatsächlich aber lässt nur ein Drittel dieser Meinung entsprechende Taten folgen.

Der Altersdurchschnitt der deutschen Bevölkerung liegt inzwischen bei 42 Jahren, jeder fünfte Deutsche ist 65 Jahre oder älter. Viele Produktentwickler glauben immer noch, Senioren seien wertkonservativ, verlangten nach verstaubten Produkten und konsumierten eher wenig. Ein Auto, das offensichtlich für einen Rentner entwickelt wurde, wird von Vierzigjährigen nicht gekauft, vom Rentner aber auch nicht. Ältere Menschen fühlen sich um bis zu fünfzehn Jahre jünger, als sie tatsächlich sind. Man muss Vierzigjährige ansprechen, damit die Sechzigjährigen kaufen. Die A-Klasse wurde für wohlhabende Jungfamilien entwickelt, der Durchschnittskäufer ist hingegen jenseits der Fünfzig. Gleich alt ist übrigens auch der durchschnittliche Harley-Davidson-Fahrer. Es sei nur darauf hingewiesen, dass die heute 65-Jährigen in ihrer Jugend die 68er-Bewegung ausgelöst und einen großen Anteil an kulturellen Revolutionen wie der Rockmusik hatten. Sie fühlen sich jung geblieben, identifizieren sich mit Tina Turner, Thomas Gottschalk, Mick Jagger oder Sean Connery. Es ist banal, aber wahr: Wer 1968 Anfang zwanzig war, ist heute Mitte sechzig. Die 68er haben somit endgültig die Kriegsgeneration als Seniorentypus abgelöst und ein radikal neues Bild vom Alter geschaffen.

Die Wirtschaft hat diese Revolution des Rentnerdaseins sträflich außer Acht gelassen. Viele Firmen haben sich über Jahre mühsam ein jugendliches Image für ihre Marken und Produkte aufgebaut und richten auch heute noch ihr Leistungsangebot fast ausschließlich auf jugendliche Kunden aus. Die Zielgruppe der 14- bis 49-Jährigen scheint für die meisten Unternehmen das Allheilmittel für eine erfolgreiche Produktplatzierung zu sein. Menschen ab fünfzig werden als potenzielle Kunden konsequent vernachlässigt. Doch es gibt eine Antwort auf dieses scheinbare Dilemma, und sie heißt Universal Design: Produkte, die so einfach und elegant entworfen sind, dass sie jede Altersgruppe ansprechen. Die Audiosysteme von Bang & Olufsen gefallen Älteren genauso wie dem siebzehnjährigen Teenager – mit dem kleinen Unterschied, dass Menschen über fünfzig weitaus eher genügend Geld haben, um sie zu bezahlen.

Die gestiegene Lebenserwartung ist eine Riesenchance für die Wirtschaft, wenn die mit ihr verbundenen Herausforderungen richtig verstanden werden. Universal Design bedeutet nicht, Produkte für ältere Menschen zu entwickeln, um sie beim Kauf an ihr Alter zu erinnern, sondern Produkte zu entwickeln, die jede Altersgruppe ansprechen.

Vom Methusalem-Prinzip lernen

- *Universal Design.* Die demografische Veränderung ist eine grundlegende Antriebskraft für Innovationen. Doch Unternehmen tun gut daran, nicht einfach Produkte für Alte zu entwickeln, sondern mit Universal Design einen Schritt weiter zu gehen.
- *Breite Nutzbarkeit.* Das Design ist für Menschen mit unterschiedlichen Fähigkeiten nutzbar und marktfähig.
- *Flexibilität in der Benutzung.* Das Design unterstützt eine breite Palette individueller Vorlieben und Möglichkeiten.
- *Einfache und intuitive Benutzung.* Die Benutzung des Designs ist leicht verständlich, unabhängig von der Erfahrung, dem Wissen, den Sprachfähigkeiten oder der momentanen Konzentration des Nutzers.
- *Sensorisch wahrnehmbare Informationen.* Das Design stellt dem Benutzer notwendige Informationen in einer effektiven Weise zur Verfügung, unabhängig von der Umgebungssituation.
- *Fehlertoleranz.* Das Design minimiert Risiken und die negativen Konsequenzen zufälliger oder unbeabsichtigter Aktionen.
- *Geringer physischer Aufwand.* Das Design kann effizient und komfortabel mit einem Minimum an Ermüdung benutzt werden.
- *Größe und Platz für Zugang und Benutzung.* Eine angemessene Größe und hinreichend Platz für den Zugang, die Erreichbarkeit und die Benutzung unabhängig von der Größe und der Statur des Benutzers, seiner Haltung oder Beweglichkeit sollten gewährleistet sein.

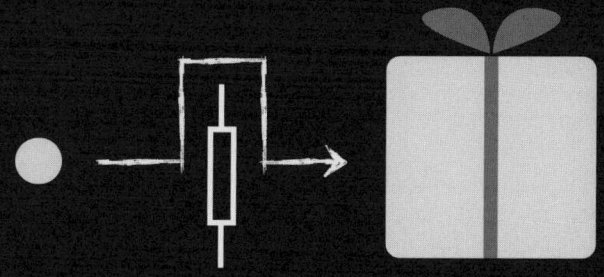

Widerstands-Prinzip

Es irrt der Mensch, solang er strebt.

*Der Plattenspieler hat absolut keinen
kommerziellen Nutzen.*

— **Thomas Edison**

640KB sollten genug sein für jeden.

— **Bill Gates über Arbeitsspeicher**

*Das Kino ist nichts weiter als eine
Modeerscheinung. Es ist Dramaturgie
aus der Konservendose. Was das Publikum
auf der Bühne wirklich sehen will,
ist Fleisch und Blut.*

— **Charlie Chaplin**

»Errare humanum est.« Irren ist menschlich, dies gilt im Unternehmen wie überall sonst im Leben. Die Geschichte des Fortschritts ist eine Geschichte der Skepsis. Jede große Errungenschaft der Menschheit trägt den Stempel der Ablehnung. Von Sokrates über Galileo Galilei bis Charles Darwin wurde alles abgelehnt, verachtet oder verboten, was heute als Meilenstein der Wissenschaft gilt. James Joyces *Ulysses* wurde nach der Publikation ebenso verboten wie J. D. Salingers *Fänger im Roggen*. Die Idee zu *Star Wars* wurde in Hollywood von sämtlichen Studios außer einem einzigen abgelehnt. Die beiden Google-Gründer Larry Page und Sergey Brin wurden in die Selbstständigkeit getrieben, da weder AltaVista noch Yahoo an ihren Suchalgorithmus glaubten.

Der Chemiker und Nobelpreisträger Paul C. Lauterbur hat einmal erklärt, dass man die Geschichte der Naturwissenschaft der letzten fünfzig Jahre anhand von Artikeln erzählen könne, die von den beiden führenden naturwissenschaftlichen Zeitschriften *Science* und *Nature* abgelehnt wurden.

Fortschritt bedeutet Veränderung, und Veränderung bedeutet einen empfindlichen Eingriff in den bestehenden Arbeitsprozess. Der Mensch ist kein Freund von empfindlichen Eingriffen und daher naturgemäß Skeptiker. Evolutionsbiologisch ergibt das durchaus Sinn. Menschen, die exotische Pflanzen probierten oder in unbekannte Gewässer sprangen, wurden nicht so alt wie ihre skeptischen Zeitgenossen. Skepsis ist ein evolutionsbedingter Überlebenstrieb des Menschen.

Fortschritt ist ein andauernder Kampf gegen Widerstände. Eine Musterlösung gibt es nicht. Je nach Idee sind die Widerstände anders geartet, und der Kampf wird mitnichten nur mit rationalen Argumenten geführt. Ängste, Ignoranz, Neid, Scheu und Wahnvorstellungen müssen ebenso aus dem Weg geräumt werden wie alle fachlichen Bedenken. Dabei ist der Erfinder gezwungen, sich mit drei Arten von Widerständen auseinanderzusetzen: Widerstände derer, die nicht können, Widerstände derer, die nicht wollen, und Widerstände derer, die nicht dürfen. Dabei werden das »Nichtkönnen« und das »Nichtdürfen« in Großunternehmen gerne überschätzt. Innovationen scheitern viel häufiger am »Nichtwollen«, als so mancher meinen würde.

Die meisten Mitarbeiter sind jedoch weder Befürworter noch Gegner neuer Ideen. Sie sind stille Zuschauer. Die träge, mäßig interessierte Masse der Mitarbeiter im Unternehmen beobachtet den Kampf der Promotoren gegen die Widerspenstigen und bildet sich ganz langsam eine Meinung. Wie in der Politik ist es oft wichtiger, die Unentschiedenen zu gewinnen, als in einen Zermürbungskrieg gegen die Unbelehrbaren zu ziehen.

Die Managementphilosophie, die nötig ist, um ein Montageband zu führen, bringt niemals ein Produkt wie das Montageband selbst hervor, so Peter Drucker. Manager tendieren dazu, Technologien, die sich durchgesetzt haben, zu perpetuieren. Je länger es also eine Technologie gibt, desto größer sind die Widerstände gegen eine neue.

Die Verteidiger des Status quo

Den Status quo zu verteidigen, ist für einige Gruppen Existenzbedingung. Schon Niccolò Machiavelli wusste das: »Der größte Feind der neuen Ordnung ist, wer aus der alten seine Vorteile zog.« Widerstände entstammen also verschiedenen Lagern. Die folgenden vier Gruppen sind die wichtigsten Verteidiger des Status quo:

- *Das eigene Unternehmen.* Im eigenen Unternehmen wird jede Neuerung von einigen wenigen unterstützt und gefördert, von vielen entschieden bekämpft und von einer großen Masse Unbeteiligter aus der Ferne beäugt – im besten Fall verhalten bis skeptisch. Die Gründe für die Ablehnung liegen meist in psychologischen Faktoren: »Nicht meine Idee gewesen« – »Geht nicht« – »Gefährdet meine Arbeit« – »Nimmt mir Budget weg«. Oft wurde mit der heutigen Technologie in der Vergangenheit viel Geld verdient. Die alten Cashcows zu kannibalisieren fällt schwer, entsprechende Ansätze stoßen auf Skepsis.

- *Experten.* Wer ein Forschungsprojekt beenden will, der stelle sich ein Board aus unbeteiligten Experten zusammen. Man wird schnell hören, dass es sich um eine alberne Idee handelt, bei der man nur Ressourcen verschwendet. Es gilt die Weisheit: »Experten wissen über immer weniger immer mehr, bis sie über nichts alles wissen.« Studien aus Harvard haben gezeigt, dass der Status des Experten umso höher eingeschätzt wird, je skeptischer sich der Experte gibt. Begeisterte, motivierende Experten werden gar als naiv wahrgenommen.

- *Kunden und Marktforschung.* Durchschlagende Erfindungen kommen nicht zustande, wenn man die Kunden oder die Marktforschung fragt, was heute gewünscht wird. Bei der Entwicklung des DVD-Spielers wurden Kunden gefragt, was das Wichtigste bei einem Nachfolgeprodukt des Videorekorders wäre. Ihr Konsens: schnelleres Zurückspulen des Bandes.

- *Die Konkurrenz.* Das Gras ist immer grüner auf der anderen Seite. Und wie schlecht die Konkurrenz tatsächlich organisiert ist, merkt man erst, wenn man den Job wechselt. Die Konkurrenten wissen nicht zwangsläufig mehr. Wenn sie ein Produkt nicht anbieten, bedeutet das noch nicht, dass es keine Käufer finden wird.

Vom Widerstands-Prinzip lernen

- Widerstände sind das tägliche Brot eines jeden, der Neues schafft. Es bedeutet die Auseinandersetzung mit drei Gruppen: mit denen, die nicht dürfen, denen, die nicht können, und denen, die nicht wollen.
- Es wird immer Menschen geben, die gegen eine neue Idee sind; je besser die Idee, desto zahlreicher ihre Gegner. Oft hilft es, die Widerspenstigen zu ignorieren und dafür die unentschlossenen stillen Zuschauer für eine Idee einzunehmen.
- *Sponsoren gewinnen.* Um Ideen in einem Unternehmen durchsetzen zu können, braucht es eine schützende Hand – jemanden, der an die Idee glaubt und nicht aufgibt, ehe sie verwirklicht wurde. Sponsoren aus der Geschäftsleitung wirken enorm positiv auf das Innovationsprojekt.
- *Nicht des Teufels Advokaten spielen.* Für Tom Kelley, CEO der Designfirma IDEO, ist die Formulierung »Lassen Sie mich hier einmal den Advocatus Diaboli spielen ...« der größte Innovationskiller schlechthin. Unter dem Deckmantel dieser Formulierung werden Horrorszenarien entwickelt, die sich in den Köpfen der Beteiligten festsetzen. Vielen Ideen wird dadurch für immer der Boden entzogen.
- *Brutkästen.* In geschützten Räumen werden optimale Bedingungen hergestellt. Ebenso wie Frühgeburten haben auch Konzepte und Ideen in Inkubatoren bessere Chancen, zu überleben. Es ist vielversprechend, bestimmte Projekte aus dem Unternehmen herauszulösen und in einem Inkubator weiterzuentwickeln.

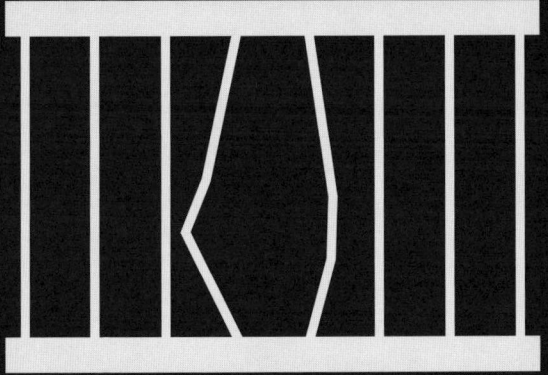

Mut-zur-Freiheit-
Prinzip

Wie das World Wide Web erfunden wurde

*Wer Freiheit aufgibt, um Sicherheit zu gewinnen,
wird am Ende beides verlieren.*

— **Benjamin Franklin**

CERN 1989 – Teile des Forschungsinstituts liegen in der Schweiz, Teile in Frankreich. Durch die unterschiedlichen Netzinfrastrukturen der beiden Länder wird der Austausch von Daten zur Geduldsprobe. Der Mitarbeiter Tim Berners-Lee schlägt seinem Arbeitgeber ein Projekt zur Lösung des Dilemmas vor. CERN willigt ein, und Berners-Lee wird der Freiraum zugestanden, das World Wide Web zu entwickeln.

Erfolg ist fast immer das Ergebnis eines langen, schweiß-treibenden Prozesses und lässt sich nicht auf einen be-stimmten Augenblick reduzieren. Journalisten fragen ger-ne nach dem Moment der Erleuchtung, denn über einen »Heureka-Moment« lässt sich besser schreiben als über einen jahrelangen zähen Prozess voller Rückschläge und Enttäuschungen.

Wir alle kennen die Geschichte von Isaac Newtons Apfel und seiner plötzlichen Eingebung, die seiner Entdeckung der Gravitation zugrunde lag. Ob Newton tatsächlich in einem magischen Moment ein Apfel auf den Kopf fiel, ist fraglich, und die Gravitation hat er auch nicht durch eine plötzliche Eingebung entdeckt, sondern dadurch, dass er das Thema zwanzig Jahre lang erforscht hat. Doch die Ge-schichte mit dem Apfel klingt einfach besser, ist anschau-licher, und irgendwie hört sie sich auch ein bisschen so an, als könnte sie jedem von uns passieren. Doch täuschen wir uns nicht. Erfolg braucht viel Zeit, Muße und harte Arbeit.

Google: 20 Prozent, 3M: 15 Prozent

Liest man über Innovationen, so stolpert man nicht selten über Googles 20-Prozent-Regel. Sie lautet, dass der Google-Mitarbeiter 20 Prozent seiner Arbeitszeit für Projekte auf-wenden darf, die außerhalb seines täglichen Arbeitsbe-reichs liegen. Man spekuliert darauf, dass die Angestellten in dieser Zeit Projekte bearbeiten, an denen ihr Herz hängt, und tatsächlich sind in den vergangenen Jahren etliche Erfindungen wie Google Suggest, AdSense oder Orkut daraus entstanden.

Die 20-Prozent-Regel ist keine neue Idee. Bereits Jahrzehnte vor Googles Gründung hatte 3M die 15-Prozent-Regel mit ähnlichem Erfolg eingeführt. Den eigenen Mitarbeitern den Freiraum zu gewähren, Innovationen in eigener Regie zu entwickeln, kann einen Motivationsschub bewirken. Oft allerdings wurden diese Regeln als buchhalterische Maßnahme missverstanden. Wichtig ist demgegenüber ihre Signalwirkung: Mitarbeiter sind aufgefordert, in ihrer Arbeitszeit auch etwas Abweichendes zu tun.

Wider die Selbstgefälligkeit

Doch Zeit und Freiraum allein führen noch nicht zu begeisternden Produkten, bei den meisten Menschen jedenfalls nicht. Reiner Freiraum kann auch zu Langweile und zu Lethargie führen, wie jeder weiß, der einmal einen Abend lang als Barkeeper in einer leeren Bar gejobbt hat. Freiraum muss konzipiert werden. Die Beschäftigten müssen ermutigt werden, zu experimentieren, zu tüfteln, zu spinnen und zu rekombinieren. Auch muss die sinnvolle Nutzung dieser Ressourcen von Führungskräften vorgelebt werden. Bei einigen Unternehmen führte die Einführung der 15-Prozent-Regel dazu, dass gerissene Projektleiter, deren Bonus von ihrer Zielerreichung abhing, notwendige Projektstunden auf »kreatives Nachdenken« buchten. Wie jede Regel muss auch diese richtig (vor-)gelebt werden.

Erfolge feiern

Freiraum kann nicht mit Statusreports und Meilensteinen gemanagt werden. Eine Innovation lässt sich nicht quartalsweise planen. Wer seine Mitarbeiter anspornen will zum Experimentieren, Vernetzen und Innovieren, der tut gut daran, an ihren Sportsgeist zu appellieren. Neue Ideen sollten gegenseitig vorgestellt und diskutiert werden. Gute Ideen und Konzepte müssen belohnt und gefeiert werden. Nur wer Leistung anerkennt, dem wird auch längerfristig Leistung entgegengebracht. Es ist nichts dabei, einen Teilerfolg oder Etappensieg in einem wichtigen Innovationsprojekt kräftig zu feiern. Das geschieht jedoch zu selten, wird es doch mit mangelnder Disziplin und verschwendeter Zeit gleichgesetzt.

Um Entschuldigung bitten, nicht um Erlaubnis fragen

Der 23-jährige Bertolt Brecht schrieb 1921 in sein Tagebuch, er sei auf dem besten Weg, ein Klassiker zu werden. Anmaßend, frech und unverschämt für einen 23-Jährigen. Heute wissen wir, dass er Recht hatte. Natürlich gelingt nicht alles. Aber alles, was gelingt, wurde einmal gewagt.

Bei BMW war man sich sicher, dass ein Kombi nicht zum Image des Oberklasse-Autobauers passen würde. Erst ein überzeugter Ingenieur, der in seiner Freizeit eine Limousine zu einem Kombi umbaute, konnte die Führungsetage umstimmen, als er eines Morgens mit einem selbst gebauten BMW-Kombi auf dem Betriebsgelände vorfuhr. Dies war der Beginn der Erfolgsgeschichte des BMW Touring, heute ein begehrtes Lifestyle-Produkt, das wenig mit dem Handwerker-Kombi gemein hat, dessen Image BMW seinerzeit abschreckte.

Kreativ zu arbeiten, etwas zu erzeugen und die Innovationen von morgen zu entwickeln bedeutet, die Regeln zu biegen und an sein eigenes Schaffen zu glauben. Weil die Regeln den Status quo markieren, sind Innovationen keine Selbstläufer; selbst brillanteste Ideen werden verkannt. Je nach Unternehmen erfordert die Durchsetzung einer Idee mehr oder weniger Mut. Und je nach Unternehmen müssen mehr oder weniger Regeln gebogen werden. Mit Letzterem ist nicht die skrupellose Ausnutzung des Systems gemeint, sondern die notwendige Neuinterpretation von Richtlinien im Sinne des Kernziels eines Unternehmens. Veränderung stellt sich nicht ein, wenn man vorher um Erlaubnis fragt; besser ist es, zu handeln und hinterher um Entschuldigung zu bitten.

Um etwas Neues zu erfinden, um innovativ zu sein, braucht es einen mutigen Geist, der sich über das bürokratische Bollwerk im Betrieb hinwegsetzt, und eine Führungsstruktur, die dies auch zulässt. Bei IBM versucht man, das Unternehmertum wieder zu fördern und das große Unternehmen zu revitalisieren, wie es schon mehrfach in seiner Geschichte geschehen ist. Der Leitsatz heißt hier: »Customer first, IBM second, Business Unit third«. Er bedeutet, dass auch dann im Sinne des Kunden und der Firma gehandelt werden soll, wenn dies den Bereichszielen abträglich ist. Für ein Unternehmen, das kurzfristig nach Maßgabe von Quartalsergebnissen geführt wird, aber langfristig zu den innovativeren Unternehmen gehören will, ist dies ein wichtiger Schritt.

U-Boot-Projekte

Viele Innovationen sind entstanden, weil einzelne Leute an sie geglaubt haben und die Idee nicht aufgeben wollten, obgleich ihr Unternehmen anderer Meinung war – so wie BMWs Kombi und sein überzeugter Verfechter. U-Boot-Projekte sind Aktivitäten, die unterhalb der unternehmerischen Wasseroberfläche schwimmen. Oft haben sie ein minimales oder gar kein offizielles Budget. Mitunter treten verblüffende Ergebnisse zutage, die überzeugender sein können als PowerPoint-Präsentationen grober Konzepte. Innovative Unternehmen wie Ericsson fördern U-Boot-Projekte, wenn Mitarbeiter eine Idee passioniert verfolgen.

Es ist aber auch Vorsicht geboten, denn die Managementliteratur ist voll von erfolgreichen Beispielen für U-Boot-Projekte. Wird das Projekt ein Erfolg, so wird der Partisan zum unternehmerischen Helden. Bleibt ihm der Erfolg versagt, nimmt niemand davon Kenntnis. Dies führt zu einem verzerrten Bild, die Erfolgsgeschichten werden überbetont, Misserfolge werden verschwiegen. Es lässt sich kaum abschätzen, wie viele Ressourcen in U-Boot-Projekten verbrannt werden, die letztlich scheitern. An die Oberfläche treten nur die Erfolgsgeschichten, während es am unternehmerischen Meeresgrund von U-Boot-Wracks wimmelt. Besser als die Billigung von U-Boot-Projekten ist daher die von der Geschäftsleitung getragene Überzeugung, dass Freiräume sinnvoll sind.

Die Unternehmer im Unternehmen fördern

Ideenreichtum und Erfindergeist sind kein Monopol von Künstlern, Forschern und Unternehmensgründern. Auch in Großkonzernen gibt es kreative Mitarbeiter, die versuchen, ihr Unternehmen zu verändern. Wer zu ihnen gehört, der braucht den Mut, sich Widerständen zu stellen. Man muss Kritik aus den eigenen Reihen verkraften und die eigene Idee weitertreiben. Dabei muss man sich darüber im Klaren sein, dass Innovationen keine offenen Türen einrennen. Vielmehr werden nicht selten die Türen dann, wenn man die Innovation vorstellen möchte, auch noch mit Brettern vernagelt. Unternehmen sollten einsehen, dass sie auf die kreativen Impulse von risikofreudigen, engagierten Mitarbeitern angewiesen sind.

Zur ständigen Revitalisierung eines etablierten Unternehmens ist es wichtig, die Unternehmer im eigenen Haus zu fördern. Doch wie denkt ein Unternehmensgründer? Die Erfahrung zeigt, dass erfolgreiche Gründerpersönlichkeiten viel weniger deterministisch auf ein enges Innovationsziel hin planen. Stattdessen nutzen sie ihre Beziehungen, Investoren, Stakeholder und ihre knappen Ressourcen, um opportunistisch Ziele zu verfolgen, die sich ständig ändern.

Dies ist in etablierten Unternehmen schwierig. Änderungen von Zielsetzungen bedeuten sehr oft neue Budgetanträge, die der Projektleiter zu vermeiden versucht. Es ist daher hilfreicher, dem Innovator auf unkomplizierte Art und Weise eine Summe anzuvertrauen, die er relativ frei verwenden kann. Abgerechnet wird am Ende, ähnlich wie Venture Capital vergeben wird. Shell genehmigt im Rahmen dieser Philosophie in seinem GameChanger-Prozess ohne großen Aufwand bis zu 600.000 Euro innerhalb einer Woche.

Keine Entmutigung durch Mikromanagement

Für Geschäftsführer mit Ingenieursausbildung oder Technikvorstände ist die Versuchung groß, zu zeigen, dass sie auch noch etwas zur Technik zu sagen haben. Dies mag in Einzelfällen stimmen, aber zuallermeist werden Richtungsvorgaben oder gar Detailentscheidungen ohne ausreichende Informationsbasis getroffen.

Mikromanagement ist die Durchsetzung von Regeln mit dem Taktstock. Es bezeichnet das moderne Äquivalent zur Pauke als Taktgeber auf phönizischen Galeeren. Die Umsetzung ist einfach. Es wird eine Reihe von Regeln und Vorgaben festgelegt, und die Mitarbeiter haben die Aufgabe, die Regeln zu befolgen und die Vorgaben zu erfüllen – nicht mehr und nicht weniger. Gegenfragen und Eigeninitiative werden im Keim erstickt, wer vom Plan abweicht, wird sanktioniert, in kurzen Zeitabständen wird der Fortschritt überprüft. Der Nachteil dieses kurzfristig effektiven Führungsstils: Kluge Menschen mit Eigeninitiative werden entmutigt, wenn sie erledigen müssen, was für sie keinen Sinn ergibt. Selbst wenn sie versuchen, sich konform zu verhalten, so verhindern zu klein definierte Arbeitspakete und zu enge Feedbackschleifen echte Leistung und Innovation.

Dabei sollte Management viel mehr auf Motivation als auf Kontrolle basieren. Moderne Ansätze der transformationalen Führung bauen auf intrinsische Motivation durch die Aufgabe selbst. Erfolgreiche Führungskräfte, die nach diesem Konzept arbeiten, setzen auf Inspiration, intellektuelle Stimulierung und die Berücksichtigung dessen, was der Einzelne beitragen kann. Doch Mitarbeiter zu motivieren ist für viele Führungskräfte erheblich schwieriger, als Mitarbeiter zu bevormunden. Die engmaschige Führung ist nach wie vor in der Managementpraxis weit verbreitet.

Vom Mut-zur-Freiheit-Prinzip lernen

- Es gibt keinen Heureka-Moment. Innovation ist das Ergebnis eines langen Prozesses. Während dieses Prozesses kommt es zu Rückschlägen, und häufig stellt sich die Frage, ob das Projekt noch einen Sinn ergibt.

- Freiheit führt in vielen Fällen zu einem Motivationsschub. Sie gibt den Mitarbeitern das Gefühl, dass andere an ihre Arbeit glauben.
- Freiheit bedeutet auch, den Mitarbeitern das Gefühl zu geben, dass sie sich hin und wieder einmal irren dürfen. Nicht jede Idee wird zu einem Erfolg, aber jeder Erfolg war einmal eine Idee.
- Die größtmögliche Entmutigung schafft Mikromanagement – ein Chef, der einem Punkt für Punkt sagt, was man zu tun hat, und eigene Gedanken ablehnt. Wer seinen Mitarbeitern vertraut, muss davon ausgehen, dass deren Lösungen anders sein werden als die eigenen. Doch »anders« heißt nicht zwangsläufig »schlechter«.

Kaizen-Prinzip

Jeden Tag ein kleiner Schritt

*Verbessern bedeutet, zu ändern. Perfekt zu sein
bedeutet, ständig zu ändern.*

— **Winston Churchill**

Fortschritt entsteht durch die beherzte Umsetzung eines imperfekten Planes und nicht durch die Perfektionierung eines Planes zur beherzten Umsetzung. Die Erfolgsgeschichte IKEAs ist eine Geschichte von Notlösungen, Rückschlägen und ständiger Weiterentwicklung. Um sich von der immer stärker werdenden Konkurrenz anderer Möbelversender abzusetzen, entstand der erste IKEA-Ausstellungsraum. Streiks von Lieferanten führten dazu, dass man anfing, eigene Möbel zu entwerfen, Transportprobleme bewirkten, dass IKEA flache Verpackungen einführte. Ein Feuer im Ausstellungsraum führte zu einem größeren Ausstellungsraum, und komplett überforderte Mitarbeiter waren der Grund für die Einführung des Selbstbedienungskonzepts.

Kein Produkt, keine Dienstleistung, kein Geschäft kommt perfekt auf den Markt. Ein Produkt, das perfekt auf den Markt kommen sollte, käme nie. Die perfekte Geschäftsidee ist ein Oxymoron, ein Widerspruch in sich, denn jedes Geschäft lässt sich verbessern. Damit bietet aber auch jedes Geschäft das Potenzial und die Pflicht, es zu verbessern. Im Japanischen wird die stetige Verbesserung durch kleine Schritte »Kaizen« genannt, ein Managementprinzip, das in den vergangenen Jahrzehnten zum regelrechten Exportschlager Japans geworden ist.

Wenn Google ein neues Produkt auf den Markt bringt, so wie einst Google Mail oder Google Book Search, dann ist unter dem Logo immer der Hinweis »Beta« zu lesen. Doch ob es mit einem solchen Hinweis versehen wird oder nicht: Auch jedes andere Produkt jedes anderen Herstellers, das neu auf den Markt kommt, ist eine unfertige Version. Es gibt etliche Probleme, die erst dann offenbar werden, wenn das Produkt auf den Markt kommt. Produkte werden ausgiebig getestet, ehe man sie ausliefert, aber ihren wahren Test durchlaufen sie erst, wenn Käufer sie in den Händen halten und auf ihre eigene Art benutzen – auf eine Art, die sich häufig zuvor niemand vorstellen konnte. Kaum ein Produktentwickler bei Schindler hätte Aufzüge so konzipiert, dass sie es aushalten, wenn die Installateure im Schacht Zementsäcke aus mehreren Metern Höhe auf das Kabinendach fallen lassen. Diese Anforderung zeigte sich erst bei der Auslieferung.

Sicherlich ist es ein Problem, ein Produkt auf den Markt zu bringen, das noch nicht perfekt ist. Es ist jedoch ein ungleich größeres Problem, wenn Fehler ignoriert werden, anstatt sie schrittweise zu beseitigen. Gerade im Maschinen- und Anlagenbau mit kleinen und mittleren Stückzahlen, aber auch in Dienstleistungsgeschäften bietet die ständige Verbesserung ein noch nicht ausgeschöpftes Potenzial.

Ständige Verbesserung

Die Innovation hinter wirklich großartigen Produkten, Dienstleistungen oder Geschäftsmodellen ist oft kein einmaliges Ereignis, sondern ein ständiger Prozess. Es ist hart einzusehen, dass das eigene »Baby«, das man mit so viel Mühe und Liebe und Herzblut entwickelt hat, nicht perfekt ist. Und das Letzte, was man hören will, sind Beschwerden von Kunden, die das Produkt für nicht ganz so ausgereift halten wie man selbst. Doch der Groll gegen den scheinbar manisch unzufriedenen Kunden sollte als Anstoß zu Verbesserungen verstanden werden.

Als das iPhone 2007 auf den Markt kam, war die Mängelliste lang. Erstkunden beschwerten sich, dass SMS nicht weitergeleitet werden konnten, dass MMS erst gar nicht geschickt werden konnten, dass das Telefon nicht UMTS-fähig war, dass mit der Kamera keine Videos aufgezeichnet werden konnten, dass keine Instant Messenger genutzt werden konnten, dass die Batterie nicht austauschbar war und dass niemand dafür Programme schreiben durfte. Trotz dieser Kritiken verkaufte Apple im ersten Quartal 1,4 Millionen Telefone und erzielt heute im Mobiltelefonmarkt einen größeren Gewinn als alle seine Mitbewerber zusammen. Jede weitere Produktgeneration entstand unter Behebung von Defiziten des Vorgängers.

Fehler als Lernquelle

Kein Kind lernt zu laufen, ohne hinzufallen, und niemand lernt Fahrrad zu fahren, ohne sich dabei blaue Flecken zu holen. Fortschritt und Risiko sind zwei Seiten ein und derselben Medaille. Topmanagement und Berater neigen gerne dazu, Erfolgsgeschichten im Nachhinein zu schönen. Dabei liegt Versagen in der Natur: 99,99 Prozent aller Lebewesen, die im Laufe der Erdgeschichte je gelebt haben, sind heute ausgestorben. Kaum eine Innovation der Natur überlebt, und nur sehr wenige sind erfolgreich. Auch wenn man Innovation systematisch angeht, kann und wird man oft versagen. Wichtig ist, dass man einen bestimmten Fehler nicht mehrmals macht.

Je früher man aber versagt, desto geringer der Schaden. Michael Dell fordert Fehler in der Frühphase: »Fail earlier, succeed sooner!« gehört zu seinen Managementprinzipien. Bei Projekten ohne Fehlergeschichte wird Dell sogar misstrauisch; womöglich sind die Fehler noch nicht entdeckt und treten erst in späteren, teuren Projektphasen auf.

Aus Fehlern zu lernen heißt, zunächst die Fehler zu erkennen. Es sagt sich leicht, dass man eine Firmenkultur mit Fehlertoleranz hat, aber wer gibt schon gerne zu, etwas falsch gemacht zu haben? Doch wenn Fehler verschwiegen oder wie im Fall von Toyota unter die Fußmatte gekehrt

werden, dann werden die Konsequenzen in Form von Außenwirkung und Kosten zu einem unkalkulierbaren Risiko.

Man muss übrigens nicht alle Fehler selbst gemacht haben. Gerade frühe Imitatoren legen das Hauptaugenmerk
darauf, zu erkunden, was der Marktpionier falsch gemacht
hat. Fehler müssen nicht selbst gemacht und sollten schon
gar nicht wiederholt werden.

Das Ikarus-Dilemma

Um sich aus ihrer Gefangenschaft auf Kreta zu befreien,
baute Dädalus für sich und seinen Sohn Ikarus Flügel aus
Federn und Wachs. Vor der Flucht wies Dädalus seinen
Sohn an, nicht zu hoch zu fliegen, da die Sonne das Wachs
sonst schmelzen würde. Doch von der Fähigkeit begeistert,
fliegen zu können, und angezogen vom Glanz der Sonne,
stieg Ikarus immer weiter auf, bis das Wachs seiner Flügel
schmolz. Ikarus stürzte ab und zerschellte auf dem Meer.

Hochmut kommt vor dem Fall. Das Ikarus-Dilemma
tritt auch bei Unternehmen auf. Der erste Schritt auf dem
Weg in die Belanglosigkeit oder den Bankrott ist, wie bei
Ikarus, die Selbstüberschätzung. Egal wie gut ein Produkt
sein mag: Es ist nicht perfekt, und es gibt keinen Grund,
sich auf den Lorbeeren der Vergangenheit auszuruhen. Die
Konkurrenz ist unaufhörlich damit beschäftigt, am Thron
des Marktführers zu sägen. Der Markt verändert sich, und
deshalb ist kein Produkt, das sich heute gut verkauft, zugleich ein Erfolgsgarant für morgen. Man denke an Quelle,
Hertie oder Windows Mobile; sie alle beruhten auf großartigen und lukrativen Geschäftsmodellen, doch heute sind
sie quasi von der Bildfläche verschwunden. Sich ständig zu
verbessern und auch erfolgreiche Produkte weiterzuentwi-

ckeln ist eine betriebswirtschaftliche Notwendigkeit, die viel zu oft verkannt wird.

Vom Kaizen-Prinzip lernen

- Kein Produkt kommt perfekt auf den Markt. Auch wenn es noch so ausgiebig getestet wird, seine wahre Prüfung durchläuft es erst bei der Anwendung durch den Kunden.
- Um sich am Markt durchzusetzen, muss ein Produkt nicht perfekt sein, aber es muss ständig verbessert werden. Nur wer den Anspruch hat, die eigenen Fehler zu beheben, wird langfristig Erfolg haben.
- Bewährt haben sich Qualitätszirkel, das heißt Teams von Mitarbeitern, die sich regelmäßig treffen, um die Produkte und Prozesse stetig zu verbessern. Typischerweise finden solche Treffen einmal pro Woche oder pro Monat statt.
- Fehler sind eine Lernquelle. Doch nicht nur die eigenen, vielmehr kann es sich dabei auch um Fehler anderer handeln. Oft reicht es aus, die Produkte anderer Unternehmen zu studieren und deren Fehler nicht zu wiederholen.

Rolls-Royce Silver Mist

Microsoft Antigen

IKEA Gutvik (Kinderbett)

Dacia Duster

Mitsubishi i-MiEV

Walkman-Prinzip

Auch große Innovationen brauchen Namen.

Ein Name ist nichts Geringes.

— **Johann Wolfgang von Goethe**

Im Jahr 1979 brachte Sony den Walkman auf den Markt. In den 80er Jahren wurde das Gerät zum Statussymbol des urbanen Lebens, sein Name wurde zur Bezeichnung für jeden »Taschenkassettenrekorder« und Walkman das Sinnbild für mobile Musik schlechthin. In einigen Ländern wie Österreich wurde Sony sogar das Markenrecht an der Bezeichnung Walkman entzogen, weil es schlicht keine andere Bezeichnung gab. Das Ganze ist schwer vorstellbar, hätte Sony den Walkman nicht Walkman, sondern MX1000 getauft.

Jedem fallen spontan ähnliche Beispiele ein, wie das Tempo-Taschentuch, der Labello oder Post-its, und trotzdem tragen die meisten Produkte obskure Namen. Was soll man von einem Mobiltelefon erwarten, wenn es, wie bei Samsung, »Pro B7610« oder »I8910 HD« heißt? Wie soll man sich in ein »Pro B7610« verlieben? Man kann sich ja nicht einmal merken, wie es heißt.

Der Name, den eine Innovation, ein Produkt oder eine Dienstleistung trägt, weckt in jedem, der ihn hört, eine bestimmte Vorstellung. Mit Pentium hat Intel dem Prozessor in unseren PCs mehr als nur einen Namen gegeben. Anstatt einer Seriennummer wie zuvor 268, 368 und 468 hat der Prozessor als Pentium eine Persönlichkeit. Plötzlich sprach auch der Laie begeistert davon, dass er ja jetzt einen Pentium habe. Der Prozessor wurde vom Bauteil zum Statussymbol, denn Namen wirken. Soziologen nennen dies die »emotionale Aufladung von Produkten«.

Umgekehrt, ebenso wie auch beim Menschen, verspricht ein guter Name noch lange keinen Erfolg. Apples Newton floppte trotz des guten Namens genauso wie Microsofts Zune. Ein großer Name macht aus einem schlechten Produkt kein gutes, ebenso wie ein guter Name aus einem dummen Menschen keinen klugen macht.

Es gibt nichts Beständigeres als ein Provisorium

Wenn Produkte aus Entwicklungsprojekten hervorgehen, dann haftet ihr Projektname oft noch Jahre später an ihnen. Allen Bemühungen der Marketingabteilung zum Trotz will der Projektname nicht aus dem Wortschatz des Kunden verschwinden. Dies ist im Anlagen- und Maschinenbau besonders ausgeprägt. Projekte bei Schindler, Bühler oder ABB tragen Arbeitstitel aus den F&E-Abteilungen. Und so kündigen die Vertriebsingenieure das Projekt »TX523« schon einmal beim Kunden an. Versucht das Marketing später, einen smarten, verkaufsstarken Namen zu etablieren, ist es zu spät.

Fiat Fivehundred?

Englische Namen haben im Deutschsprachigen nach wie vor Hochkonjunktur. Jeder mit Englischkenntnissen auf Grundschulniveau fragt sich dabei, wie aus der guten alten Bäckerei ein »Back Shop« werden konnte. Auch wenn Sat.1 den Slogan »Powered by Emotion« schnell wieder absetzte, so bleibt doch bemerkenswert, dass er mehrheitlich als »Kraft durch Freude« fehlinterpretiert wurde. Der Lockenstab der Firma Clairol verkaufte sich in Deutschland überraschend schlecht. Er trug den Namen »Mist Stick«. Rolls-Royce wiederholte diesen Fehler mit dem Wagen »Silver Mist«. Nicht alles klingt besser in Englisch. Oft ist genau das Gegenteil der Fall. Wie viel besser klingt Fiat Cinquecento als Fiat Fivehundred, und hätte man nicht mehr Sympathie für VWs Kleinstwagen, wenn er VW Fuchs anstelle von VW Fox hieße?

Der VW Golf hieß in den USA ursprünglich Rabbit und wurde später in Golf umgetauft. Als das Auto Rabbit hieß, wurden 250.000 Stück im Jahr verkauft. Nach fünfzehn Jahren unter dem Namen Golf waren die Verkaufszahlen um knapp 90 Prozent auf 30.000 Stück gefallen. Die Werbeagentur CPB hat den Fall im Auftrag von VW untersucht und den Namen als entscheidende Ursache ermittelt. Aus dem VW Golf wurde in den USA wieder der Rabbit, und die Verkaufszahlen verdoppelten sich innerhalb eines Jahres.

Der VW Käfer hieß in England übrigens Volkswagen Type One und wurde nie zu dem Kultobjekt, das er in anderen Ländern war. Die Engländer hatten ein eigenes Kultauto, mit einem eigenen Kultnamen, den Mini.

Es gibt kein Patentrezept für einen guten Namen, und auch wenn »Phaeton« phonetisch gut klingt, so musste VW später zugeben, die humanistische Bildung der eigenen Kunden unterschätzt zu haben. Der Spott über den Namen hallt noch heute nach, hatte VW die Luxuslimousine doch nach dem größten »Crash-Kid« der griechischen Mythologie benannt.

Vom Walkman-Prinzip lernen

- *Große Namen bezaubern.* Namen haben eine erhebliche Wirkung auf uns, und trotzdem gibt es viele Produkte mit schrecklichen Namen oder kryptischen Bezeichnungen.
- *Logisch, aber anders.* Gute Namen klingen anders. Walkman ist ein Beispiel für einen guten Namen. Es wird sofort klar, dass es sich um ein mobiles Produkt handelt, und der Name ist einfach genug, um schnell im Gedächtnis haften zu bleiben. Das Wort »man« am Ende personifiziert das Gerät.
- *Auch als Verb.* Gute Namen lassen sich oft in Verben verwandeln. Aus Twitter wird »twittern«, aus Google

wird »googeln« und aus Bostitch wird im Schweizerischen »bostitchen«. Jeder, der twittert, googelt oder bostitcht und darüber redet, macht kostenlos Werbung.

- *Nichts Generisches.* Wenn man einen Namen in eine Internetsuchmaschine eingibt, dann dürfen nicht fünf Millionen Treffer zurückkommen, denn sonst wird man das Produkt nicht finden.
- *Zeitlos.* Eine Zeitlang waren Namen, die auf .com endeten, en vogue. Nach dem Platzen der Dotcom-Blase hatte man es mit einem solchen Namen ziemlich schwer, Geschäfte zu machen. Es gibt immer wieder Trends, was Namen angeht. Bei langen Produktlebenszyklen sollte der Modeaspekt sekundär sein.

1980

1990

2000

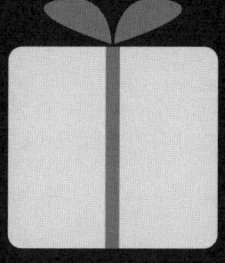
2010

Nostalgie-Prinzip

Vinyl kills the MP3 industry.

Früher war alles besser, sogar die Zukunft.

— **Alexander Eilers**

Nostalgie ist die Antwort der Gesellschaft auf zu viel Neues. Die Digitalisierung unseres Lebens schlägt sich als Nebeneffekt in einer regelrechten Retro-Welle nieder. Nostalgie ist in: Füllfederhalter und Schallplatten verkaufen sich immer besser. Notizbüchlein und Bleistift ergänzen zunehmend die digitale Welt, um neben Surfen im Netz, Instant Messaging und E-Mails überhaupt dazu zu kommen, eigene Gedanken zu entwickeln.

Moleskine oder PDA

Heute ist der persönliche digitale Assistent längst Teil unserer Mobiltelefone. Kalender und Daten können ortsunabhängig synchronisiert werden, Notizen lassen sich direkt eingeben, speichern und auf dem Notebook weiterbearbeiten. Und trotz der digitalen Möglichkeiten scheint das Notizbuch, die gute alte Kladde, gerade ihr Comeback zu feiern. Die verhältnismäßig teuren Notizbücher der italienischen Marke Modo & Modo wurden, wenn man den Firmenangaben glaubt, von so ziemlich jedem verwendet, der als großer Geist der letzten Jahrhunderte gilt. Und heute werden sie fast aufdringlich im Buchladen, am Kiosk oder in Designgeschäften angeboten. Auf Konferenzen trifft man kaum noch Manager, die kein kleines schwarzes Notizbuch mit sich führen.

Neue Konkurrenz

In den letzten Jahrzehnten fand in der Automobilindustrie ein buchstäbliches Wettrüsten statt. Fahrzeuge der Oberklasse wurden mit so vielen innovativen Zusatzfunktionen angeboten, dass Autohändlern ein kalter Schauer über den

Rücken lief, wenn betagte Kunden ihre neue S-Klasse ge-
wohnheitsgemäß mit Vollausstattung bestellten. Eine Stu-
die aus dem Jahr 2009 zeigt, dass 83 Prozent der Innova-
tionen in der Automobilindustrie am Kunden vorbeirollen.
Die traditionelle, in die Jahre gekommene Kundschaft von
Oberklasse-Limousinen ist schlicht überfordert mit USB-
Schnittstellen im Handschuhfach oder Sitzen mit Sieben-
Zonen-Massagefunktion. Was bleibt, ist der Wunsch, ein
Auto zu fahren, das man versteht und das einem gefällt.
Und so erhalten die Limousinen der Oberklasse ungeahn-
te Konkurrenz. Autos wie der Mini oder der Fiat 500, deren
Formensprache eine Reminiszenz an die 1960er Jahre ist,
kommen ebenso bei denen an, die in den 60ern noch nicht
geboren waren, wie bei denen, die damals ihren Führer-
schein machten.

Hat Functional Food Zukunft?

Functional Food, zu Deutsch funktionelle Lebensmittel, beruht auf der Idee, Nahrungsmittel mit zusätzlichen
Stoffen zu versehen, die einen positiven Effekt auf die Ge-
sundheit haben sollen. Ursprünglich stammt diese Idee
aus Japan. Dort erfreuen sich Nahrungsmittel mit spezifi-
schem Gesundheitsnutzen großer Beliebtheit. In Deutschland sieht das, abgesehen von ein paar Joghurts, die die
Darmflora verbessern, anders aus. In einem Land, in dem
ein Lebensmittelskandal den nächsten jagt, lässt es sich
dem Endkunden nur schwer nahebringen, dass künstliche Zusatzstoffe auf einmal gut für ihn sein sollen. Da-
nones Joghurtdrink Actimel soll ein Wundermittel gegen
Erkältungskrankheiten sein und ist dafür als »dreisteste
Marketinglüge des Jahres 2009« ausgezeichnet worden. Coca-Cola bot für kurze Zeit das Getränk Ipsei aus roten Trau-

ben, Rooibos-Extrakt, Antioxidantien, Vitaminen und vor allem Zucker an. Das Unternehmen musste aber bald einsehen, dass der Deutsche, so er sich überhaupt gesund ernähren will, Bio kauft und frisch gepressten Obstsaft trinkt, anstatt zu funktionalen Lebensmitteln zu greifen. Gerade in Zeiten von Lebensmittelskandalen und komplizierten Produktionsmöglichkeiten wünschen sich viele Kunden Produkte, die sie selber verstehen. So wie das Eis »Häagen-Dazs five«, das nur fünf Inhaltsstoffe hat (Milch, Sahne, Zucker, Eier und einen Geschmack).

Aber auch dies eröffnet Chancen: Weil die Agrarsubventionen sinken, bieten Bauern in der Bodenseeregion ihre Biowaren im Direktvertrieb an. So können sie bei weniger Umsatz deutlich höhere Margen erzielen. Ähnliches zeigte sich auch im Schweizer Einzelhandel, als die »Aldisierung« durch den Markteintritt von Lidl und Aldi drohte. Migros' Linie »Aus der Region für die Region« läuft bestens. In Deutschland haben sich die Umsätze von Biolebensmitteln in den zehn Jahren zwischen 2000 und 2010 verdreifacht.

Wer vor einem Marmeladenregal im Supermarkt steht, der greift nicht selten zur Marke »Bonne Maman«, und das, weil sie als einzige noch aussieht wie eine Marmelade.

Die Sehnsucht nach den guten Dingen aus früheren Zeiten und der Wunsch, etwas von Wert zu kaufen, stellen eine immer stärker werdende Strömung in unserer Gesellschaft dar. Dies ist keine pauschale Absage an Innovation, es ist vielmehr ein gesellschaftlicher Weckruf. Unternehmen dürfen Innovation nicht als Sport zum Selbstzweck betreiben, sondern sollten sie als Dienstleistung für den Kunden verstehen. Kunden kaufen Produkte und nutzen Dienstleistungen, die sie glücklich machen, und nicht deshalb, weil in der Werbebroschüre steht: »Jetzt dreimal so gut wie das, was wir Ihnen vor einem halben Jahr angeboten haben.«

Vom Nostalgie-Prinzip lernen

- Dadurch, dass Unternehmen uns ständig und überall neue Innovationen verkaufen wollen, flüchten viele Kunden in die Nostalgie.
- Digitale Technologien verdrängen analoge, können aber die Haptik und das Gefühl, das mit den analogen verbunden ist, nicht ersetzen.
- Nostalgie kann auch in neuen Produkten erfolgreich integriert werden, wie der Mini und der Fiat 500 zeigen. Vor allem in Krisen wird Stabilität gesucht, weshalb in diesen Zeiten häufig Retro-Trends entstehen.

Windschatten-Prinzip

*Die erste Maus stirbt in der Falle,
die zweite frisst den Käse*

*Ein erfolgreicher Fußballer darf auf dem
Spielfeld nicht ständig dorthin laufen, wohin
der Ball gerade fliegt. Er muss ahnen, wo der
Ball ankommen wird, und im richtigen Moment
am richtigen Ort sein.*

— **Franz Beckenbauer**

Zehn Jahre vor der Einführung von Pampers brachte Johnson & Johnson mit Chux die erste Wegwerfwindel auf den Markt. Die Innovation im Windelmarkt verkaufte sich an 1 Prozent aller jungen amerikanischen Eltern. Procter & Gamble folgte mit Pampers und sicherte sich unglaubliche 95 Prozent des Marktes.

Pablo Picasso brachte es auf den Punkt, als er sagte, schlechte Künstler würden kopieren, bedeutende dagegen würden stehlen. Um es jedoch gleich richtigzustellen: Hier soll nur zum legalen Stehlen von Ideen ermuntert werden. Degussa vergibt regelmäßig den »Not Invented Here Award« für Ideen, die von außerhalb übernommen und erfolgreich im eigenen Bereich umgesetzt wurden.

Es ist unwahrscheinlich, dass der erste Versuch auf ewig der erfolgreichste bleiben wird. So wie Weltrekorde dazu da sind, gebrochen zu werden, sind auch Innovationen Anreize dafür, es besser zu machen. Eine Innovation wie die Windel Chux sichert ihrem Erfinder nicht den Markt, sie ist lediglich ein Machbarkeitsnachweis. Sobald dieser Nachweis erbracht ist, kommen etliche Unternehmen auf den Gedanken, dem Innovator den Markt streitig zu machen, getreu dem Motto:»Wenn es sogar denen gelingt, was können wir dann erst daraus machen?«

Innovationen sind nicht für den Massenmarkt

Die erste Produktgeneration richtet sich oftmals an Techies oder Early Adopters. Für andere Kundengruppen ist das Produkt noch zu neu, zu teuer oder zu kompliziert. Die frühen Kundengruppen interessieren sich für Funktionen, die für den Massenmarkt irrelevant sind, und wegen geringer Stückzahlen sind die Preise noch zu hoch für die breite Masse.

Am Anfang ist es noch kein Problem, dass eine Innovation teuer und kompliziert ist. Die frühen Pioniere unter den Kunden sind bereit, für das neue Produkt viel zu bezahlen. Die Bekanntheit des Produkts wächst, und so kann es in mehrfacher Hinsicht von Vorteil sein, als Erster am Markt zu sein:

- *Markenloyalität.* Unternehmen, die eine neue Technologie entwickeln, können nicht selten von ihrem Ruf als Erfinder profitieren. So erkennen die Kunden die Leistung des Unternehmens als Schöpfer des Originalprodukts an und sind ihm oft lange treu. Nutella und Red Bull haben regelrechte Fangemeinden. Langjährige Aspirin-Konsumenten steigen nur selten auf Ratiopharm um.
- *Sichern von Ressourcen.* Firmen, die früh in einen Markt einsteigen, haben die Möglichkeit, sich Ressourcen zu sichern, die nur begrenzt vorhanden sind, so wie exklusive Verträge mit Zulieferern oder strategische Standorte. Der Zementproduzent Holcim beispielsweise ist auch deshalb so erfolgreich, weil er sich die Ausbeutung strategisch wichtiger Steinbrüche gesichert hat. Dies bedeutet eine hohe Markteintrittsbarriere für potenzielle Konkurrenten.
- *Umstellungskosten.* Sie werden auch Switching Costs genannt. Pioniere können ihr Angebot so gestalten, dass es für Kunden uninteressant wird, zu einem anderen Anbieter zu wechseln. Es entsteht ein »dominantes Design«, das sich auch durch überlegene Alternativen kaum mehr verändern lässt. Unsere QWERTZ-Tastatur ist ein gutes Beispiel hierfür; sie ist absolut nicht ergonomisch, aber ein Wechsel kommt trotzdem für niemanden infrage.

Neben diesen Vorteilen gibt es jedoch auch etliche Nachteile für einen Ersten am Markt:

- *F&E-Kosten.* Die Entwicklung einer Innovation ist in vielen Fällen ein kostspieliges Unterfangen. Dabei spielen nicht nur die Kosten der Innovation an sich eine Rolle, sondern vor allem die unzähligen Rück- und Fehlschläge. Der Innovator muss auch die zahlreichen Sackgassen der eigenen Entwicklung zahlen.
- *Mangel an komplementären Gütern.* In etlichen Fällen fehlt es Innovationen noch an komplementären (ergänzenden) Gütern. So gibt es für neue Spielekonsolen noch keine Spiele, für neue Betriebssysteme noch kaum Software (wie beispielsweise für manch ein Smartphone).
- *Kinderkrankheiten.* Insbesondere komplett neue Produkte haben Kinderkrankheiten, die im Entwicklungsprozess nicht entdeckt wurden.
- *Unbekannte Kundenanforderungen.* Wie Kunden Produkte benutzen, zeigt sich in der Regel erst im Laufe der Zeit. Prinzipiell verhalten sich Kunden nie wie vorhergesagt, und so muss nachgebessert werden.

Die Herausforderung für den Pionier steckt oft darin, das Produkt so zu positionieren, dass es nicht nur die Early Adopters anspricht, sondern später auch die Pragmatiker unter den Kunden. Diese Kundengruppe möchte das Produkt vor allem nutzen und erst in zweiter Linie wirklich verstehen. In vielen Fällen gelingt es Imitatoren besser, bestehende Produkte so zu verändern, dass sie die Pragmatiker und damit die breite Masse ansprechen.

Imitate sind für den Massenmarkt

Xerox hat den Kopierer erfunden und erfolgreich an Groß-kunden wie Unternehmen oder Behörden vertrieben. Canon hat den Kopierer abgespeckt und für Privatkunden bezahlbar und interessant gemacht. Als Xerox feststellen musste, dass Canon Kopierer verkauft, deren Marktpreis unter Xerox' Herstellkosten lag, waren bereits etliche Xerox-Kunden auf kleinere Kopierer von Canon umgestiegen. Ihre teuren und komplizierten Xerox-Maschinen waren überdimensioniert.

Der Imitator muss herausfinden, was der Marktführer nicht tun möchte. Auf Grundlage dessen muss er ein Produkt entwickeln, das eine breitere Kundengruppe anspricht. Ohne Konkurrenz ziehen Innovatoren stattliche Margen aus ihren Produkten. Daher sind sie oft nicht gewillt, eine günstige Version für den Massenmarkt anzubieten. Sie würden damit dem eigenen Geschäft das Wasser abgraben.

Me-too-Denken als Flopfaktor

Me-too-Produkte sind das Ergebnis unternehmerischen Trittbrettfahrens. Es reicht am Markt selten aus, eine gute Idee zu kopieren und sie in gleicher oder ähnlicher Form ebenfalls anzubieten. Google wollte den Erfolg von You-Tube kopieren und rief Google Video ins Leben. Da der gewünschte Erfolg aber ausblieb, nahm Google 1,65 Milliarden Dollar in die Hand und kaufte das Original. Ein Produkt muss Kunden einen Mehrwert liefern. Me-too-Produkte ohne Mehrwert aus Kundensicht haben keine Chance.

Vom Windschatten-Prinzip lernen

- Nur weil es eine Idee schon gibt, bedeutet dies nicht, dass man es nicht noch besser machen kann. Vor Facebook gab es MySpace, und vor MySpace gab es Friendster. Heute erinnert sich kaum noch jemand an Friendster.
- Zuerst auf den Markt zu kommen, kann Vorteile mit sich bringen. Doch in der Regel ist der Erste auch der Erste, der Fehler macht und Lehrgeld zahlt.
- Bloße Imitate setzen sich nur selten durch. Wirklich erfolgreich ist nur, wer sich von deinen Kokurrenten unterscheidet und den Kunden einen deutlich sichtbaren Nutzen bietet.

Aikido-Prinzip

Wer nicht anfängt, anders zu denken,
wird nicht anfangen, die Regeln zu ändern.

*Alle Stärke wird nur durch die Hindernisse
erkannt, die sie überwindet.*

— **Immanuel Kant**

Aikido ist ein japanischer Kampfsport, dessen Ziel darin besteht, die Kraft eines Angriffs so abzulenken, dass sie sich gegen den Angreifer selbst richtet. Die Stärken des Gegners müssen gegen ihn eingesetzt werden. So kann selbst der stärkste Gegner eine Zeitlang kampfunfähig gemacht werden. Viele erfolgreiche Unternehmen verfolgen eine ähnliche Strategie.

Unternehmen, die das Aikido-Prinzip praktizieren, identifizieren die Lücken der Konkurrenten, die diese aufgrund ihrer eigenen Stärke nicht füllen können.

Die Universal Studios entstanden als Konkurrenz zu Disneyland. Um kein schnödes Me-too-Produkt anzubieten, stellte man sich bei Universal die Frage, was Disney nicht anbieten kann. Disneyland ist eine gewaltfreie Märchenlandschaft, und so beschloss man bei Universal, einen Freizeitpark zu bauen, der genau das nicht ist. Während die Attraktionen in Disneyland Spaß für Jung und Alt versprechen, setzt man bei Universal auf Adrenalin, gewaltige Achterbahnen, Feuer, Beschleunigung und Explosionen. Täglich gab es Beschwerden, täglich gab es Klagen darüber, dass Feuersbrünste zu dicht an die Besucher heranreichten, oder dass einzelne Achterbahnen zu gefährlich waren. Und täglich kamen mehr Besucher, um genau das zu erleben.

Die sechs Stellräder des Geschäftsmodells

Das Geschäftsmodell ist die Art und Weise, auf die ein Unternehmen Wert schafft, Nutzen für seine Kunden stiftet und diese davon überzeugt, für diesen Nutzen Geld zu zahlen. Das Geschäftsmodell spiegelt die Meinung des Management darüber wider, was der Kunde haben will, wie er es haben will und wie das Unternehmen damit etwas verdienen kann. Ohne ein passendes Geschäftsmodell schei-

tert auch das innovativste Unternehmen. Ein gutes Geschäftsmodell ist für ein Unternehmen wichtiger als ein
gutes Produkt. Es gibt gerade im deutschsprachigen Raum
viele technologisch innovative Unternehmen, das Thema
Geschäftsmodell wird jedoch kaum angegangen.

Ein gutes Geschäftsmodell zeichnet sich dadurch aus,
dass es sich an die Veränderungen der Marktsituation anpasst. Die Kundenwünsche ändern sich laufend, und so ist
es nicht nur notwendig, am Markt mit neuen Produkten
Schritt halten zu können, sondern ebenso wichtig – wenn
nicht sogar wichtiger –, die eigenen Produkte in den Rahmen eines passenden Geschäftsmodells zu stellen. Etliche
Unternehmen scheitern nicht an unzureichender Innova-
tionstätigkeit, sondern stolpern stattdessen über ihr nicht
mehr zeitgemäßes Geschäftsmodell. Doch in der Praxis
wird das alte Geschäftsmodell selten infrage gestellt. Ein
Geschäftsmodell lässt sich durch die folgenden sechs Stellräder variieren:

- *Der Kundennutzen* ist im Prinzip die Antwort auf die
  scheinbar banale Frage: Was hat der Kunde davon? Doch
  die Realität zeigt, dass diese Frage mitnichten banal ist.
- *Das Marktsegment* beschreibt diejenige Gruppe von
  Menschen, die durch das Produkt oder die Leistung angesprochen werden. Marktsegmente sind keine in Stein
  gemeißelten Konstanten, sondern Trends und Strömun-
  gen unterworfen. Präferenzen ändern sich.
- Womit verdient das Unternehmen sein Geld? Die Frage
  nach der *Quelle des Umsatzes* war der Sargnagel vieler
  Dotcom-Unternehmen, und heute stellt sie die Zeitungs-
  verlage vor Probleme.
- Vermarktet man die eigene *Technologie* selber, vergibt
  man Lizenzen oder nutzt man Patente, um Mitbewerber

auf Abstand zu halten? Der Umgang mit der einmal entwickelten Technologie bietet viele Optionen.

- Wie kommt der Kunde an das Produkt? Das ist die Frage nach der *Vertriebsform*. Die möglichen Antworten auf
diese Frage sind vielfältig und reichen von der Positio-
nierung in Supermarktregalen über den Direktvertrieb
bis hin zum zweifelhaften Staubsaugervertreter. Auch
hier verändern sich die Präferenzen der Kunden, ein
erfolgreiches Geschäftsmodell muss mit dem Wandel
Schritt halten.

- Innovationen des Geschäftsmodells können auch so
grundlegende Aufgaben wie die Gestaltung der *Erlös-
und Kostenstrukturen* betreffen.

Geschäftsmodellinnovationen schaffen

Die meisten Firmen einer Branche benutzen alle sechs
Stellräder ähnlich. Bereits die Veränderung eines einzigen
Stellrades kann daher zu einem beachtlichen Wettbewerbsvorteil führen. Doch ihr wahres Potenzial entfaltet ein Geschäftsmodell erst, wenn mehrere Stellräder zugleich be-
tätigt werden. Die Herausforderung liegt darin, mehrere
Stellräder einzusetzen und so ein Angebot zu schaffen, das
es der Konkurrenz schwer macht, sich zur Wehr zu setzen.
So können Unternehmen durch den kombinierten Einsatz
mehrerer Stellräder Geschäftsmodellinnovationen schaffen, die von der Konkurrenz kaum kopiert werden können,
da sie deren Stärken diametral entgegenstehen. Dies zeigt
etwa das Beispiel Nespressos.

Kaffee kauft man im Supermarkt, ein Kilo kostet zwischen fünf und 15 Euro. Man kauft Gebinde, die irgendwo
zwischen 500 Gramm und mehreren Kilo liegen. Ein um-
kämpfter Markt mit etlichen Anbietern. Ein so umkämpf-

ter Markt, dass man eigentlich nicht teilnehmen möchte, jedenfalls nicht als Anbieter. Auch Nestlé wollte unter den beschriebenen Rahmenbedingungen nicht mehr teilnehmen, und deswegen setzte Nestlé mit Nespresso an mehreren Stellrädern an und stellte das Kaffeegeschäft auf den Kopf. In Boutiquen und nicht mehr im Supermarkt kann man heute den Kaffee in kleinen Metallkapseln kaufen, die nur in Nespresso-Maschinen eingesetzt werden können. Praktisch portioniert, eine Kapsel ergibt einen Kaffee, die übrigen in der Packung halten den Kaffee frisch, da sie luftdicht verschlossen sind. Der Kunde zahlt umgerechnet etwa 50 Euro pro Kilo Kaffee und tut das gern. Denn in unserer Convenience- und Singlegesellschaft, in der mehr Espresso als Filterkaffee getrunken wird, ist der Kunde davon überzeugt, lange auf etwas Derartiges wie Nespresso gewartet zu haben.

Ungeachtet der Branche bleibt das Geschäftsmodell ein unterschätztes Innovationsfeld. Etliche Unternehmen vergeben täglich Chancen, weil sie an überholten Geschäftsmodellen festhalten. Auch die innovativsten Produkte brauchen ein passendes Geschäftsmodell, das ihnen als Nährboden dienen kann. Man muss nicht immer den direkten Kampf mit der Konkurrenz suchen. Nicht selten ist es für ein Unternehmen vielversprechender, die Stärken seiner Mitbewerber für sich zu nutzen und Platz für Innovationen zu schaffen, indem es einen neuen Markt eröffnet.

Doch so schön die Erfolgsgeschichte von Nespresso auch klingt, der Weg dorthin war schwer. Schon 1970 wurde das System erfunden, sechs Jahre später patentiert und 1986 auf den Markt gebracht. Im ersten Anlauf scheiterte es kläglich. Gut zwanzig Jahre und etliche Umbauten des Geschäftsmodells waren notwendig, um das System zum Erfolg zu führen. Heute wächst der Jahresumsatz von Nespresso um gut 40 Prozent, was sich in jährlich drei Milliarden zusätzlichen Kaffeekapseln niederschlägt.

Etwas anzubieten, was der Stärke der Konkurrenz entgegensteht, bedeutet, ein einzigartiges neues Geschäftsmodell zu schaffen, das von der Konkurrenz nicht einfach kopiert werden kann, und dabei auf den Kunden einzugehen – ihm einen tatsächlichen Vorteil zu bieten. Innovation ist nicht das Monopol der Entwicklungsabteilung, sondern ein Thema, das in der Beschäftigung mit strategischen Fragen mindestens genauso wichtig ist.

Vom Aikido-Prinzip lernen

- Das Aikido-Prinzip verfolgt die Idee, dass etliche erfolgreiche Unternehmen etwas anbieten, das der Philosophie ihrer größten Konkurrenten widerspricht.
- Das Geschäftsmodell kann als Kombination aus sechs Stellrädern verstanden werden: *Kundennutzen, Marktsegment, Quelle des Umsatzes, Technologie, Vertriebsform* und *Erlös- und Kostenstruktur.*
- In den meisten Branchen setzen Firmen die Stellräder ähnlich oder gleich ein. Es gilt daher, die dominierende Branchenlogik zu umgehen.
- Ungeachtet der Branche bleibt das Geschäftsmodell ein unterschätztes Innovationsfeld. Unternehmen vergeben oft Chancen, weil sie an überholten Geschäftsmodellen festhalten.
- Man muss nicht immer den direkten Kampf mit der Konkurrenz suchen. Nicht selten ist es für ein Unternehmen vielversprechender, die Stärken seiner Mitbewerber für sich zu nutzen und Platz für Innovationen zu schaffen, indem es einen neuen Markt eröffnet.

Musik-Combo-Prinzip

Die Sowohl-als-auch-Organisation

Orchester machen den Fehler immer an derselben Stelle. Die guten Orchester machen ihn mikroskopisch klein, die schlechten machen ihn groß – aber es ist immer derselbe Fehler.

— **Herbert von Karajan**

Ich bin kein Heuchler, ich mache Fehler auf der Bühne. Und meine Fehler sind laut. Aber das ist der Spaß an der Musik. Man lernt.

— **Art Blakey**

Lonza, einer der weltweit führenden Zulieferer für die Pharmaindustrie, zeichnet sich seit jeher durch effiziente und kundenorientierte Prozesse aus. Lonza gelingt es auf exzellente Art, Wirkstoffe mit chemischen und biotechnologischen Verfahren herzustellen. Die Unternehmensstruktur war stets darauf ausgerichtet, Kundenanforderungen schnell und zufriedenstellend umzusetzen: Kurzfristige Kundenprojekte hatten in der gesamten Organisation höchste Priorität, langfristige Innovation blieb auf der Strecke – das Tagesgeschäft war stets dringender. Um ein langfristiges Gegengewicht zu schaffen, startete der CEO eine radikale Innovationsinitiative. Ein jährliches Budget von 15 Millionen Euro steht zur Verfügung, um langfristige Innovationsprojekte in die Wege zu leiten. Das Pflänzchen namens radikale Innovation erhält einen Freiraum, in dem es gedeihen kann, damit aus ihm neue Geschäftsfelder entstehen, die Lonzas Zukunft sichern.

Innovation, Kreativität, die Fähigkeit, neue Märkte zu schaffen, sind immer abhängig von der Struktur des Unternehmens. Das heißt auch, dass die Struktur des Unternehmens einen entschiedenen Einfluss auf die heutige und zukünftige Zusammenarbeit hat. Dabei hört man immer wieder, dass kleine und flexible Unternehmen mit wenigen Regeln und wenigen formalisierten Prozessen die Kreativität und den Erfindergeist der Mitarbeiter anregen würden und dass nur eben diese kleinen Unternehmen in der Lage seien, neue Geschäftsfelder zu eröffnen. Auf der anderen Seite sorgen standardisierte Prozesse und vorgegebene Rollen dafür, dass Projekte effizienter durchgeführt werden, dass Synergien genutzt werden und dass die Beschäftigten auf Anfragen schneller reagieren können. Welche Unternehmensstruktur ist also für ein innovatives Unternehmen die richtige? Und wie kann auch langfristig sichergestellt werden, dass Innovationen entstehen? Aus der Musik lässt sich zu diesen Fragen einiges lernen.

Die Orchester-Organisation

Ein Orchester hat einen Dirigenten. Er ist der uneingeschränkte Patriarch, stellt das Orchester nach seinen Vorstellungen zusammen, legt fest, wer die erste und wer die zweite Geige spielt, und steht mit seinem Namen für das musikalische Ergebnis. Orchester-Organisationen sind formalisiert. Hier hat nicht nur jeder sein Instrument, also eine Rolle in der Gruppe, sondern auch genau vorgeschriebene Aufgaben. So wie jeder Musiker in einem Orchester ein bestimmtes Instrument auf einer bestimmten Hierarchiestufe spielt, so hat auch in Orchester-Organisationen jeder Mitarbeiter eine genau beschriebene Funktion. Die einzelnen Firmenfunktionen greifen – nach längerem Proben – ineinander wie ein Uhrwerk. So kann effizient gearbeitet werden, der Dirigent hat jeden einzelnen Mitarbeiter im Blick, steht bezeichnenderweise aber mit dem Rücken zum Publikum.

Die Jazz-Combo-Organisation

Das absolute Gegenteil einer Orchester-Organisation bildet die Jazz-Combo-Organisation. In der Musik werden Jazz-Combos als kreative Keimzellen verstanden. Die einzelnen Musiker genießen größtmögliche Freiheiten, müssen im Gegenzug aber durch Innovationen überzeugen. Wie in einem Orchester hat auch in einer Jazz-Combo jeder ein Instrument, also eine Rolle. Wozu er seine Rolle einsetzt, ist jedoch nicht festgeschrieben. Die Instrumente in Jazz-

Combos werden auch nicht in die Kategorien Rhythmus-
gruppe oder Solisten eingeteilt. Jeder erhält die gleichen
Rechte. In Unternehmen dieses Typs fügen sich die Mitarbeiter in den kreativ-chaotischen Prozess ein und helfen
dort, wo sie das Unternehmen in ihrer Rolle am besten unterstützen können.

Orchester und Jazz-Combos haben ihre ganz eigenen
Bereiche der Expertise. Eine Jazz-Combo wird kein so kompliziertes Zusammenspiel wie ein Orchester entwickeln
können, und ein Orchester wird nie so dynamisch und
kreativ improvisieren und mutieren können wie eine Jazz-
Combo. Gleiches gilt auf unternehmerischer Ebene: Jazz-
Combo-Organisationen fällt es leichter, neue Märkte zu
entdecken, Orchester-Organisationen können sich in bestehenden Märkten durchsetzen. Doch ein nachhaltig erfolgreiches Unternehmen benötigt beide Fähigkeiten.

Die Sowohl-als-auch-Organisation

Die Effizienz von heute ist für zahlreiche Unternehmen der
Untergang von morgen. Wer erfolgreich ist, der ist überzeugt vom eigenen Produkt und versäumt es nicht selten,
sich frühzeitig um neue Zukunftsvisionen zu kümmern.
Die Kunst, das kreative Chaos einer Jazz-Band und die effiziente Ordnung eines Orchesters unter einen unternehmerischen Hut zu bringen, spiegelt sich in der sogenannten
Sowohl-als-auch-Organisation (englisch »Ambidextrous
Organization«) wider.

Degussa betreibt sein Kerngeschäft in straff geführten
Divisionen; die zukunftsorientierten Themen werden in
den flexiblen, zeitlich begrenzten Projekthäusern behandelt. Shell führt sein Kerngeschäft nach klaren EBIT-Kenn-
zahlen; gleichzeitig werden 2 Prozent des Forschungs- und

Entwicklungsbudgets für radikale Zukunftsprojekte, die sogenannten Game-Changer-Projekte, ausgegeben.

Die Zukunft ist ungewiss, gehört nicht zum Tagesgeschäft, wird aber mit Sicherheit kommen. Unternehmen, die sich darauf einstellen wollen, müssen die Arbeitsweisen der Orchester-Organisation und der Jazz-Combo-Organisation in sich vereinen. Etablierte Geschäftsbereiche werden in diesen Unternehmen als Orchester geführt. Langjährige Erfahrung, einstudierte und professionalisierte Prozesse sorgen hier für einen Wettbewerbsvorteil. Neben den etablierten Geschäftsbereichen gibt es Einheiten, die sich um die Entwicklung neuer Märkte kümmern. Sie werden dynamisch und chaotisch im Sinne der Jazz-Combo-Organisation geführt. Nur so kann gewährleistet werden, dass sich neue Klangstile beziehungsweise neue Geschäftsfelder entwickeln lassen. Im Laufe der Zeit etablieren sich die neuen Geschäftsfelder und der Charakter der Jazz-Combo wird durch den des Orchesters ersetzt. Um weiterhin für die Zukunft gewappnet zu sein, wird eine neue Jazz-Combo-Abteilung gegründet.

Vom Musik-Combo-Prinzip lernen

- Es gibt zwei Strukturen für Unternehmen, die Orchester-Struktur und die Jazz-Combo-Struktur. Nur wer beide beherrscht, kann langfristig erfolgreich sein.
- Die Unternehmensstruktur ist das Ökosystem, in dem Innovationen entstehen. Effiziente Strukturen können in einem gegebenen Umfeld funktionieren, scheitern aber, wenn der Markt sich wandelt.
- Erfolgreiche Firmen schaffen Umgebungen, in denen sowohl heute effizient produziert wird als auch Innovationen für morgen geschaffen werden.

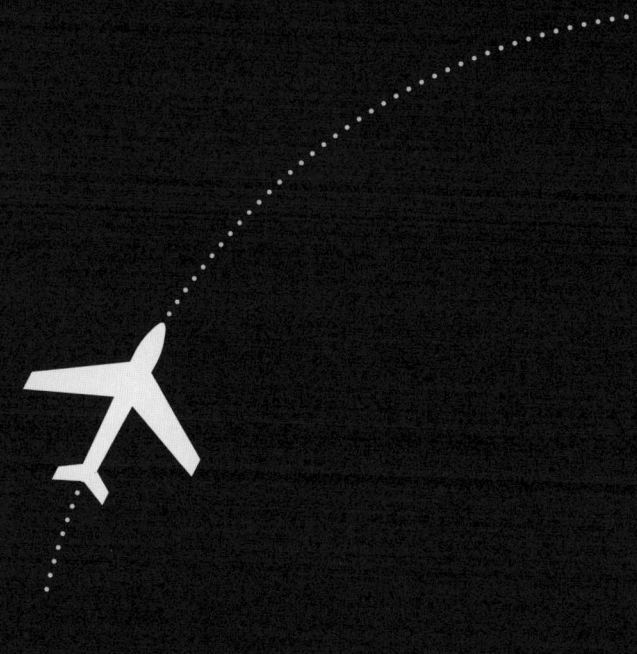

Globalisierungs-Prinzip

Mein Kollege Herr Gupta aus Bangalore

*Globalisierung ist für unsere Volkswirtschaften das,
was für die Physik die Schwerkraft ist. Man kann
nicht für oder gegen das Gesetz der Schwerkraft sein –
man muss damit leben.*

— **Alain Minc**

Die Welt ist flach, wir leben in einem globalen Dorf. Unsere Produkte werden in China gefertigt, Urlaub wird in Thailand gemacht, modische Einflüsse aus Skandinavien, Kalifornien oder Italien sind in kürzester Zeit auch auf den Straßen in unserem eigenen Land zu finden. Auch Forschung, Entwicklung und Innovation sind heute global und hochgradig virtuell geworden. In den 1990er Jahren war es exotisch, von virtuellen Innovationsteams zu sprechen, heute ist das Konzept ein fester Bestandteil des Alltags der Forschungs- und Entwicklungsabteilungen.

Für die Generation unserer Urgroßeltern war der Besuch einer anderen Stadt, und sei es der Besuch Bambergs von Nürnberg aus, eine strapaziöse und selten unternommene Reise. Das eigene Land verließen die Menschen höchstens im Krieg, und der Kontakt mit fremden Kulturen war die Ausnahme. Kultur entwickelte sich lokal, und so sehen die Häuser im Allgäu mit ihren bayerischen Holzbalkonen einander recht ähnlich, unterscheiden sich aber fundamental von den Häusern Norddeutschlands mit ihren Reetdächern. Die Art, wie Menschen Entfernung empfinden, hat sich in den letzten einhundert Jahren stärker verändert als in der gesamten Menschheitsgeschichte zuvor. Angesichts der Erfindung des Automobils, des Flugzeugs, der Telefonie und später des Internets und der Billigflieger ist physische Entfernung heute kein Hindernis mehr. Teenager haben im Alter von fünfzehn Jahren mehr Länder bereist als ihre Großeltern in ihrem ganzen Leben und stehen im Internet in täglichem Kontakt zu Bekannten aus mehreren Kontinenten. Die kulturellen Auswirkungen der Globalisierung sind allgegenwärtig.

Während die Einflüsse der Globalisierung auf unser tägliches Leben omnipräsent sind, wird das Schaffen, Umsetzen und Vermarkten neuer Ideen in vielen Unternehmen noch immer als nationales Heiligtum behandelt. Was paradox klingt, denn letztlich versprechen internationale Einflüsse mehr und nicht weniger Innovationen, ist in vielen Unternehmen noch unbestrittene Praxis. Doch auch diese scheinbar letzte Festung des unternehmerischen Lokalpatriotismus ist im Begriff zu fallen. Die Angst vor dem Verlust der Kernkompetenz und der Irrglaube, dass Forschung nur in der Nähe des Stammsitzes möglich sei, sind in vielen Unternehmen dem Vertrauen auf die Vorteile globaler Zusammenarbeit gewichen. Deutsche Unternehmen geben heute ein Drittel ihrer F&E-Ausgaben im Ausland aus, bei Schweizer Unternehmen wandert sogar jeder zweite Franken ins Ausland.

Gleichzeitig stellen wir in den letzten Jahren einen dramatischen Paradigmenwechsel fest: Noch in den 1990er Jahren wurde fast ausschließlich in den industrialisierten Ländern (Europa, USA und Japan) entwickelt. In den letzten drei Jahren hingegen wurden 85 Prozent aller neu gegründeten F&E-Standorte in China oder in Indien eröffnet. Gar 93 Prozent aller Entwicklungsmitarbeiter, die Unternehmen in dieser Zeitspanne im Ausland eingestellt haben, erhielten ihren Arbeitsvertrag in China oder in Indien.

Vier Triebkräfte

Die erste Triebkraft der Globalisierung der F&E-Aktivitäten ist das Streben nach *Kostenreduktion*, das immer wieder ins Zentrum der öffentlichen Diskussion gerückt wird. Programmierer in Indien und Maschinenbauer in China sind schlicht günstiger als solche in Deutschland oder in der Schweiz. Doch Vorsicht, denn die Zahlen trügen. Ein gut ausgebildeter Ingenieur in China kostet zwar nur 20 Prozent dessen, was seine Schweizer Kollegen verdienen, doch dies ist nur die halbe Rechnung: Hoch bezahlte Expatriates auf den Führungsebenen kosten in China dreimal so viel wie in der Schweiz. Neben der Auslandszulage zum Lohn schlagen der Heimflug für die Familie, die Gebühren für die internationale Schule, der Beitrag zum Golfklub und Vergütungen für Housing, Dolmetscher und Fahrer zu Buche. Diese Kosten sind transparent, schwieriger zu beziffern sind der erhöhte Kommunikationsaufwand, die Reisekosten sowie die Kosten durch Qualitätseinbußen, bedingt durch die gestiegene Komplexität. In der öffentlichen Diskussion stehen die Kostenersparnisse zwar im Vordergrund, unsere Untersuchungen haben jedoch gezeigt, dass die effektiven Kostenersparnisse von F&E-Verlagerungen in den meisten Fällen 10 Prozent nicht übersteigen.

Als zweites Argument sind die *lokalen Schlüsselmärkte* zu nennen. Automobilhersteller wie Mercedes oder BMW, die den Großteil ihrer Produkte in den USA absetzen, haben sich schon vor längerer Zeit darauf verlegt, Fahrzeuge speziell für diesen Markt vor Ort zu entwickeln und zu produzieren. Und so positionieren sich westliche Firmen in den Wachstumsmärkten Asiens mit Forschungslaboren. ABB zum Beispiel hat sein weltweites Forschungszentrum für Robotics nach Schanghai verlagert.

Die dritte treibende Kraft der Globalisierung ist der *Zugang zu regionalen Wissenszentren*. Wissens- und Technologiezentren sind – wen würde dies überraschen – auf der Welt keineswegs gleich verteilt. In regionalen Zentren entwickeln sich Innovationscluster wie der Pharmacluster um Basel, Silicon Valley, Hollywood oder Bangalore. Auch die deutsche Exzellenzinitiative der Bundesregierung zielt darauf ab, nationale Cluster zu schaffen, um die internationale Wettbewerbsfähigkeit der eigenen Volkswirtschaft in technologieintensiven Feldern zu stärken.

Als vierte Triebkraft ist der *Zugang zu den besten Ressourcen* zu sehen. Dies ist vor allem für Unternehmen in kleinen Stammländern eine Herausforderung. Auch deshalb sind Schweizer Unternehmen in Europa führend in der F&E-Globalisierung – trotz allerbester wissenschaftlicher und technologischer Voraussetzungen im eigenen Land investieren Schweizer Unternehmen im Ausland. Im Wettbewerb wird es immer entscheidender zu wissen, wo Wissen entsteht, und vor Ort daran zu partizipieren. Bis Wissen publiziert ist, sind in Industriezweigen mit schnellen Zyklen oft wertvolle Monate oder gar Jahre vergangen. Nur durch enge Interaktion mit den führenden Wissenschaftlern vor Ort lässt sich möglichst zeitig auf den neuesten Erkenntnissen aufbauen. Dies erfordert räumliche Nähe und eine eigene Präsenz vor Ort. Deshalb ist BASF mit einem eigenen Labor in Boston vertreten, BMW in Stanford, IBM in Zürich, Kao in Darmstadt und SAP in St. Gallen.

Zwar wurde die Internationalisierung der Forschungs- und Entwicklungsaktivitäten anfangs vor allem durch die Hoffnung auf Kostenvorteile bestimmt, doch heute überwiegen die anderen Vorteile deutlich. Unternehmen sind immer mehr gezwungen, sich zu fragen, was mit ihnen passiert, wenn sie dem Takt der Globalisierung nicht folgen. Doch aus volkswirtschaftlicher Sicht sind auch gegenteilige Fragen zu stellen: Was passiert, wenn die verlängerte Werkbank in China eine Eigendynamik entwickelt? Bereits heute, so haben wir festgestellt, gibt es in China über 800 F&E-Standorte ausländischer Unternehmen. »Markt gegen Technologie« scheint zu wirken. Bis heute gibt es im Management der internationalen Forschung und Entwicklung mehr Fragen als Antworten. Die Zukunft wird zeigen, wie das globale Innovationsdorf zusammenwächst.

Innovation findet in den Köpfen statt, doch wie soll dies bewerkstelligt werden, mit Standorten in der ganzen Welt? Im Management wird viel Zeit für die Gestaltung von Hierarchien aufgewendet. Die darunter liegende regionale und legale Struktur wird oft als Unternehmenshistorie akzeptiert und wenig hinterfragt. Dabei liegen in einer wohldurchdachten Standortstrategie und einer intelligenten Gestaltung der rechtlichen Struktur, beispielsweise in Form einer Technologiegesellschaft, große Potenziale. Trotz zahlloser Projekthandbücher wird auch die Projekt- und Prozessebene gern vernachlässigt. Prozesse zum Managen von Innovationen sind zwar heute weit verbreitet, aber im Zeitalter von Offshoring, Open Innovation und F&E-Outsourcing sind die wenigsten tauglich für transnationale Innovationsprozesse. Wer große Softwareentwicklungsprojekte mit indischen Dienstleistern beobachtet hat, stellt hier schnell Defizite fest.

Vom Globalisierungs-Prinzip lernen

- Es gibt vier Triebkräfte, die die Globalisierung der Forschungs- und Entwicklungsaktivitäten bestimmen: Kostenreduktion, Zugang zu lokalen Schlüsselmärkten, Zugang zu regionalen Wissenszentren und Zugang zu Ressourcen.
- China und Indien als Zieldestinationen für ausländische F&E ersetzen zunehmend die Länder der klassischen Triade.
- Forschung, Technologie und Innovation sind heute in fast allen Feldern global ausgerichtet. Je weiter die Globalisierung fortschreitet, desto stärker sind Unternehmen gezwungen, sich zu öffnen und mindestens in den internationalen Zentren mitzuspielen.
- Die Führung virtueller Teams ist weiterhin schwierig – allen neuen Informations- und Kommunikationstechnologien zum Trotz. Bei radikalen Innovati-

onsprojekten mit systemischem Charakter bedarf es weiterhin der räumlichen Nähe.

- Wichtiger Punkt bei globalen F&E-Projekten ist die Entwicklung einer gemeinsamen Wissens- und Vertrauenskultur.

Boutique-Prinzip

Dem Mahlstrom der Diversifikation entkommen

*Die Popmusik ist in den letzten Jahren
immer komplizierter geworden –
ein Zeichen von Dekadenz.*

— Keith Richards

Die ersten zehn Kinofilme von Pixar, unter ihnen *Toy Story*, *Das große Krabbeln* und *Die Unglaublichen*, brachten Umsatzerlöse von über fünf Milliarden US-Dollar ein. Das ist mehr als die Summe der Umsätze aller 23 *James-Bond*-Streifen. Es ist auch mehr als alle elf *Star-Trek*-, alle vier *X-Men*- und alle drei *Jurassic-Park*-Filme zusammen. Pixar gewann mit den genannten zehn Filmen elf Oscars und hat bis heute nicht einen einzigen Film herausgebracht, der seine Produktionskosten nicht wieder eingespielt hätte. Pixar ist eine Innovationsboutique. Während andere Studios zahlreiche Filme zur gleichen Zeit produzieren und Flops in Kauf nehmen, solange das Gesamtportfolio stimmt, bringt Pixar nur alle ein bis zwei Jahre einen Film in die Kinos, und bisher waren die Kinozuschauer jedes Mal begeistert.

Boutiquen wider den Massenmarkt

Viele Hersteller aus ganz unterschiedlichen Branchen haben die folgende Entwicklung durchlaufen: Anfangs führten sie ein einfaches und überschaubares Produktportfolio, und später weiteten sie es, provoziert durch den Wettbewerb, in panischer Manier aus. Die Entwicklung in der Automobilindustrie seit Mitte der 1990er Jahre zeigt dies besonders anschaulich. Während Automobilhersteller wie BMW oder Daimler zu Beginn dieses Zeitraums ein klar abgegrenztes Produktportfolio hatten, überbot man sich in den Folgejahren bei der Entwicklung neuer Fahrzeugtypen, die immer kleinere Zielgruppen ansprachen. Kleinwagen mit Heckantrieb, Kreuzungen aus Coupé und SUV oder Coupé und Limousine sind nur einige Beispiele für diesen Trend.

Es gibt einige wenige Unternehmen, die dem Druck der ständigen Sortimentserweiterung erfolgreich Widerstand leisten: die sogenannten Innovationsboutiquen. Darunter verstehen wir Unternehmen, die mit einer sehr überschaubaren Produktpalette Umsätze erzielen, die die Konkurrenz in Verlegenheit bringen. Statt ihren Drang nach Neuem durch ständig neue Produkte auszuleben, konzentrieren diese Unternehmen ihre innovative Energie auf wenige ausgesuchte Produkte. Innovationsboutiquen sind in vielen Branchen vertreten, und auch wenn die Unternehmen ganz unterschiedliche Produkte oder Dienstleistungen anbieten, so haben Innovationsboutiquen wie Pixar, Porsche, Blizzard oder Apple doch viele Gemeinsamkeiten, von denen auch Unternehmen mit größeren Portfolios lernen können.

Typisch für Innovationsboutiquen ist, dass sie eine begrenzte Zahl von durchdachten Produkten anbieten. Die Portfolios von Innovationsboutiquen sind minimalistisch, ohne dass ihnen deshalb etwas Entscheidendes fehlen würde. Während die Konkurrenz den Markt mit den verschiedensten Produkten überschwemmt, gehen Innovationsboutiquen bei der Zusammenstellung ihres Produktportfolios sehr sorgfältig vor.

Die Hirnforschung zeigt, was paradox klingt: Je mehr Auswahlmöglichkeiten man einem Menschen gibt, desto unzufriedener ist er letztendlich mit der eigenen Entscheidung. Wir haben diesen Zusammenhang weiter oben bei der Vorstellung des Service-Prinzips bereits angesprochen. Wer ein Notebook bei Dell oder HP kauft, der muss nicht nur eine Entscheidung für ein Produkt treffen, sondern auch eine Entscheidung gegen Dutzende andere. Konsumentenkonfusion ist in solchen Situationen vorprogrammiert. Innovationsboutiquen hingegen ersparen Kunden einen Großteil der Entscheidungslast, indem sie nur ein kleines, sorgsam vorselektiertes Angebot realisieren. Dabei unterscheiden sich die wenigen angebotenen Produkte drastisch voneinander. Für einen echten 911er-Fahrer liegt der Kauf eines Porsche Boxsters außerhalb des Vorstellbaren. Aber ob der BMW-Kunde einen X6 oder einen 5er Grand Turismo kaufen soll, weiß er noch nicht so recht.

Die zündende Idee – und was dann?

In vielen Führungsetagen wird der Beitrag der Ausgangsidee zum Erfolg einer Innovation hoffnungslos überbewertet. Vermeintlich gute Ideen werden durch den Entwicklungsprozess gehetzt, um so schnell wie möglich in Gestalt von mittelmäßigen Produkten auf den Markt zu kommen.

Innovationsboutiquen zeigen, dass der Wert eines Produkts weniger in der Idee liegt, die am Anfang seiner Entwicklung stand, als vielmehr in den Tausenden von weiteren Ideen, im Erfindungsreichtum und in der Passion, die während des gesamten Entwicklungsprozesses zum Tragen kommen. Der Pixar-Film *Oben* ist ein gutes Beispiel dafür. Die Idee des Films ist, dass ein alter Mann mithilfe von Heliumballons mit seinem Haus zum Wunschurlaubsziel seiner verstorbenen Frau fliegt. Ist das der Stoff, aus dem die Träume sind? Die zündende Idee für einen Blockbuster? Die Kinozuschauer sagen: »Ja!«, denn der Film hat bis heute eine Dreiviertelmilliarde Dollar eingespielt.

Wer einen Porsche kauft, bekommt nicht einfach nur ein Auto, und wer sich einen Pixar-Film anschaut, der sieht nicht einfach nur einen animierten Film. Innovationsboutiquen entwerfen ihre Produkte akribisch und bis ins kleinste Detail. Dabei ruhen sie sich nicht auf ihren Erfolgen aus, sondern versuchen mit jeder Produktgeneration, die Branche auf neue Höhen zu führen. Während die meis-

ten Notebooks immer noch, so wie um die Jahrtausend-
wende, aus dunklem Plastik gefertigt werden, verwendet
Apple für seine Geräte Aluminium. Die Firmenpräsentati-
on zu dieser Innovation wirkt beinahe grotesk, haben die
eleganten, aus Blöcken gefrästen Aluminiumgehäuse doch
wenig mit dem Windows-Notebook gemein, auf dem noch
immer die meisten das entsprechende Video anschauen.
Innovationsboutiquen kümmern sich pedantisch um jedes
Detail ihres Gesamtauftritts, ihre Websites inszenieren sie
ebenso akribisch wie ihre Messeauftritte oder Produktvor-
stellungen.

Fans statt Kunden, Lebensgefühl statt Arbeitstrott

Auch Blizzard Entertainment, ein Entwickler von Compu-
terspielen, ist eine Innovationsboutique. Die Firma macht
einen Jahresumsatz von 1,5 Milliarden Dollar, den sie ganzen drei Computerspieltiteln verdankt: *Diabolo*, *Starcraft*
und *Warcraft*. Das Spiel *World of Warcraft* wird online gespielt, wofür zusätzlich zum Kaufpreis eine monatliche Ge-
bühr von 13 Euro anfällt. Weltweit gibt es fast zwölf Millionen Spieler, die nicht nur monatlich an Blizzard Geld
überweisen, sondern auch die Updates des Spiels kaufen,
sobald sie erscheinen. Die Erweiterung zu World of Warcraft namens *Wrath of the Lich King* wurde am 13. Novem-
ber 2008 veröffentlicht und am ersten Tag bereits 2,8 Millionen Mal verkauft. Das Spiel stellte damit einen neuen
Verkaufsrekord auf. Innovationsboutiquen haben Fangemeinden, die mit gezücktem Geldbeutel darauf warten, die
neuen Produkte kaufen zu können.

Innovationsboutiquen haben nicht nur bei ihren Kunden Fangemeinden, sondern stehen auch als Arbeitgeber
hoch im Kurs. Unter Ingenieuren ist Porsche seit langem

einer der beliebtesten Arbeitgeber. Wer Computerspiele
entwickelt, träumt insgeheim davon, einmal bei Blizzard
zu arbeiten. Durch ihre Aura ziehen die Innovationsboutiquen Talente an. Obwohl sie niedrigere Gehälter zahlen
als ihre Konkurrenten, können sich Innovationsboutiquen
ihre Mitarbeiter aussuchen; kein Motorentechniker, der
nicht gerne für Porsche entwickeln würde, kein Compu-
terspielentwickler ohne tiefen Respekt für das Schaffen bei
Blizzard.

Der Mahlstrom der Diversifikation

Innovation ist vielerorts der Heilige Gral des Unternehmertums. Neue Produkte sorgen für Wachstum. Mehr neue
Produkte, mehr Wachstum, noch mehr neue Produkte,
noch mehr Wachstum ... Und so geraten Unternehmen immer wieder in den Mahlstrom der Diversifikation. Sie bringen mehr und mehr Produkte auf den Markt, führen neue
Produktlinien im Jahresrhythmus ein und schaffen damit
unwillkürlich eine wachsende Unklarheit über ihre eigentliche Kompetenz. Und nicht selten gehen sie irgendwann
im Dickicht der eigenen Mittelmäßigkeit zugrunde. Das
wirft die Frage auf, ob es auch anders geht. Muss der Drang
nach Neuem zwangsläufig bedeuten, dass immer mehr
Produkte entwickelt werden, die im Gegenzug immer häufiger nur Mittelmaß darstellen?

Nicht jedes Unternehmen kann eine Innovationsboutique sein, und nicht jedes Produktportfolio sollte übereilt
auf ein Minimum zusammengestrichen werden. Doch jedes Unternehmen kann von Boutiquen lernen, unabhängig
von seiner Kultur und seiner Geschichte. Wer dem Mahlstrom der Diversifikation entkommen möchte, tut gut daran, nicht jedem Trend hinterherzueilen und nicht jede Idee

der Konkurrenz auch seinerseits auf den Markt bringen zu wollen. Was Innovationsboutiquen auszeichnet, ist die Einzigartigkeit ihrer Produkte, die in einem Markt, der mit Me-too-Produkten übersät ist, positiv auffallen.

Unternehmen, die neue Produkte auf den Markt bringen, sollten sich fragen, inwieweit sich das neue Produkt tatsächlich von bereits eingeführten unterscheidet. Bietet es den Kunden einen bedeutenden Mehrwert, den kein anderes ebenfalls vorweisen kann? Ist der Mehrwert lediglich marginal, so sollte das Unternehmen sich im Klaren darüber sein, dass dies Kunden verwirren oder sogar verärgern kann. Zudem sollte es sich vor Augen führen, dass eine gute Idee noch lange kein gutes Produkt garantiert. Andernfalls wären Innovationsboutiquen keine erfolgreichen Wiederholungstäter. Vielmehr sind sie gerade deshalb so erfolgreich, weil sie sich auf wenige Produkte konzentrieren.

Vom Boutique-Prinzip lernen

- Erfolg verleitet dazu, weitere, ähnliche Produkte auf den Markt zu bringen. Hält der Erfolg an, so kann es passieren, dass ein undurchschaubares Portfolio aus de facto nicht mehr unterscheidbaren Produkten entsteht.
- Innovationsboutiquen setzen gezielt auf ein durchdachtes und reduziertes Sortiment. Die einzelnen Angebote unterscheiden sich deutlich voneinander, und der Kunde sieht die Unterschiede sofort.
- Die Idee für eine Innovation wird oft überschätzt. Statt liebevoll an der Umsetzung zu arbeiten, ersinnen viele Firmen lieber neue Produktideen, die sie dann in Form von halbfertigen Produkten auf den Markt bringen. Die Konzentration auf wenige Pro-

dukte, die sich deutlich von denen der Konkurrenz abheben, ist sinnvoller.

- Es kostet viel Kraft, dem Mahlstrom der Diversifikation zu entkommen. Die einzelnen Abteilungen kommen mit neuen, vielversprechenden Ideen, doch nur wenn diese bis zum Abschluss der Entwicklung mit Passion verfolgt werden, werden sie sich am Markt durchsetzen.
- Die Kunst liegt nicht darin zu wissen, dass es sinnvoll ist, sich auf das Wesentliche zu konzentrieren, sondern darin zu wissen, was das Wesentliche ist.

Gore-Prinzip

*Als Erstes muss die Kultur stimmen,
alles Weitere ergibt sich.*

Innovation has nothing to do with how many R&D dollars you have. When Apple came up with the Mac, IBM was spending at least 100 times more on R&D. It's not about money. It's about the people you have, how you're led, and how much you get it.

— **Steve Jobs**

Innovative Wiederholungstäter unterscheiden sich von den anderen vor allem durch eines: ihre Kultur. Müsste man das Management von Innovationen auf ein einziges Wort verdichten, so müsste man das Wort Kultur wählen.

In der Betriebswirtschaftslehre wird oft versucht, einer Sache einen Wert zuzuordnen und diesen Wert anschließend durch einen genau beschriebenen Prozess zu verbessern. Doch es gibt nicht für alles einen Prozess, der sich bewerten ließe. Und so hatten die Beatles im Frühjahr 1966 keinen bewertbaren Prozess, als sie *Sgt. Pepper's Lonely Hearts Club Band* aufnahmen, und auch Quentin Tarantino und Roger Avary hatten keinen bewertbaren Prozess, als sie *Pulp Fiction* schrieben. Sie hatten keine vorgegebene Roadmap, an die sie sich hätten halten können, und sie sagten sich auch nicht, dass sie ein Produkt für eine anonyme Kundengruppe zurechtschnitzen würden. Stattdessen schufen sie etwas, das mit Traditionen brach, das einen anderen Charakter hatte, das eigen war, und damit etwas, das ihrer Kultur entsprach.

W. L. Gore & Associates Inc. ist heute Weltmarktführer im Einsatz des Kunststoffes Polytetrafluorethylen (PTFE). Gore-Tex-Membranen sind vielseitig. Das Material ist ein elektrischer Isolator; es ist resistent gegen die meisten Säuren und Laugen, temperaturbeständig und biokompatibel. All dies sind Eigenschaften, die einen breiten Anwendungsbereich ermöglichen. Seit der Gründung des Unternehmens im Jahr 1958 bringt Gore immer wieder neue Produkte auf den Markt – von Gefäßprothesen über Gitarrensaiten bis hin zum Handschuh mit eingebautem Chip für den Skilift. Die Innovationsleistung des Unternehmens beruht auf einer Kultur, die auf nahezu alles verzichtet, was in einem klassischen Unternehmen zu finden ist.

Gore geht davon aus, dass jeder Mensch grundsätzlich kreativ und leistungsbereit ist. Die Werte des Unternehmens bauen auf den folgenden Grundsätzen auf:

- *Glaube an den Einzelnen.* Im Zentrum steht der Mensch, das Individuum. Ein Mitarbeiter soll sich Projekten seiner Wahl anschließen können und so seinen Platz im Unternehmen finden. Auf diese Weise kann sich jeder entsprechend seinen Stärken und Schwächen weiterentwickeln.
- *Langfristige Sichtweise.* Die Strategie baut auf langfristige Beziehungen zu Mitarbeitern, Kunden und Lieferanten. Gore bringt Hightech-Produkte mit deutlich erkennbaren Alleinstellungsmerkmalen auf den Markt, deren Entwicklung bis zu fünfzehn Jahre dauern kann.
- *Schlagkraft kleiner Teams.* Die Mitarbeiter arbeiten in kleinen, globalen Teams, die sich im Idealfall selbst organisieren. Jedes Mitglied übernimmt freiwillig Verantwortung und handelt aus eigener Initiative.
- *Alle in einem Boot.* Obwohl Gore in vier relativ selbstständige Divisionen aufgeteilt ist, versteht sich das Unternehmen als ein Ganzes. So ist jeder Mitarbeiter nicht nur an seiner Division oder an seiner Ländergesellschaft beteiligt, sondern am gesamten Unternehmen.

Gore versucht, Hierarchien und Titel zu vermeiden. Die Organisation ähnelt einem Gitter, dessen Linien die Beziehungen der Beschäftigten zueinander darstellen. Bei Gore gibt es keine Dienstwege über Vorgesetzte; die Kommunikation soll immer auf direktem Weg stattfinden. Diese Organisationsform bedingt, dass die Mitarbeiter die Kollegen in ihrem Arbeitsumfeld persönlich kennen und um ihre Fähigkeiten und Kompetenzen wissen.

Was zerstört die Innovationskultur?

Weil man der Kultur keinen messbaren Wert zuordnen kann, den man mit ein oder zwei Stellschrauben verbessern kann, tun sich viele Unternehmen schwer mit der Idee der Innovationskultur. Es folgt eine kurze Liste dessen, was die Innovationskultur kaputtmacht.

- *Emotionslosigkeit.* Innovationen entstehen nicht, wenn man morgens um neun ins Büro kommt und emotionslos eine Liste abarbeitet. Sie entstehen auch nicht, wenn man um 17 Uhr den Computer herunterfährt und damit zugleich auch den Kopf von der Arbeit befreit.
- *Mangelnde Fehlertoleranz.* Die meisten Ideen werden nicht zu Innovationen. Tatsächlich ist die Erfolgsquote erschreckend gering. Wer das Risiko scheut, immer wieder zu scheitern, der wird nichts Neues schaffen. Wer nicht stürzt, lernt nicht Fahrradfahren, und wer beim Skifahren nicht fällt, der sollte sich einen schwierigeren Hang suchen.
- *Starkes Machtgefälle.* Ob die Hierarchien in einem Unternehmen steil oder flach sind, spielt weniger eine Rolle als das Machtgefälle, das mit ihnen verbunden ist. Ist es gang und gäbe, im Unternehmen höheren Hierarchiestufen zu widersprechen? Wird einem zugehört? Wird jeder Mitarbeiter ermutigt, sich zu äußern? Oder wird der Kopf gesenkt, wenn der Chef vorbeikommt? Werden die kulturellen Werte von der Führungsetage vorgelebt, oder wundert sich der Mitarbeiter insgeheim, wenn er in Imagebroschüren von einem Selbstverständnis der eigenen Firma liest, das er in der Realität vergeblich sucht?
- *Singularität.* Wer Mitarbeiter einstellt, die alle einen ähnlichen Hintergrund haben, wird nie eine Kultur des gegenseitigen Lernens schaffen. Diversität in puncto Na-

tionalität, Geschlecht, Alter und Ausbildung reduziert die Effizienz der Arbeit, schafft aber Lernpotenziale und produktive Reibung.

- *Dürftige Kommunikation.* Umgebungen, in denen jeder sein eigenes Büro hat und seine Aufgaben abgeschirmt von den Kollegen abarbeitet, fördern mit Sicherheit die individuelle Durchsatzgeschwindigkeit. Innovationen entstehen aber, wenn man die Köpfe zusammensteckt, wenn man Ideen gemeinsam weiterspinnt und verbessert. Kommunikation ist ein wesentlicher Innovationsfaktor.

- *Informationsmonopolismus.* Unternehmen, in denen Geheimniskrämerei großgeschrieben wird, in denen bestimmte Informationen nur für bestimmte Hierarchiestufen einsehbar sind, fördern Grabenkämpfe, nicht aber die freie, ungezwungene Entwicklung von Ideen.

- *Desinteresse.* Unternehmen, in denen jeder Fachmann für sein eigenes Gebiet ist und sich höchstens für angrenzende Themengebiete begeistern kann, können eine Zeitlang effektiv arbeiten. Durchschlagende Ideen werden so jedoch nicht entstehen.

- *Architektur.* Monolithische Gebäude mit schmalen, langen Gängen und geschlossenen Türen, dahinter große Einzelbüros mit eigener Besprechungsecke fördern das Ego der Angestellten. Offene Räume nach dem Vorbild alter Klöster, offene Kommunikations- und Erholungszonen und kleine Rückzugszimmer zum konzentrierten Arbeiten fördern dagegen Innovationen.

- *Planungssicherheit.* Wer ungern Risiken eingeht und lieber auf Nummer sicher geht, der tut sich schwer, auf ungewisse Ergebnisse von Innovationsprojekten zu wetten.

- *Controlling.* Controlling ist wichtig, und kein Unternehmen kommt ohne Controlling aus. Wenn in einem Unternehmen jedoch die Entscheidungen durch das

Controlling dominiert werden und nicht durch das, wodurch sich die Firma auszeichnet, kann sich keine Innovationskultur entfalten. Kunden kaufen kein Controlling.

Es ist leichter, Kultur und Werte in ein junges, neu gegründetes Unternehmen einzubringen, als die Werte eines alteingesessenen Anbieters zu verändern. Unternehmen, in denen das Controlling und finanzielle Kennzahlen mehr zählen als die eigenen Produkte, haben es schwer, eine Kultur der Begeisterung zu schaffen. Auf der anderen Seite ist Kultur veränderbar. In der Vergangenheit haben Firmen wie IBM oder General Electric gezeigt, dass man Unternehmenskulturen nachhaltig verändern kann, wenn das Management die neuen Werte ernsthaft und glaubwürdig verkörpert.

Vom Gore-Prinzip lernen

- Kultur ist die wesentlichste Triebkraft für Innovationen. Psychologen zeigen immer wieder, dass nicht die Zusammensetzung des Teams, sondern seine Umgebung und die Art seiner Führung die entscheidenden Erfolgsgrößen sind.
- Innovationsabteilungen einzurichten, ist in der Regel kontraproduktiv. Die Aufgabe, Neues zu schaffen, einer einzigen Abteilung zu übergeben, funktioniert fast nie und entmutigt den Rest der Mitarbeiter.
- Die Neigung zu Neuerungen wird durch Emotionslosigkeit und ein starkes Machtgefälle schnell erstickt. Wer Innovationen fördern will, der muss motivierende und kommunikative Umgebungen schaffen.

Bonbon-Prinzip

*Ein Kindergeburtstag, viele Bonbons
und die Tragik der Motivation*

Lust verkürzt den Weg.

— **William Shakespeare**

Wer halbwüchsige Kinder hat, der machen das folgende Experiment: Man erzählt auf einem Kindergeburtstag eine spannende Geschichte von Piraten, Drachen und einem versunkenen Schatz. Anschließend statten man die Kinder mit Malutensilien aus und lässt sie Bilder zur Geschichte malen. Die Kinder werden sich auf das Papier stürzen und Piratenbuchten, Seeungeheuer und detaillierte Flotten von Piratenschiffen malen. Nun variieren man das Experiment und führt ein Anreizsystem ein. Für jedes fertige Bild bekommt das Kind ein Bonbon. »Hurra!«, zunächst ist die Begeisterung groß, doch man wird sehen, wie schlagartig zwei Typen von Kindern sichtbar werden: Die Künstlerpersönlichkeiten werden mit gleichbleibendem Eifer an ihren Kunstwerken weiterarbeiten und sich auf die in Aussicht gestellte Belohnung freuen. Die Unternehmerpersönlichkeiten werden in die Massenproduktion einsteigen, und nach dem Motto »Punkt, Punkt, Komma, Strich – fertig ist das Mondgesicht« werden Bilder mit nachlassender Sorgfalt, dafür aber schneller produziert. Als Zeichen ihres Erfolgs werden die erhaltenen Bonbons vor sich aufgetürmt. Die schwer arbeitenden Künstlerpersönlichkeiten werden aus den Augenwinkeln die Bonbonberge sehen und die Lust am Malen verlieren. Sie werden sich dem Verhalten der Unternehmerpersönlichkeiten anpassen und nun ebenfalls schneller, dafür aber schlechter malen. Innere oder intrinsische Motivation wurde durch äußere oder extrinsische ersetzt.

In der letzten Phase des Experiments erklärt man den Kindern, dass der Vorrat an Bonbons erschöpft sei. Schlagartig werden nicht nur die Unternehmerpersönlichkeiten, sondern auch die Künstlerpersönlichkeiten ihre Motivation verlieren. Es wird ein Crowding-out stattfinden: Die intrinsische Motivation, das heißt das Interesse an der Sache selbst, wird durch extrinsische Anreize verdrängt. Fehlen diese Anreize, so werden auch die ursprünglich motivierten Kinder ihren Spaß an der Sache verlieren.

Monetäre Anreizsysteme, die über ein übliches Mindestgehalt deutlich hinausgehen, wirken wie Bonbons: Mitarbeiter verlieren die Lust an der eigentlichen Aufgabe, das heißt an dem Projekt als solchem. Stattdessen wird für Bonus und Zielerreichung gearbeitet. Dies funktioniert oft gut bei Angehörigen des Vertriebspersonals, aber schlecht bei kreativen, innovativen Mitarbeitern. Ein wettbewerbsfähiges Gehalt ist ein »Hygienefaktor«, dessen Fehlen zu Unzufriedenheit führt, der aber bei hoher Ausprägung keineswegs nachhaltige Begeisterung bei den Mitarbeitern auslöst.

Es gibt zwei Arten zu motivieren: Man kann Mitarbeitern Aufgaben übertragen, die sie lieben, oder Arbeiten, die sie hassen, dafür aber Anreize, die sie lieben. Letzteres, die extrinsische Motivation, führt im Fall von Tätigkeiten, die Kreativität erfordern, nicht sehr weit. Sind lediglich die Anreize motivierend, so erledigen wir Menschen das Nötigste mit Fleiß, nicht aber mit Schaffensfreude.

Kreativität ist für viele Menschen ein Quell der Freude, kreativ arbeiten zu dürfen für viele ein ausschlaggebender Grund, sich für einen bestimmten Beruf zu entscheiden. Sich zu entfalten, eigene Ideen einzubringen und Kontrolle über die eigene Arbeit zu haben sowie die Freiheit, kreative Entscheidungen zu treffen, ist für die meisten Menschen motivierend.

Auf der anderen Seite demotiviert es, wenn die eigene Arbeit geringgeschätzt wird, wenn sie keinen sichtbaren Unterschied macht, wenn sie bis aufs kleinste Detail vorgegeben ist oder wenn sie davon abhält, etwas zu tun, an dem das eigene Herzblut hängt. Selbst wenn Bonuszahlungen Mitarbeiter dazu bringen, ihnen aufgetragene Arbeiten zu erledigen, so werden sie in einem demotivierenden

Umfeld nicht mehr tun als unbedingt nötig. Warum sollten sich Mitarbeiter anstrengen, um immer wieder von neuem zu erleben, dass sich ihre Anstrengungen nicht auszahlen?

Unternehmen tun gut daran zu untersuchen, was die Kreativität ihrer Mitarbeiter behindert. In Teams, in denen Deadlines verpasst werden, Qualitätsziele verfehlt werden oder wenig neue Produkte entstehen, muss die Frage aufgeworfen werden, was die Mitarbeiter daran hindert, sich stärker einzubringen, und warum sie nicht motiviert sind. Allzu gern verurteilt man Mitarbeiter oder tauscht sie aus, ohne der tatsächlichen Ursache der fehlenden Motivation auf den Grund zu gehen. Studien zeigen immer wieder, dass die Qualität der Arbeit wesentlich stärker vom Arbeitsumfeld abhängt als von der Zusammenstellung des Teams.

Anreize für gute Arbeit können motivieren, wenn sie richtig eingesetzt werden. Monetäre Anreize wie Bonuszahlungen haben jedoch bereits kurz nach ihrem Einsatz keinen Einfluss mehr auf die geleistete Arbeit. Schickt man ein besonders erfolgreiches Projektteam jedoch mit einem konkreten Auftrag nach Kalifornien, Australien oder an ein anderes beliebtes Reiseziel, so ist die Wirkung dieser Motivation noch nach Jahren festzustellen. Belohnungen sind dann sinnvoll und erfolgversprechend, wenn sie direkt mit der Arbeit, der Mission gekoppelt werden. So wird der Spaß an der Arbeit gefördert. »Wie damals auf Ibiza am Strand, als wir die Projektidee das erste Mal diskutiert haben?«

Vom Bonbon-Prinzip lernen

- Monetäre Anreizsysteme sind zur Förderung kreativer Tätigkeiten nicht geeignet. Werden sie dennoch installiert, so verdrängt der Fleiß die Kreativität. Die

Ergebnisse verschlechtern sich, werden dafür allerdings oft zahlreicher.

- Kreativ arbeiten zu dürfen, ist für viele Menschen eine starke Antriebskraft. Entsprechende Arbeitsumgebungen können die Motivation verstärken.

- Anreize für gute Arbeit können motivieren, einfache Bonuszahlungen sind jedoch meist kontraproduktiv. Wohldurchdachte, individuell gestaltete Anreize wirken stärker und nachhaltiger.

Primadonna-Prinzip

Wegen Fachkompetenz eingestellt und
wegen Sozialkompetenz entlassen

Wo alle gleich denken, denkt keiner sehr viel.

— **Walter Lippmann**

Mitarbeiter dazu zu bewegen, sich zu kümmern, ist etwas anderes als sie dazu anzuhalten, sich zu benehmen. Kreative Menschen zu führen, ist nahezu ein Widerspruch in sich. Aber gerade weil die Führung von Kreativen besondere Ansprüche stellt, ist es so wichtig, ihre Ansprüche zu kennen.

Klein, unkompliziert und unabhängig

Jonathan Ive ist der kreative Geist hinter dem vieldiskutierten Erscheinungsbild der Apple-Produkte. Für seine Entwürfe hat er mit seinem Team in den letzten Jahren so ziemlich jeden Designpreis gewonnen, den es gibt. Abgeschieden vom Apple-Campus sitzt Ive mit einem guten Dutzend weiterer Industriedesigner zusammen und entwirft. Seine Räume gleichen Industriehallen, bieten wenige Möglichkeiten, sich zurückzuziehen, sind gefüllt mit CAD-Arbeitsplätzen, 3-D-Druckern und CNC-Maschinen. In der Regel läuft laute elektronische Musik, die Mitarbeiter arbeiten viel, dafür selten morgens.

Ähnlich arbeitet die Designabteilung von Bang & Olufsen. Und obwohl Design die Kernkompetenz des Herstellers von Audio- und TV-Systemen ist, hat das Management beschlossen, die Designer extern und außerhalb der übrigen Unternehmensprozesse arbeiten zu lassen. Externe Designer als Träger der Kernkompetenz – hierzu braucht man Mut. Doch der Erfolg gibt B&O Recht, ist das Unternehmen doch der letzte europäische mittelgroße Überlebende der Branche.

Kreative Teams arbeiten anders als Controller. Kreativ ist man nicht auf Knopfdruck und nicht zwangsläufig ab neun Uhr morgens. Für andere Abteilungen ist es oft schwer nachzuvollziehen, was die »Verrückten« in Jeans und T-Shirt eigentlich machen, warum sie erst um 14 Uhr ins Büro kommen und warum sie laut Musik hören dürfen. Schnell werden Begehrlichkeiten geweckt, und andere Abteilungen fangen an, ihrerseits Freiheiten zu fordern. Viele Unternehmen sind dazu übergegangen, kreative Abteilungen räumlich zu isolieren. So haben die in ihnen Beschäftigten die Möglichkeit, unabhängig in einer kleinen Gruppe zu tüfteln und sich kreativ zu entfalten, denn dafür werden sie schließlich bezahlt.

Keine Passion im Tausch gegen Gratis-T-Shirts

Nach Sigmund Freud hat der Mensch zwei grundlegende Triebe: den sexuellen Trieb und den Trieb nach Anerkennung. Den ersten klammern wir im Rahmen dieses Buches aus, die Sprengkraft des zweiten können wir hier aber nur schwerlich überbetonen. Der Mensch sucht Anerkennung, und in einer Zeit, in der wir uns mehr denn je durch unseren Beruf identifizieren, suchen wir unsere Anerkennung oft in erster Linie dort. Künstler unterschreiben ihre Werke und Wissenschaftler publizieren unter ihrem Namen, beides in erster Linie für die allgemeine Anerkennung.

Wer Kreative führt, muss Ergebnisse würdigen. Es reicht nicht aus, sich mit einem Gratis-T-Shirt zu bedanken, umso weniger dann, wenn gleichzeitig der Name des Abteilungsleiters den des Erfinders auf der Präsentation ersetzt. Es gibt keine stärkere Motivation als die ehrliche Anerkennung guter Arbeit. Und es gibt wenig, was stärker demotiviert, als diese Anerkennung zu verweigern.

Atmosphäre soll anregen

Atmosphäre sollte dazu motivieren, Ideen und Konzepte infrage zu stellen und unabhängig von der eigenen Stellung in der Hierarchie seine Meinung zu vertreten. Wenn der Chef das größte Büro hat, schwer zu erreichen ist und immer das letzte Wort hat, ist Innovatives kaum möglich. In Abteilungen, in denen mehr Wert auf Konformität gelegt wird als auf Kreativität, werden Querdenker abstumpfen oder abwandern.

Sind wir attraktiv für Exzentriker?

Querdenker fallen häufig durch die Raster der »Assessment-Center« der Großunternehmen. Gesucht werden anpassungsfähige, sozial kompetente Mitarbeiter, die zum Unternehmen passen. Im Fall von Kreativen versagt diese Eignungsdiagnostik: Querdenker sind egozentrisch, wenig anpassungsfähig und ungeduldig. Die zwei folgenden Typen lassen sich identifizieren:

1. Die extrovertierten, visionären *Primadonnen*, die Streicheleinheiten und Darstellungsplattformen brauchen. Sie werden häufig isoliert, meist jedoch erst gar nicht angestellt.
2. Die introvertierten *Tüftler*, die möglichst in Ruhe gelassen werden möchten. Hierunter fallen auch Autisten, zumindest eine Form davon. Sie sind auf ihrem Gebiet brillant. Inzwischen gibt es erfolgreiche Softwarefirmen wie die Züricher Asperger Informatik AG, die hauptsächlich Autisten einstellen und entsprechend ihren speziellen Begabungen einsetzen.

Vom Primadonna-Prinzip lernen

- Kreative Teams arbeiten nicht auf Knopfdruck. Nur wer seinen Mitarbeitern Frei- und Eigenheiten lässt, wird aus ihrem Potenzial schöpfen können.

- Ehrliche Anerkennung für erbrachte Leistung ist ein oft unterschätzter oder vernachlässigter Motivationsfaktor.

- Das Genie der Autisten und die visionäre Brillanz der Primadonnen nicht auszunutzen, wäre sträflich für Unternehmen. Die Aufgabe besteht darin, Exzentriker in das Unternehmen zu integrieren, und zwar so, dass sie sich wohlfühlen und der Rest der Mitarbeiter nicht den Eindruck gewinnt, benachteiligt zu werden.

- Es ist immer leichter, ein homogenes Team zu führen, doch dessen Ergebnisse sind oft vorhersehbar. Wer Neues entwickeln will, muss aus dem Einerlei des Wohlgefallens ausbrechen.

Spaß-Prinzip

Spaß kann genauso wenig verordnet werden wie Kreativität.

*Um wirklich glücklich zu sein, braucht man
einen Menschen, den man liebt, eine
Aufgabe und eine große Hoffnung.*

— **Ricarda Huch**

Wer im deutschsprachigen Raum lebt und an Spaß denkt, dem kommt vieles in den Sinn: der Spaßvogel, die Spaßgesellschaft, mit jemandem einen Spaß treiben ..., vieles, aber nicht seine Arbeit. Zwischen Spaß und dem Ernst des Lebens verläuft eine scheinbar unsichtbare, aber jedem bekannte Trennlinie. Und die Arbeit, dessen sind wir uns sicher, die Arbeit ist der Ernst des Lebens. Man bekommt schließlich Geld dafür, und man kann ja kein Geld für etwas verlangen, das Spaß macht.

Lange hat das funktioniert. Spaß, das war am Wochenende oder in den Ferien. Unter der Woche wurde geschuftet und die Familie ernährt. Nur die wenigsten hatten das Glück, einen Beruf zu haben, der ihnen wirklich Spaß machte. Doch nun geraten wir in ein Dilemma, denn mehr und mehr Menschen sind in kreativen Positionen tätig. Die Neurowissenschaft legt gleichzeitig offen, was wenig verblüffend ist: Der Mensch schafft am effektivsten, wenn er Freude empfindet. Das wollen wir aber nicht, denn wir bekommen ja Geld für unsere Arbeit. Wir gehen nicht davon aus, dass unser Chef sehen will, wie wir uns amüsieren, und schon gar nicht während der Arbeitszeit. Und so steht unser Chef vor der schwierigen Aufgabe, den Spaß in sein Unternehmen zu holen und seinen Mitarbeitern zu erklären, dass beides geht, Spaß und Arbeit.

»Flow« ist das neue Zauberwort, ein Zustand, in dem ein Glücksgefühl mit konzentrierter Arbeit einhergeht. Flow beruht auf einer verstärkten Dopamin-Ausschüttung, die das Denken beschleunigt und so die Kreativität steigert. Kleine Erfolgserlebnisse bewirken die Ausschüttung von Endorphin, das Ergebnis sind »freudige Gefühle«. Flow ist zu einer Art Heiligem Gral der Wissensgesellschaft geworden. Und da der Spaß an der Arbeit zum Flow führt, möchte das Management nun eben den Spaß in die Unternehmen bringen.

Drei Typen

Wenn man durch Unternehmen zieht, dann kann man drei Typen finden, die jeder auf ihre Weise auf das Spaßprinzip reagieren.

- *Die Reaktionären.* Sie machen vermutlich den Großteil der Unternehmen aus und sehen das Ganze als nur eine von vielen Managementmodewellen, so wie Teambuilding-Events im Wald oder Motivationstrainings, bei denen über heiße Kohlen gelaufen wird. Der reaktionäre Chef ist der eigentliche Grund dafür, dass wir denken, dass wir keinen Spaß bei der Arbeit haben dürfen. Und der reaktionäre Chef ist auch der Grund dafür, dass es in den meisten Unternehmen in der nahen Zukunft so bleiben wird. Nicht selten hören wir Aussagen wie: »Ach, wissen Sie, ich leite eine Entwicklungsabteilung, die in einem Gebäude aus den 60er Jahren untergebracht ist, wie soll ich in solch einer Umgebung denn Spaß vermitteln?« oder: »Meine Mitarbeiter sind Ingenieure, die haben sich nicht durch die Universität gequält, um jetzt Spaß zu haben.« Und so verwirft der reaktionäre Chef die Idee mit dem Spaß und sagt sich, dass es auch ohne gehen muss. Bis jetzt ging es ja auch! Alte Schule könnte man das nennen oder typisch Deutsch. Und so ist ein häufiger Begleiter des Spaßes die Forderung, ihn doch bitte zu vermeiden.
- *Die Überprogressiven.* Der zweite Typ geht den entgegengesetzten Weg. Der Ratio folgend, dass Spaß zu mehr Produktivität führt, sieht er sich dazu gezwungen, Spaß zu verordnen. Was beim ersten Lesen nach einer Orwell'schen Utopie klingt, ist in etlichen Unternehmen längst gang und gäbe. Google hat sich zu so etwas wie dem Rockstar unter den Spaßverordnern gemausert.

Volleyballfelder, Spielecken oder Dinosaurier in den Büros sind dort nur die Spitze des Eisbergs. Aber Google ist bei Weitem nicht allein. Die Restaurantkette Boston Pizza fordert ihre Mitarbeiter auf, goldene Bananen an Kollegen zu verschicken, die zeigen, dass die Arbeit ihnen Spaß macht. Zappos, ein Online-Shop, hat sich selbst den Untertitel »The Happiest Place on Earth« gegeben. Die Büros von Innovationland erinnern eher an einen Themenpark als an ein Büro. Einige Mitarbeiter sitzen in einer Piratenbucht, andere in einer Styroporburg und ganz Glückliche in einem riesigen Schuh. Wer Spaß verordnet, der verordnet auch ganz klare Grenzen, wo der Spaß aufhört. Beziehungen zwischen Mitarbeitern sind bei den Spaßverordnern ebenso ungern gesehen wie Mitarbeiter, die weniger als achtzig Stunden arbeiten und noch andere Hobbys haben.

- *Die Realisten.* Typ Nummer drei geht einen mutigen Mittelweg, indem er eingesteht, dass Spaß keine universelle Norm ist, sondern ein individuelles Empfinden. Dass Spaß nicht entsteht, weil man ihn vorschreibt, sondern weil den Mitarbeitern die Arbeit mit ihren Kollegen gefällt, scheinen nur wenige wirklich zu verstehen. In einer Unternehmenswelt, in der jeder Manager dem Grundsatz folgt »If you can't measure it, you can't manage it!«, scheint es das Schwerste zu sein, zur Selbstkontrolle aufzurufen und den eigenen Mitarbeitern zu vertrauen. Selbstkontrolle ist hier das Stichwort. Manager des dritten Typs stellen Ressourcen zur Verfügung, die in der einen Abteilung vielleicht für Sommerausflüge verwendet werden, während eine andere eine Dartscheibe und eine Kiste Rotwein kauft, durch die mehr gute Ideen entstehen als im Sitzungszimmer. Was auch passiert, es passiert, weil die Mitarbeiter es wollen und weil sie sich im Zweifel auch vor ihrem Chef rechtfertigen können.

Kein Kind hat Spaß, weil man ihn verordnet

Man kann Spaß genauso wenig verordnen wie Leistung, und deswegen können wir hier auch keine Checkliste präsentieren, die dem Manager das Denken abnimmt. Wir kennen viele Unternehmen, in denen Spaß lediglich proklamiert wird. Oft alberne Slogans sollen dem Mitarbeiter zwanghaft zu einer gelassenen Haltung verhelfen. Doch das ist vom gesuchten Flow weiter entfernt, als sich so manch einer eingestehen möchte. Spaß entsteht nicht, weil jemand ihn vorschreibt. Kein Kind amüsiert sich, weil man ihm sagt: »Amüsier' dich!« Und das Gleiche gilt für jeden Erwachsenen.

Schlussendlich ist Spaß, so wie wir ihn beobachtet haben, viel weniger das Ergebnis einer Verordnung als das Nebenprodukt der Beschäftigung mit einer Aufgabe, an die Mitarbeiter glauben, und der gewährten Freiheit, diese Aufgabe nach dem eigenem Gutdünken zu lösen. Kein Plüschdinosaurier auf dem Flur kann den Spaß wieder zurückbringen, den bürokratische Unternehmen ihren Mitarbeitern dadurch nehmen, dass ihre Ideen in irgendwelchen »Ideensilos« versauern. Die Ideen und die Kreativität der eigenen Mitarbeiter sind kein Wein, der dadurch besser wird, dass man ihn lagert.

Und so haben wir noch eine Chance, denn noch sind unsere Büros nicht in einem riesigen Schuh untergebracht. Wenn unser Chef versteht, dass man Spaß nicht verordnet, sondern erlaubt, dann werden wir irgendwann erkennen, dass unser Gehalt kein Schmerzensgeld ist, sondern eine Bezahlung für das, was wir leisten.

Vom Spaß-Prinzip lernen

- Spaß kann nicht verordnet werden, er muss hingegen erlaubt sein und begrüßt werden. In vielen Unternehmen wird Spaß jedoch nicht einmal geduldet.
- Erfolgserlebnisse bewirken die Ausschüttung von Endorphin, was zu Freude und mehr Kreativität führt. Unternehmen sollten hier ansetzen und sich nicht darauf konzentrieren, Büros besonders »witzig« zu gestalten.
- Aufgrund von öden Arbeitsumgebungen und demotivierender Führung wird Gehalt oft als eine Form von Schmerzensgeld aufgefasst. Unternehmen müssen kommunikativere und weniger steife Umgebungen schaffen, in denen kreative Leistungen und nicht angepasstes Verhalten gewürdigt werden.

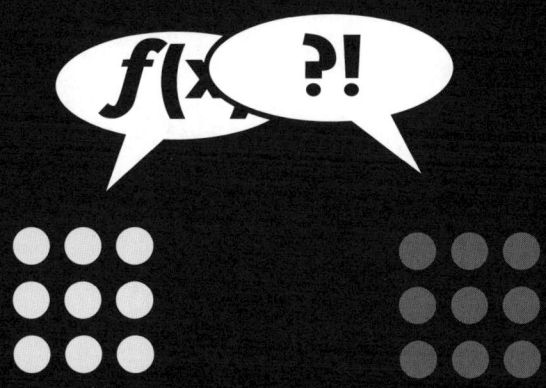

Zweisprachigkeits-Prinzip

Die Sprache der Dinge und die Sprache des Geldes

Die Sprache ist die Quelle der Missverständnisse.

— **Antoine de Saint-Exupéry**

Warren Buffett schreibt jedes Jahr einen Brief an seine Anleger. Diese Briefe sind mittlerweile legendär. Während andere Investmentfonds ihre Anleger in nüchternem Managementjargon über die Entwicklung der Märkte informieren, sind Buffetts Mitteilungen geistreich, verständlich und vor allem amüsant. Jedes Jahr adressiert er seinen Brief an seine beiden Schwestern Doris und Bertie und ändert die Anrede erst, wenn der Brief fertig ist. Erst dann, so Buffett, wenn seine beiden Schwestern verstünden, worum es geht, könne der Brief an seine Anleger verschickt werden.

In jedem Unternehmen werden zwei Sprachen gesprochen, die Sprache der Dinge und die Sprache des Geldes. Ingenieure, Entwickler und Forscher sprechen die Sprache der Dinge. Sie verstehen die Technologien, die den Produkten und Dienstleistungen zugrunde liegen, und verwenden die entsprechenden Fachausdrücke. Auf der anderen Seite stehen die Betriebswirte. Sie werden nicht für neue Ideen bezahlt, sondern dafür, dass ihr Unternehmen möglichst viel Gewinn macht. Die Betriebswirte sprechen die Sprache des Geldes. Ein Unternehmen, zwei Sprachen: Babylonische Verwirrung ist vorprogrammiert.

Beide Sprachen sind von globaler Natur: Java oder C# müssen weder national noch durch die EU geregelt werden. Ein italienischer Programmierer versteht seine deutschen oder brasilianischen Kollegen. Die Sprache der Dinge, wie Programmiersprachen, Schaltpläne oder Konstruktionszeichnungen, sind über Ländergrenzen hinaus verständlich. Das Gleiche gilt für die Sprache des Geldes: Cashflow, ROI oder Break-even werden – von Nuancen einmal abgesehen – überall gleich berechnet. Auch in multinationalen Konzernen besteht die größte Sprachbarriere nicht zwischen den Nationalitäten. Die meistunterschätzte, weil versteckte Sprachbarriere erhebt sich zwischen den technischen und den betriebswirtschaftlichen Abteilungen.

Um diesem Dilemma zu entkommen, müssen innovative Unternehmen bilingual arbeiten. Nur ein Unternehmen, das beide Sprachen spricht und in dem sich beide Sprachgruppen gegenseitig verstehen, hat die Möglichkeit, sein Entwicklungspotenzial voll auszuschöpfen.

Die Sprache der Dinge

Der Kern des Unternehmertums ist es, Probleme zu lösen. Diese Lösungen werden verkauft – das Unternehmen verdient Geld. Wer die Sprache der Dinge spricht, der ist damit beschäftigt, Probleme zu lösen. Will nun der Entwickler von der Geschäftsleitung verstanden werden, so liegt es an ihm, seine Ideen in die Sprache des Geldes zu übersetzen. Um es auf die einfachste mögliche Formel zu bringen: Wie kann das Unternehmen mit seiner Idee Geld verdienen?

Die Geschäftsführung von neuen Ideen zu überzeugen, ist ein Knochenjob. Von der eigenen Idee begeistert, fällt es dem Ingenieur schwer zu verstehen, warum die Geschäftsführung nicht augenblicklich »Hurra« schreit. Um eine Idee erfolgreich zu präsentieren, muss sie zunächst greifbar gemacht werden. Hierbei gilt: Ein Bild sagt mehr aus als tausend Worte, und ein Prototyp hat mehr Aussagekraft als tausend Bilder. Eine rasche Materialisierung der Idee erleichtert es Kunden und dem Management, des Pudels Kern zu verstehen.

Die Sprache des Geldes

Betriebswirte haben das gleiche Problem, nur eben in entgegengesetzter Richtung. Unternehmen brauchen Innovationen, um in Zukunft Geld verdienen zu können. Ihre

Aufgabe besteht darin, ihre finanziellen Ziele in die Sprache der Dinge zu übersetzen. Führungskräfte, die ihr Geschäft verstehen wollen, müssen dort Zeit verbringen, wo es sich abspielt. Sie müssen in den Forschungs- und Entwicklungsabteilungen ein- und ausgehen und vor allem Fragen stellen. Eine Sprache lernt man am besten, indem man sie spricht – noch besser, indem man sie mit Herz und Verstand spricht. Eine italienische Freundin oder ein italienischer Freund beschleunigen den Spracherwerb stärker als jeder Intensivsprachkurs. Die Faszination, die von einem technischen Projekt oder Produkt ausgeht, fördert dessen Verständnis am ehesten. Es wäre ein Fehler, sich hinter Businessplänen und Finanzkennzahlen zu verschanzen.

Die meisten Mitarbeiter können mit dem Managerjargon nichts anfangen, und umgekehrt lässt sich das Management von der Sprache der Dinge oftmals verwirren. Dennoch kommen Unternehmen nicht mit einer einzigen Sprache aus. Wer die Sprache des jeweils anderen spricht, erntet als Dank nicht nur Verständnis, sondern gewinnt auch an Glaubwürdigkeit. Egal aus welchem Lager man auch kommen mag: Das Verständnis der Sprache der Gegenseite hilft.

Vom Zweisprachigkeits-Prinzip lernen

- In Unternehmen werden zwei Sprachen gesprochen, die Sprache des Geldes (Betriebswirte, Volkswirte ...) und die Sprache der Dinge (Ingenieure, Handwerker, Kreative ...).
- Es ist notwendig, dass die beiden Gruppen sich verstehen. Nur wenn die Ingenieure die Kennzahlen der Betriebswirte nachvollziehen können und die Betriebswirte die Herausforderungen in der Entwicklung verstehen, können beide Gruppen zusam-

menarbeiten. Nur so lassen sich künstliche Fronten vermeiden.

- Es ist die Aufgabe jedes Einzelnen, die Sprache, aber auch die Herausforderungen des anderen Lagers zu verstehen. Die Führung sollte dementsprechende Anstrengungen unterstützen und den Ingenieuren keine Vorhaltungen machen, wenn diese mit Kollegen aus dem Controlling zu Mittag essen.

Realtime-Prinzip

Das missglückte Projekt der ständigen Verfügbarkeit

Manche halten einen ausgefüllten Terminkalender für ein ausgefülltes Leben.

— **Gerhard Uhlenbruck**

Letztes Jahr in einem Seminar zum Thema Innovation mit den Führungskräften einer europäischen Großbank zeigten sich die Gründe für Innovationsschwäche bereits in der ersten Stunde: Zwei Drittel der Teilnehmenden tippten permanent auf ihren BlackBerrys. Sie versuchten, gleichzeitig im Seminar und in der virtuellen Welt zu agieren.

Die Folgen von Verhaltensweisen wie dieser sind gravierend: Halbe Aufmerksamkeit, mangelnde Reaktivität, das Gefühl von Kontrollverlust und ständiger Hast. Die Manager rasen wie Hamster in einem Laufrad, das sich immer schneller dreht. »Wir haben eine hoch responsive Unternehmenskultur, die Agilität ins Zentrum stellt«, lautete die Begründung für das Verhalten. Doch der Preis dafür ist hoch: Einem Management, das an portable Kommunikationsgeräte gefesselt ist, fehlt es an Ideenreichtum und Initiative. Realtime-Management ist zum Kreativitäts- und Produktivitätskiller geworden.

Innovationen beruhen meist auf einer Rekombination von existierenden Ideen, Technologien und Konzepten. Damit wird die Kommunikation zum zentralen Wettbewerbsfaktor. Dank der raschen Technologieentwicklung hat die allgegenwärtige Verfügbarkeit von Mitarbeitenden zahlreiche Helfer: Mobiltelefone, Internetanbindung von Notebooks, drahtlose Kommunikationstechnologien wie Wi-Fi und Smartphones. Um es vorwegzunehmen: Die Technologie birgt enorme Potenziale für die Agilität und Flexibilität im Unternehmen – wäre nur nicht der Mensch mit seinen Verhaltenspathologien.

Eine Illusion mit Folgen

Wir leben in einer Realtime-Illusion und stehen immer stärker unter dem Druck, die Dinge sofort erledigen zu müssen.

Laut dem Berliner Institut für Wirtschaftsforschung arbeiten 60 Prozent aller Führungskräfte stark unter Zeitdruck. Nach empirischen Untersuchungen der Harvard-Kollegin Teresa Amabile ist Zeitdruck durchaus mit Kreativität vereinbar, jedoch nur dann, wenn der Mensch sich voll und ganz auf eine einzige Aktivität konzentriert. Produktivität und Kreativität gehen verloren, wenn mehrere Aufgaben gleichzeitig bewältigt werden – doch gerade dazu werden wir durch unsere Realtime-Illusion verführt. Die Gleichzeitigkeit unseres Tuns in der Wirtschaft führt zu fatalen Folgen für das Unternehmen und seine Mitarbeiter:

- *Verfügbarkeitsfalle.* Ein Unternehmen, dessen Management großenteils der Realtime-Illusion verfallen ist, gleicht einem Hamsterrad, das sich immer schneller dreht. Die Mitarbeitenden sind permanent verfügbar und haben zunächst den Eindruck, dass sie immer schneller arbeiten. Aus der Distanz betrachtet kommen sie jedoch kaum voran.
- *Koordinationswut.* Es wird mehr koordiniert als notwendig. Diese Tendenz wird zusätzlich dadurch begünstigt, dass Koordination durch Massensendungen vermeintlich leicht geworden ist.
- *Scheinparallelität.* Die Mitarbeitenden haben den Eindruck, sie seien zum Multitasking fähig und würden dementsprechend in zunehmendem Maße Aufgaben gleichzeitig bearbeiten. Die moderne Hirnforschung hat uns aber gezeigt, dass unser Gehirn gar nicht zu echter Parallelverarbeitung in der Lage ist. Aufgaben werden sequenziell abgearbeitet. Dabei springen wir in kurzer Zeit zwischen den einzelnen Aufgaben hin und her, was uns den Eindruck von Parallelität vermittelt.
- *Qualitätseinbruch.* Mit zunehmender Antwortgeschwindigkeit steigt die Kommunikationsfrequenz, doch die

Informationsqualität sinkt. Manche BlackBerry-Korrespondenz erinnert stärker an chattende Teenager als an professionellen Informationsaustausch.

- *Vollkasko-Mentalität.* Die unzähligen Kopien für alle möglichen Beteiligten via cc erfolgen unter dem Deckmantel der Wissensverbreitung. Dahinter stecken jedoch häufig persönliche Gründe: Der Absender möchte sich mit der Information aller involvierten Personen absichern. Der mangelnde Mut zur Konzentration auf Relevantes führt zu einer Flut von Nachrichten.

- *Kreativitätsloch.* Ruhephasen sind eine wichtige Quelle für Kreativität. Ständige Empfangsbereitschaft zerstört die Grundlagen für kreatives Arbeiten. Verhaltensforscher haben ein Experiment durchgeführt, bei dem drei Gruppen eine anspruchsvolle Aufgabe lösen mussten. Die erste Gruppe konnte sich voll auf die Aufgabe konzentrieren, die zweite bekam alle zwei Minuten eine Kurznachricht, die sie bestätigen musste. Die dritte Gruppe konnte sich ebenfalls auf die Aufgabe konzentrieren, rauchte aber nebenher einen Joint. Das Resultat: Die Kiffer arbeiteten produktiver als die Instant-Messenger-Jungs.

- *Substitution.* Direkte Arbeit im Sinne des Problemlösens wird ersetzt durch Koordination. Probleme werden hin und her geschoben, ohne dass an ihrer Lösung gearbeitet würde.

- *Demotivation.* Auf der persönlichen Ebene entsteht die Empfindung, man habe die Kontrolle über die Arbeit verloren. Diese Empfindung schwächt kurzfristig die Motivation und erzeugt negativen Stress.

- *Suchtsymptome.* Suchtsymptome fördern langfristig die Entstehung von Burn-out-Zuständen. Die Gruppe der Crackberries – Süchtige mit panischer Angst, vom Netz abgeschnitten zu sein – wird ständig größer.

Nun wird in Seminaren immer wieder eingeworfen, dass wir schließlich in einer globalen Welt lebten und daher E-Mails benötigten. Die Kollegen haben Recht, jedoch hat die empirische Kommunikationsforschung gezeigt, dass die Häufigkeit der E-Mail-Kontakte mit räumlicher Nähe zusammenhängt. Wir tauschen Mails am häufigsten mit dem Büronachbarn aus, der am nächsten sitzt.

Das Glück der Unerreichbarkeit

Was tun gegen die stark um sich greifende Realtime-Illusion? In Unternehmen haben sich einige Praktiken herausgebildet, die wir im Folgenden vorstellen.

- *Vorbildfunktion.* Das Topmanagement muss die Problematik erkennen, die Thematik des effektiven Arbeitens auf die Agenda bringen und sich als Erstes selbst damit befassen.
- *Absage an »cc«.* Effektive Führungskräfte lesen keine E-Mails, die nicht direkt an sie selbst gerichtet sind, und machen dies öffentlich.
- *Zeitmanagement.* Für die Beantwortung von E-Mails sollten begrenzte Zeitblöcke eingeplant und streng eingehalten werden. Die Qualität der Antwort wird meist nicht besser, wenn mehr Zeit auf ihre Formulierung verwandt wird.
- *Sprechstunde.* Bei BlackBerrys darf die E-Mail-Push-Funktion nur während bestimmter Zeiten aktiviert sein. Diese Einschränkung muss das Ergebnis einer bewussten Entscheidung sein. Danach handelt auch Jim Balsillie, der CEO des BlackBerry-Unternehmens RIM, der ja entscheidend zur allgegenwärtigen Verfügbarkeit verführt hat.

- *Reaktionszeit.* Die angemessene Reaktionszeit im Rahmen der eigenen Stelle muss identifiziert und die Kommunikationsfrequenz entsprechend angepasst werden. Im Fall eines Online-Disponenten ist die Reaktionszeit kürzer als im Fall eines Marketingplaners.
- *E-mail-free Friday.* In Kalifornien wird der »Casual Friday« zunehmend durch den »E-mail-free Friday« ersetzt. An solchen Tagen ist es verboten, E-Mails an Kollegen zu senden. Stattdessen wird zum direkten, persönlichen Gespräch aufgefordert. In Unternehmen, die diese Regelung eingeführt haben, ist nicht nur die Arbeitsqualität stark angestiegen, sondern auch die Freude an der Arbeit selbst.

Vom Realtime-Prinzip lernen

- Die Idee der ständigen Verfügbarkeit hat dazu geführt, dass wir unter wachsendem Zeitdruck stehen und die erarbeiteten Ergebnisse immer schlechter werden.
- Dabei laufen wir Gefahr, im Hamsterrad der ständigen Produktivitätsverbesserung genau das Gegenteil des Intendierten zu erreichen. Neue Technologien bieten enorme Möglichkeiten, doch diese können nur dann ausgeschöpft werden, wenn diese Technologien sorgsam eingesetzt werden.
- Wenn es gelingt, die Chancen der ubiquitären Technologien zu nutzen und gleichzeitig zu kanalisieren, dann entsteht ein Produktivitäts- und Innovationsgewinn für das Unternehmen.
- Der bewusst dosierte Einsatz des Realtime-Prinzips hilft nicht nur dem Unternehmen, sondern er verbessert auch die Lebensqualität der Beschäftigten.

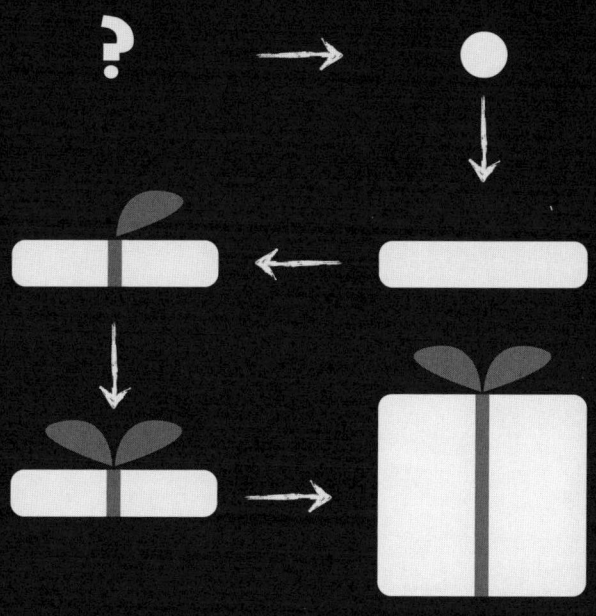

Kreativitäts-Prinzip

Man muss noch Chaos in sich haben,
um einen tanzenden Stern gebären zu können.

Alle Menschen haben die Fähigkeit, schöpferisch tätig zu sein, nur merken es die meisten nicht.

— **Truman Capote**

Wenn man eine Gruppe von zwanzig Kindergartenkindern fragt, wer malen kann, dann melden sich alle zwanzig. Stellt man dieselbe Frage denselben Menschen etwa 25 Jahre später, dann melden sich vielleicht noch zwei. Der Grund für diese Diskrepanz liegt nicht darin, dass diese Menschen allesamt verlernt hätten, einen Stift zu halten. Vielmehr erzieht uns unser Bildungssystem dazu, dass wir uns »erwachsen verhalten«, was immer das auch heißen mag. Kreativität, Spielen, Basteln und Malen gehören für die meisten jedenfalls nicht zu erwachsenem Verhalten. In der Schule wird belohnt, wer nicht stört, wer fleißig und angepasst ist. Im Studium kommt derjenige voran, der sich nicht ablenken lässt, fleißig und angepasst ist. Und nach zwanzig Jahren Ausbildung soll dieser fleißige und angepasste Mensch kreativ sein, weil Kreativität zu Innovation führt und weil seine Firma Innovationen braucht, um sich am Markt zu behaupten. Wir belohnen Konformität, verkaufen aber Produkte über Individualität. Die Diskrepanz ist offensichtlich.

Haben Unternehmen es dennoch geschafft, kreative Mitarbeiter anzustellen, so werden deren Ideen durch Fokusgruppen und Bedenkenträger aus der Chefetage entschärft. Beispiele dafür lassen sich auf jeder Automesse finden. Die Prototypen und Studien versprechen jedes Jahr aufs Neue, was die späteren Serienfahrzeuge nicht halten können. Pontiac brachte im Jahr 2004 den Aztek auf den Markt – ein Auto, das laut Fokusgruppen der perfekte Pkw sein sollte. Tatsächlich gilt die Kreuzung aus SUV und Minivan heute als das hässlichste Auto aller Zeiten, die Verkaufszahlen waren durchgängig miserabel. Wer versucht, Produkte zu entwickeln, die jeden ansprechen, anstatt kreativ zu sein, der verwendet ein Rezept, das das Unternehmen direkt ins Desaster führt. Innovation ist keine Politik. Bei ihr geht es nicht darum, Mehrheiten zu gewinnen und etwas anzubieten, das den wenigsten widerstrebt. Man denke nur daran, wie viele Leute Apples Produkte vehement ablehnen, den Audi für einen überteuerten VW halten, nie zu IKEA gehen würden oder McDonald's verabscheuen.

Wir haben in diesem Buch wenig über handfeste Tools geschrieben, die Unternehmen einsetzen können. Hier ist das wichtigste und erfolgverprechendste, das es in der Betriebswirtschaft gibt: Kreativität. Es gibt kein besseres, einflussreicheres und effektiveres Marketingtool als ein kreatives Produkt. Keine Werbung während des Super Bowl oder vor dem Endspiel einer Fußballweltmeisterschaft wird für mehr Kunden sorgen als ein wirklich kreatives Produkt.

Es gibt nur wenige Picassos, Lennons und Mozarts in großen Unternehmen, aber jeder Mensch kann kreativ sein. Wichtig ist es, die eigenen Potenziale zu erkennen. Wann und wo kommen uns die besten Ideen? Tatsächlich nur unter der Dusche, wie uns regelmäßig beim Executive Coaching bestätigt wird? Selbst bei einer dreißigminütigen Dusche sind unsere Führungskräfte demnach erstaunlich unkreativ, 23,5 Stunden der Ideenlosigkeit verbleiben, an jedem einzelnen Tag.

Jeder sollte das Wann, Wo und Wie seiner persönlichen Kreativität kennen oder kennenlernen. Geistige Dürrezeiten durch Meetings, E-Mails und mangelnde Kenntnis der eigenen Fähigkeiten und Bedürfnisse führen zu unkreativer Einöde. Die Quellen für Kreativität sind individuell, wie die folgenden Beispiele zeigen:

- *Reflexion*, zum Beispiel beim Joggen, Wandern, bei einem Glas Wein oder eben beim Duschen;
- *Datenkonfrontation*, zum Beispiel Analyse von Fakten zu Kundenprozessen und -anforderungen, Analyse technischer Kennzahlen und Zusammenhänge, Internetrecherchen;

- *Interaktion*, zum Beispiel im Rahmen von Kundenge-sprächen, Diskussionen mit Kollegen in der Kaffee-Ecke oder Seminarbesuchen;
- *Kombination*, zum Beispiel gemeinsame Analyse von Daten, Einbringen persönlicher Reflexionen.

Allzu häufig werden in der Auseinandersetzung mit Krea-tivität ausschließlich die Rationalität und die Logik betont. In der Kunst und der Musik ist die Rolle der Emotionalität für das kreative Schaffen unbestritten. Die bedeutends-ten Kunstwerke sind das Ergebnis oder die Geschichte der Emotionen derer, die sie erschaffen haben. Und das sind bei weitem nicht immer positive Emotionen. Etliche Unterneh-men beschränken Kreativität jedoch auf den »Wohlfühl-faktor« der Mitarbeiter. Aber haben Mitarbeiter, die sich wohlfühlen, denen ihr eigenes Unternehmen ein Rundum-sorglos-Paket bietet, wirklich einen Grund, Neues zu ersin-nen? Wozu denn?

Kreativität ist die Fähigkeit schöpferischen Denkens und damit Grundlage jeder Innovation. Nach Sigmund Freud ist Kreativität eine Mischung aus Logik und Fantasie, Rati-onalem und Emotionalem. Dabei setzt sich Kreativität aus drei Bausteinen zusammen: *erstens* der Fähigkeit, Proble-me auf unkonventionelle Weise zu betrachten, *zweitens* der Fähigkeit zu entscheiden, welche Ideen es wert sind, wei-terverfolgt zu werden, und *drittens* der Fähigkeit, Ideen so zu artikulieren, dass andere sie verstehen und von ihnen überzeugt werden. Damit ist das Wissen für Kreativität ein zweischneidiges Schwert. Auf der einen Seite führt zu we-nig Wissen dazu, dass ein Problem gar nicht erst verstan-den wird, auf der anderen Seite führt zu viel Wissen dazu, dass an bisherigen Lösungen festgehalten wird und sich eine gefährliche Betriebsblindheit einstellt.

Anwendung von Kreativität

Kreativität ist kein Heureka-Moment, sondern das Ergebnis eines Prozesses. Innovationen entstehen nicht durch plötzliche Eingebungen, sondern durch die Analyse von Fakten. Die Entstehung neuer Dinge folgt selten einem geplanten Ablauf, und so können unvorhersehbare Ereignisse ein großes Potenzial für Innovatives bieten. Als es IBM nicht gelang, seine ersten Computer wie geplant an Banken zu verkaufen, stießen die Verkäufer auf Bibliotheken als unerwartete Kunden.

Andere Faktoren, die zu kreativen Lösungen führen, sind die wahrgenommene Diskrepanz zwischen dem, was ist, und dem, was man gerne hätte. Prozesse müssen ständig verbessert werden.

Auch die Veränderungen in Märkten und Branchen bieten Ansatzpunkte für Kreatives. Manager glauben gerne, dass die Regeln ihrer Branche in Stein gemeißelt seien. Doch auch die scheinbar noch so stabilen Branchen verändern sich. Diese Veränderungen bieten enorme Potenziale für Innovationen. Man denke nur einmal daran, wie sich unser Verhältnis zum Einzelhandel in den letzten Jahrzehnten verändert hat.

Weitere Ausgangspunkte für Innovationen sind der demografische Wandel, neues Wissen oder veränderte Arten der Wahrnehmung. Mathematisch gibt es keinen Unterschied zwischen einem halb vollen und einem halb leeren Glas. Im Innovationsmanagement hat eine Veränderung der Wahrnehmung oft weitreichende Konsequenzen.

Vom Kreativitäts-Prinzip lernen

- Kreativität ist nicht das Monopol von Künstlern. Sie ist eine Fähigkeit, die in jeder Abteilung des Unternehmens gebraucht wird. Nur dort, wo kreativ mit neuen Aufgaben umgegangen wird und umgegangen werden darf, kann Innovatives entstehen.
- Kreative Produkte werden während ihres Entwicklungsprozesses gerne weich gespült. Das Endprodukt polarisiert nicht mehr, weil seine Schöpfer versucht haben, es jedem recht zu machen – begeistert ist am Ende jedoch auch niemand. Erfolgreiche Produkte werden nicht nur von vielen gekauft, sondern auch von vielen anderen vehement abgelehnt.
- Erfolgreiche Unternehmen setzen in ihrer Produktentwicklung Schwerpunkte und machen dabei keine Kompromisse. Vielen wird das Ergebnis nicht gefallen, aber diejenigen Kunden, denen das Produkt gefällt, werden inbrünstig für es werben.

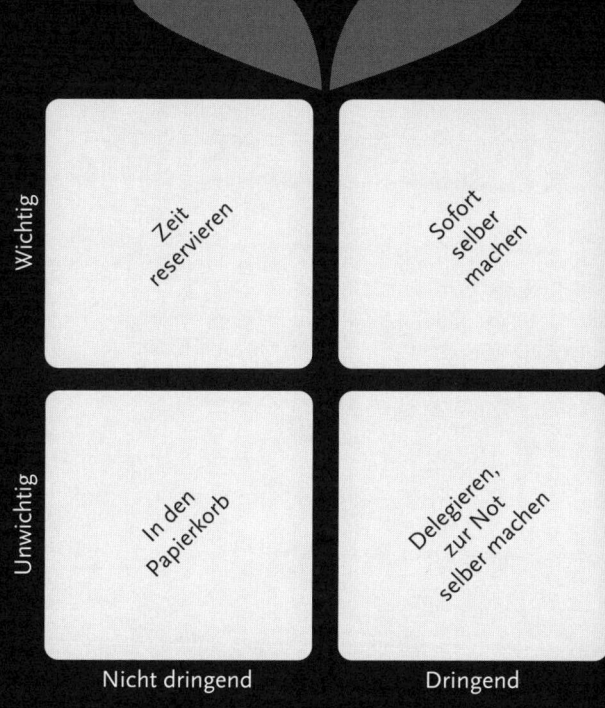

	Wichtig	Zeit reservieren	Sofort selber machen
	Unwichtig	In den Papierkorb	Delegieren, zur Not selber machen
		Nicht dringend	Dringend

Eisenhower-Prinzip

*Es ist wichtiger, die richtige Arbeit zu tun,
als die Arbeit richtig zu tun.*

Was nicht auf einer einzigen Manuskriptseite zusammengefasst werden kann, ist weder durchdacht noch entscheidungsreif.

— **Dwight David Eisenhower**

Ratgeber, die uns erklären möchten, wie wir uns selbst in den Griff bekommen, sind auf den Bestsellerlisten Dauergäste. Mit erfolgreichem Selbstmanagement verhält es sich wie mit dem Wunsch, das Rauchen aufzugeben. Wenige sind mit der aktuellen Situation zufrieden, für die meisten sind die Schmerzen der Veränderung jedoch zu stark, um den Wandlungsprozess durchzustehen. Das Defizit lässt sich kurz zusammenfassen: »Wir tun zu viel, und das vom Falschen.«

Die 80/20-Regel, aber wie umsetzen?

Im 19. Jahrhundert fiel dem italienischen Ökonomen Vilfredo Pareto auf, dass 20 Prozent der Bevölkerung 80 Prozent des Volksvermögens besaßen. In vielen anderen Zusammenhängen lassen sich ähnliche Verhältnisse feststellen. 20 Prozent der Kunden sorgen für 80 Prozent des Umsatzes, 20 Prozent der Fehler für 80 Prozent der Reklamationen, 20 Prozent einer Sitzung für 80 Prozent der Ergebnisse ... Wer effizient arbeitet, der legt den Schwerpunkt seiner Arbeit auf diejenigen 20 Prozent seiner Tätigkeiten, die für 80 Prozent der Ergebnisse sorgen. Viel zu häufig lassen wir uns von ineffizienten und wenig stimulierenden Tätigkeiten gefangen nehmen: Meetings und E-Mails fressen förmlich unsere Zeit. Schnelle, agile Unternehmen unterscheiden sich von den langsamen nicht dadurch, wie schnell sie eine Aufgabe erledigen, sondern wie viel Zeit sie effektiv für die Aufgabe aufbringen. Sie arbeiten, anstatt zu koordinieren, sie handeln, anstatt zu reden.

Ineffizient agierende Menschen dagegen konzentrieren sich auf die Tätigkeiten, die für die restlichen 20 Prozent der Ergebnisse sorgen. Sie verschwenden ihre Zeit in Meetings, mit Aufgaben, die nicht in ihr Tätigkeitsgebiet fallen, mit administrativen Aufgaben, mit langen E-Mails, endlosen Telefonaten und so weiter. Und so ähnelt die Arbeit in vielen Abteilungen einem löchrigen Eimer, der gefüllt werden soll. Manchmal ist es bewundernswert, dass überhaupt etwas geschafft wurde.

Zu untersuchen und richtig einschätzen zu können, wie sich Tätigkeiten auf Ziele auswirken, ist vermutlich die wichtigste Fähigkeit im Selbstmanagement. Die eigene Arbeit am Ende des Tages, am Ende der Woche oder am Ende des Monats Revue passieren zu lassen und die eigenen Tätigkeiten entsprechend ihrer Wirkung zu hinterfragen, ist für die zukünftige Arbeit nützlicher als alles andere.

Häufig können wir beobachten, dass der Arbeitende zu viel auf einmal tun möchte und sich im wahrsten Sinne des Wortes verzettelt. Virtuos wird versucht, ein ausuferndes Portfolio an Aktivitäten zu managen, was dazu führt, dass mehr Zeit auf das Management des Portfolios verwendet wird als auf die Tätigkeiten selbst. Die Frage nach der Effektivität wird im Selbstmanagement viel zu selten gestellt. Schnell werden alle möglichen Aufgaben in das Tätigkeitsportfolio integriert, ohne ausreichend zu reflektieren, ob die Beschäftigung mit ihnen überhaupt dazu führt, dass irgendetwas erreicht wird. Frei nach Mark Twain wird, sobald man das Ziel aus den Augen verloren hat, die Anstrengung verdoppelt.

Der amerikanische Präsident Dwight D. Eisenhower hat zwischen der Wichtigkeit und der Dringlichkeit einer Tätigkeit unterschieden. Die Matrix auf der ersten Seite dieses Kapitels, die auf dieser Unterscheidung beruht, ist bekannt und erklärt sich von selbst. Hervorzuheben ist jedoch, dass im Alltag das Dringende das Wichtige verdrängt. Innovation ist stets wichtig, aber selten dringend. Wenn etwas dringend wird, dann ist es meist zu spät. Um dieser Gefahr zu entgehen, ist es zwingend notwendig, Zeiten für Kreativität einzuplanen. Es reicht nicht aus, eine Konzeptentwicklung oder Strategie zu planen. Die guten Absichten müssen auch feste, unverrückbare Zeitfenster im Terminkalender zugewiesen bekommen.

Es gibt etliche ähnliche Prinzipien, um die richtigen Tätigkeiten zu selektieren. Die Krux liegt nicht darin, ein Prinzip zu entwickeln, um Aufgaben nach ihren Prioritäten zu ordnen. Die tatsächliche Schwierigkeit liegt für die meisten Menschen darin, dieses Prinzip erfolgreich anzuwenden. Die Idee, nur zielführende Aufgaben zu erledigen, ist für jedermann nachvollziehbar. »Nein« zu sagen fällt jedoch vielen schwer. Sich selbst Grenzen zu setzen und effektiv zu arbeiten ist keine Entscheidung, die man trifft und anschließend umsetzt, sondern ein langfristiger Prozess, zu dem man sich immer wieder selbst anhalten muss. Am erfolgreichsten ist man dabei, wenn man nicht auf einen Schlag das Mammutprojekt »Selbstmanagement« angeht, sondern wenn man hinderliche Gewohnheiten schrittweise verändert.

Vom Eisenhower-Prinzip lernen

- Wir tun zu viel, und das vom Falschen. Nur ein Bruchteil der Arbeit, die wir leisten, sorgt für die relevanten Ergebnisse. Der Rest der Zeit wird mehr oder weniger verbrannt.
- An Zeitmanagementtools mangelt es nicht. Sie sind auf den Bestsellerlisten Dauergäste. Doch ihre Anwendung fällt den meisten Menschen schwer. Oft sind die Ratgeber zu umfangreich, zu detailliert und fordern zu viele Maßnahmen auf einmal.
- Die sinnvollste Methode, um das eigene Zeitmanagement zu überdenken, lautet, klein anzufangen.

Anstatt beispielsweise den kompletten Terminkalender zu überarbeiten, kann man sich in den ersten Wochen auf seine E-Mails konzentrieren.

- Erst dann, wenn das erste Problemfeld bearbeitet wurde und die veränderte Praxis zur Gewohnheit geworden ist, sollte man Schritt für Schritt die nächsten Problemfelder betreten.
- Man sollte das »Projekt Selbstmanagement« nicht unbedingt bei der ersten Tätigkeit beginnen, die einem in den Sinn kommt. Zunächst gilt es, Zeit in die Wahl zu investieren: Wo sind die größten Defizite? Wo lässt sich das größte Ergebnis erwarten? Wo ist die Veränderung am nötigsten? Auch hier gilt, dass es wichtiger ist, was wir tun, als wie viel wir tun.

Montag

Dienstag

Mittwoch

Donnerstag

Freitag

Mobilitäts-Prinzip

Auf der Suche nach der verlorenen Zeit

Die einzige dauerhafte Form irdischer Glückseligkeit liegt im Bewusstsein der Produktivität.

— Carl Zuckmayer

In dem Wort Produktivität steckt das Wort *Produkt,* genauer die Frage: Wie viel Produkt ist das Ergebnis einer bestimmten Menge an Arbeitszeit? Und genau hier liegt das Problem, das unsere heutige Gesellschaft mit der Produktivität hat.

Von Adam Smith wissen wir, dass eine Stecknadelmanufaktur immer produktiver ist als ein einzelner Arbeiter. Den Produktionsprozess in kleine Aufgaben zu zerlegen, war der alles bestimmende Antrieb der industriellen Revolution. Im Rahmen der Akkordarbeit war produktiv, wer eine bestimmte Zahl von Stecknadeln in einer bestimmten Zeit produzierte. Wer nicht produktiv genug war, musste gehen. Wer am produktivsten war, verdiente etwas mehr. Doch Menschen, die Stecknadeln oder Ähnliches produzieren, sind längst zur Ausnahme geworden.

Unsere Unternehmenswelt hat sich gewandelt. Wenige arbeiten noch in Fabriken, die meisten nutzen ein Notebook und ein Handy, um den Löwenanteil ihrer Arbeit zu erledigen. Und dennoch jagen wir nach wie vor dem Gespenst der Produktivität hinterher. Wie viele PowerPoint-Folien pro Stunde sind aber produktiv? Wie viele E-Mails pro Tag? Wie viele Meetings pro Woche? Die meisten von uns arbeiten in einem Umfeld, in dem man die Produktivität kaum messen kann. Eine gute Idee kann hundert E-Mails ersetzen, ein gut formulierter Absatz kann eine Batterie an PowerPoint-Folien unwichtig machen, und der Einsatz gesunden Menschenverstands kann unzähliger Handbücher überflüssig machen. Wann ist man also produktiv?

Besessen von der Idee, produktiv zu sein

In den unzähligen Ratgebern zum Thema Produktivität lernen wir, wie man die Zeit im Auto nutzt, wie man Arbeit in

Wartezeiten unterbringt und wie man Meetings effektiv gestaltet. Wir arbeiten lange, checken ständig unsere E-Mails, sind 24 Stunden am Tag auf Abruf erreichbar. All dies dient unserem Streben, produktiv zu sein. Wir sind besessen von der Idee, produktiv zu sein, und nicht selten ersetzt das Gefühl,»verfügbar zu sein«, die tatsächliche Arbeit.

Die neue Volkskrankheit heißt »Prokrastination«, das zwanghafte Aufschieben ungeliebter Tätigkeiten bis zum absolut letztmöglichen Zeitpunkt. Ganz getreu dem Motto: »Wenn wir bis zur letzten Minute warten, dann dauert es nur eine Minute.« Was der Student kennt, seit es den Studenten gibt, ist dank moderner Kommunikationsmittel in den Unternehmen angekommen. Faustregel: »Das Internet ist immer interessanter als das eigene Tun.« Wer keine x Stecknadeln pro Stunde mehr herstellen muss, sondern in erster Linie für rein geistige Arbeit bezahlt wird, dem fällt es leicht, vor der tatsächlichen Arbeit zu flüchten. Wer am Tag in drei Meetings gesessen und die unzähligen neuen Nachrichten im Postfach durchkämmt hat, der war den ganzen Tag lang beschäftigt, hat aber nichts getan.

Früher nannten wir es Telearbeit

Nun gibt es da etwas, das in der ganzen Debatte um Produktivität gerne vernachlässigt wird. Es ist ein einfaches Konzept, das Mitarbeiter vor unnötigen Meetings und Unterbrechungen schützt, den Krankenstand halbieren und die Häufigkeit von Burn-outs drastisch reduzieren kann, in Deutschland jährlich 3,2 Milliarden Autokilometer sparen kann und die Identifikation der Mitarbeiter mit dem Unternehmen erhöht: das Home-Office.

Eigentlich handelt es sich um ein bekanntes Konzept, es feiert bald seinen vierzigsten Geburtstag. Genauer gesagt, wurde der Begriff Telecommuting im Jahr 1973 eingeführt. Heute redet man nicht mehr von Telecommuting (oder im Deutschen: Telearbeit), sondern von der Arbeit im Home-

Office. Im Marketing wird die Umbenennung von Phänomenen als Rebranding bezeichnet. Denn der Begriff Telearbeit konnte sich nie wirklich durchsetzen. Dabei ist die Idee gut: Wer zum Arbeiten nur ein Telefon und einen Computer braucht, der braucht nicht ins Büro zu kommen – zumindest nicht jeden Tag. Wer nicht ins Büro kommt, spart sich Hin- und Rückweg – im Durchschnitt sind das immerhin vierzig Minuten pro Tag –, und gleichzeitig zeigen Studien, dass keine andere regelmäßige Tätigkeit für so viel Unzufriedenheit sorgt wie das Pendeln. Wer nicht ins Büro kommt, spart sich Meetings – ein durchschnittlicher Angestellter nimmt an sieben Meetings in der Woche teil, und jedes einzelne dauert im Durchschnitt fast drei Stunden. Wer nicht ins Büro kommt, spart sich ständige Unterbrechungen – im Durchschnitt werden wir am Tag 44-mal unterbrochen.

In Unternehmen, die seit Längerem eine Home-Office-Regelung praktizieren, zeigen sich jedoch auch Effekte, mit denen vorher nicht gerechnet wurde. So fehlen Mitarbeiter, die fünf Tage in der Woche im Büro zu sein haben, doppelt so oft krankheitsbedingt wie ihre Kollegen mit Home-Office-Regelung. Außerdem haben diese Beschäftigten weniger Vertrauen in ihren Arbeitgeber. Und die Häufigkeit von Burn-outs sinkt drastisch, wenn Mitarbeiter selbst entscheiden können, wo sie arbeiten. Das deutsche Bundeswirtschaftsministerium gibt an, dass 800.000 Deutsche, die ab und zu von einer Home-Office-Regelung Gebrauch machen würden, jährlich 3,2 Milliarden Autokilometer einsparen würden; das entspricht 480.000 Tonnen CO_2.

Allen diesen Vorteilen zum Trotz ist das Home-Office auch nach vierzig Jahren noch immer nicht etablierte Praxis. Nach wie vor gibt es Arbeitgeber, die von den eigenen Mitarbeitern vor allem eines verlangen: Anwesenheit. In der Schweiz sind Home-Office-Regelungen seit 2002 sogar rückläufig. Auch Gewerkschaften äußern sich kritisch und befürchten einen Wegfall der Trennung von Beruf und Familie sowie soziale Isolation.

Die Zukunft des Home-Office

Man kann heute sagen, dass sich das Home-Office nicht als universelles Konzept durchsetzen wird. Firmen, die ihren Mitarbeitern die Möglichkeit zur Arbeit im Home-Office einräumen, werden dafür einen Rhythmus von ein- oder zweimal pro Woche vorsehen. Der Kontakt zu Kollegen bleibt wichtig für Motivation und Integration, doch schon dann, wenn nur einmal wöchentlich von zu Hause aus gearbeitet würde, würde sich damit ein gewaltiges Potenzial eröffnen.

Arbeit setzt Motivation voraus, und Motivation hängt bei den meisten Menschen von Selbstbestimmung und Zugehörigkeit ab. Wir brauchen das Gefühl, unser Handeln selbst bestimmen zu können. Dazu gehört in gewissem Maße auch, dass wir selbst darüber entscheiden wollen, wo wir unseren beruflichen Pflichten nachkommen. Studien zeigen, dass Mitarbeiter, die die Möglichkeit des Home-Office haben, sich stärker mit ihrem Unternehmen identifizieren.

Das Home-Office ist ein interessantes Beispiel dafür, dass die Bedürfnisse nach Autonomie und Zugehörigkeit im Beruf befriedigt werden können. In vielen Branchen wird das gewaltige Potenzial flexibler Arbeitsverhältnisse allerdings überhaupt nicht angezapft. Unternehmen, die auch in Zukunft ihre Beschäftigten wie Fabrikarbeiter zu vorgeschriebenen Uhrzeiten an vorgeschriebenen Orten führen, werden es in Zukunft schwer haben. Nicht nur deshalb, weil sie auf diese Weise das Potenzial ignorieren, das die wahrgenommene Autonomie des Home-Office-Beschäftigten birgt, sondern auch deshalb, weil Mitarbeiter immer öfter erfahren, welche Flexibilität andere Unternehmen bieten.

Wir sind Individuen und bekanntermaßen verschieden. Während der eine zu Hause Ruhe findet, fällt es dem anderen leichter, sich dort ablenken zu lassen. Niemand kontrolliert, ob man auch tatsächlich mit seiner Arbeit beschäftigt ist. Niemand verbietet einem, laut Musik zu hören. Niemand kann es sehen, wenn man zwei Stunden lang nur mit Kaffeetrinken verbringt. Wer dazu neigt, Arbeiten aufzuschieben, dem eröffnet das Home-Office ganz neue Optionen: fernsehen, kochen, aufräumen ... Wer jedoch in Ruhe arbeiten kann und die Disziplin mitbringt, dies auch dann zu tun, wenn er unbeobachtet ist, dem bietet das Home-Office die Möglichkeit, sich zurückzuziehen und sich ohne unerwünschte Ablenkungen in die Arbeit zu versenken. Ein solches Szenario sucht man in vielen Büros vergeblich. Vor Ort im Betrieb wird man als durchschnittlicher Mitarbeiter alle elf Minuten unterbrochen. Zieht man in Betracht, dass geistige Rüstzeiten mehrere Minuten betragen können, so ist es bemerkenswert, was mancher trotzdem leistet.

Seinen eigenen Rhythmus zu finden, ist eine Grundvoraussetzung dafür, etwas zu schaffen. Während es Programmierer gibt, die mit der Bahn umherfahren, weil sie so endlich einmal ungestört nachdenken können, finden andere im Café um die Ecke die nötige Arbeitsatmosphäre.

Vom Mobilitäts-Prinzip lernen

- Home-Office-Regelungen bieten gewaltige Vorteile, wenn sie richtig gestaltet werden. Unternehmen müssen sich überwinden und ihren Mitarbeitern mehr Freiheiten einräumen.

- Mitarbeiter sollten danach beurteilt werden, was sie für das Unternehmen leisten, und nicht danach, wie häufig und wie lange sie anwesend sind. Trotzdem hat sich gerade in Deutschland eine Kultur der Anwesenheit etabliert. Dadurch werden die Falschen befördert, und die bloße Anwesenheit rückt an die Stelle von Leistung.

- Unwichtige Arbeit sollte nicht als Arbeit zählen. Es ist zu einem regelrechten Sport geworden, sich bei der Arbeitszeit zu überbieten. Wer weniger als siebzig Stunden in der Woche arbeitet, gilt mancherorts als »Minderleister«. Doch Arbeit ist nicht gleich Arbeit. Wer nur die Arbeitszeiten zählt und aufschreibt, die er mit wichtigen Tätigkeiten verbringt, der wird überrascht sein, wie wenige Stunden unterm Strich übrigbleiben.

- Der größte Feind der Arbeit ist die Ablenkung, ganz gleich, ob sie in Form von eingehenden E-Mails, Kurznachrichten oder dem laufenden Fernseher auftritt. Wer erfolgreich im Home-Office arbeiten möchte, der schaffe sich ein Informationsvakuum. Es gilt die Regel, niemals gleichzeitig etwas zu erzeugen und etwas zu konsumieren.

- Jeder Arbeitstag umfasst eine wichtigste Aufgabe. Wer diese Aufgabe als Allererstes bearbeitet, hat für den Rest des Tages das gute Gefühl, bereits etwas geschafft zu haben, und nicht die Angst im Nacken, die größte Aufgabe noch vor sich zu haben.

- Von »beschäftigt« zu »vollbracht«: Es ergibt keinen Sinn, beschäftigt zu sein, wenn man nichts fertigstellt. Ziel einer jeden Tätigkeit ist es, sie abzuschließen und etwas in den Händen halten zu können.

Zukunfts-Prinzip

Das Meiste ist noch nicht getan.

Am liebsten erinnere ich mich an die Zukunft.

— **Salvador Dalí**

Unsere Gesellschaft befindet sich in einem ständigen Wandel. Mit der industriellen Revolution wurden aus westeuropäischen Bauernstaaten Industrienationen. Die Landwirtschaft wurde als Hauptbeschäftigungszweig ersetzt. Die industrielle Güterproduktion wurde zum bedeutendsten Wirtschaftssektor, immer weniger Menschen arbeiteten in der Landwirtschaft. Im 20. Jahrhundert erlebten die Industrienationen einen weiteren Wandel – den Aufstieg der Dienstleistungen. Seit Jahrzehnten arbeiten mehr Menschen im Dienstleistungssektor als in der Lebensmittel- und Güterproduktion zusammen.

Heute, im 21. Jahrhundert, befinden wir uns inmitten der nächsten Welle des Wandels. Das Informationszeitalter wird durch das Kreativitätszeitalter abgelöst. Durch moderne Technologien wird das Finden von Wissen zu einer immer leichteren Aufgabe, das Eintippen von Schlüsselbegriffen ins Browserfenster reicht oft schon aus. Wissen allein bedeutet längst nicht mehr Macht, denn auf Wissen kann so leicht zugegriffen werden wie noch nie zuvor. In unserer vernetzten Welt ist die kreative Verwertung von Wissen zu einem vermarktbaren Gut geworden. Dazu öffnen sich die Innovationsprozesse gegenüber den Kunden, Lieferanten, Hochschulen und zum Teil sogar gegenüber den Konkurrenten.

Die Kunst liegt heute darin, Kreativität ins Unternehmen hineinzutragen, vorhandenes Wissen zu nutzen und Hebeleffekte bei der Kommerzialisierung zu realisieren. »Outside-the-Box-Denken« ist mehrfach zu verstehen: Kreativität sprengt die begrenzenden Rahmenbedingungen, aber auch die Länder- und Unternehmensgrenzen. In der Geschichte der Menschheit ist noch nie so viel Wissen erzeugt worden, gleichzeitig ist noch nie zuvor das Wissen so schnell um den Globus und über Branchengrenzen hinweg diffundiert.

Wissen

Im Mittelalter war gebildet, wer wusste, wo welches Buch steht. Auch Studierende früherer Tage lernten, wo auf Wissen zugegriffen werden kann. Wikipedia macht diesen Ansatz in vielerlei Hinsicht hinfällig. Heute ist es wichtig, zu wissen, wer was weiß. Who-is-who-Listen und Knowledge-Manager sprechen diesen Punkt an. Im Kreativitätszeitalter wird es immer wichtiger, zu wissen, wo relevantes Wissen gerade entsteht. Wettbewerbsrelevantes Wissen ist weder in den Büchern noch in der Wikipedia nachzulesen, es muss direkt während der Zeit seiner Entstehung verfolgt und begleitet werden.

Geld wird in Zukunft nicht maßgeblich mit Dienstleistungen, sondern mit der Transformation von Wissen verdient werden. Die Herausforderungen des 21. Jahrhunderts lauten, Anwendungsprinzipien von einem Industriezweig auf einen anderen zu übertragen oder neu entstandenes Wissen schnellstmöglich in Produkte zu überführen. Prozesse werden immer komplexer, und die Netzwerke, in denen wir agieren, immer umfassender. Nichtsdestotrotz werden auch in Zukunft erfolgreiche Unternehmen von Menschen gebaut. Der Faktor Mensch wird in der Wissenstransformation die maßgebliche Rolle spielen. Während wir große Teile der Landwirtschaft und der Güterproduktion automatisieren konnten, wird die Transformation von Wissen auch in Zukunft durch unsere Gehirne bestimmt werden.

Am Ende gilt auch hier jene Aussage, die sowohl Mark Twain als auch Winston Churchill zugeschrieben wird: »Prognosen sind schwierig, vor allem, wenn sie die Zukunft betreffen.«

Vom Zukunfts-Prinzip lernen

- Die Geschwindigkeit und Verfügbarkeit von Wissen zwingt dazu, neues Wissen noch früher und noch näher am Entstehungsort zu absorbieren.
- Forschung und Entwicklung folgt weltweit den technologischen »Hot Spots« und Leitmärkten. Der Denkplatz folgt dem Werkplatz.
- Gebildet ist in diesen Zeiten nicht mehr, wer weiß wo etwas nach zu lesen ist. Vielmehr zählt es zu wissen, wo relevantes Wissen entsteht.
- Die Vernetzung mit den innovativsten Menschen und Institutionen wird immer bedeutender. Neues Wissen entsteht immer schneller, Kommunikation mit den zentralen Beteiligten ist wichtig.

Ihre eigenen Prinzipien

*Wir haben die folgenden Seiten
für Ihre eigenen Prinzipien frei gelassen.*

Ihre eigenen Prinzipien

Literatur

Wer es genauer wissen will ...

*Genie oder die Fähigkeit, etwas Neues zu entdecken,
besteht immer darin, dass einem etwas
Selbstverständliches zum ersten Mal einfällt.*

— **Gustav Ludwig Hertz**

Rekombinations-Prinzip

Berkun, S.: The Myths of Innovation. O'Reilly Media, Sebastopol et al. 2010.

Disselkamp, M.: Innovationsmanagement. Instrumente und Methoden zur Umsetzung im Unternehmen. Gabler, Wiesbaden 2005.

Drucker, P.: Innovation and Entrepreneurship. Harper Paperbacks (Reprint), New York 1985.

Gerpott, T. J.: Strategisches Technologie- und Innovationsmanagement. Eine konzentrierte Einführung. 2. Auflage, Schäffer-Poeschel, Stuttgart 2005.

Strebel, H.: Innovations- und Technologiemanagement. 2. Auflage, UTB, Stuttgart 2007.

Beatles-Prinzip

Christensen, C. M.: The Innovator's Dilemma. The Revolutionary Book that Will Change the Way You Do Business. HarperBusiness, New York 2000.

Christensen, C. M.: The Innovator's Solution. Creating and Sustaining Successful Growth. Harvard Business School Press, Cambridge 2003.

Dzedek, L.: Disruptive Innovationen. Identifizierung, Bewertung und strategische Handlungsoptionen für etablierte Unternehmen und ihre Entscheidungsträger. VDM, Saarbrücken 2009.

Rogers-Prinzip

Rogers, E. M.: Diffusion of Innovation. 5. Auflage, Free Press, New York 2003.

Moore, G. A.: Crossing the Chasm. Marketing and Selling Disruptive Products to Mainstream Customers. HarperBusiness, New York 1992.

Service-Prinzip

Bettencourt, L. A.: Service Innovation. How to go from Customer Needs to Breakthrough Services. McGraw-Hill, New York et al. 2010.

Brügger, C.; Scherer, J.: Innovationsmanagement für Dienstleistungsunternehmen. Ein praxisorientierter Leitfaden. Books on Demand, Norderstedt 2008.

Chesbrough, H.: Open Service Innovation. Rethinking Your Business to Grow and Compete in a New Era. Jossey-Bass, San Francisco 2011.

Macintyre, M.; Parry, G.; Angelis, J.: Service Design and Delivery. Springer, New York et al. 2011.

Scheidweiler, I.; Musmacher, M.: Innovationen im Service. Wie Sie Trends erkennen und im Unternehmen wirtschaftlich umsetzen. Gabler, Wiesbaden 2011.

Schuh, G.; Friedli, T.; Gebauer, H.: Fit for Service. Industrie als Dienstleister. Hanser, München 2044.

Schwartz, B.: Anleitung zur Unzufriedenheit. Warum weniger glücklicher macht. Ullstein, Berlin 2006.

Open-Innovation-Prinzip

Chesbrough, H. W.: Open Innovation. The New Imperative for Creating and Profiting from Technology. Harvard Business School Publishing, Boston 2006.

Chesbrough, H.: Open Service Innovation. Rethinking Your Business to Grow and Compete in a New Era. Jossey-Bass, San Francisco 2011.

Chesbrough, H. W.; Vanhaverbeke, W.; West, J.: Open Innovation. Researching a New Paradigm. Oxford University Press, Oxford 2008.

Docie Sr., R. L.: The Inventor's Bible. How to Market and License Your Brilliant Ideas. 3. Auflage, Ten Speed Press, Berkeley, CA 2010.

Sloane, P.: A Guide to Open Innovation and Crowdsourcing. Advice From Leading Experts. Kogan Page, London et al. 2011.

Cross-Industry-Prinzip

Gassmann, O.; Zeschky, M.: »Opening Up the Solution Space: The Role of Analogical Thinking for Breakthrough Product Innovation«, in: Creativity & Innovation Management 17 (2008), Nr. 2, S. 97–106.

Gassmann, O.; Sutter, P. (Hrsg.): Praxiswissen Innovationsmanagement. Von der Idee zum Markterfolg. Hanser, München 2010.

Crowdsourcing-Prinzip

Gassmann, O. (Hrsg.): Crowdsourcing. Innovationsmanagement mit Schwarmintelligenz. Hanser, München 2010.

Howe, J.: Crowdsourcing. Why the Power of the Crowd is Driving the Future of Business. Three Rivers Press, New York 2008.

Libert, B.; Spector, J.; Tapscott, D.: We Are Smarter Than Me. Crowdsourcing New Businesses. Pearson Prentice Hall 2007.

Shirky, C.: Here Comes Everybody. Penguin, New York 2009.

Sloane, P.: A Guide to Open Innovation and Crowdsourcing. Advice From Leading Experts. Kogan Page, London et al. 2011.

Surowiecki, J.: The Wisdom of the Crowds. Anchor, New York 2005.

Ford-Prinzip

Arnold, F.: Management. Von den Besten lernen. Hanser, München 2010.

Isaacson, W.: Steve Jobs. Simon & Schuster, New York 2011.

Kahney, L.: Inside Steve's Brain. Erweiterte Ausgabe, Portfolio, New York 2009.

Kawasaki, G.: Rules For Revolutionaries. The Capitalist Manifesto for Creating and Marketing New Products and Services. HarperBusiness, New York 2000.

Yogi-Berra-Prinzip

Johnson, S.: Where Good Ideas Come From. The Natural History of Innovation. Riverhead Trade, New York 2011.

Kelley, T.; Littman, J.: The Ten Faces of Innovation. IDEO's Strategies for Defeating the Devil's Advocate and Driving Creativity Throughout Your Organization. Doubleday, New York et al. 2005.

Paley, S. J.: The Art of Invention. The Creative Process of Discovery and Design. Prometheus Books, New York 2010.

Serendipity-Prinzip

Berkun, S.: The Myths of Innovation. O'Reilly Media, Sebastopol et al. 2010.

Meyer, J.-U.: Das Edison-Prinzip. Der einfache Weg zu erfolgreichen Ideen. Campus, Frankfurt am Main 2008.

Meyers, M. M.: Happy Accidents. Serendipity in Modern Medical Breakthroughs. Arcade Publishing, New York 2009.

Roberts, R. M.: Serendipity. Accidental Discoveries in Science. Wiley, New York et al. 1989.

Schneider, M.: Teflon, Post-it und Viagra. Große Entdeckungen durch kleine Zufälle. Wiley-VCH, Weinheim 2003.

Kleines-Schwarzes-Prinzip

Brügger, C.; Hartschen, M.; Scherer, J.: Simplicity. Prinzipien der Einfachheit. Strategien für einfache Produkte, Dienstleistungen und Prozesse. Gabal, Offenbach 2011.

Klemp, K. (Hrsg.): Less and More. The Design Ethos of Dieter Rams. Die Gestalten Verlag, Berlin 2010.

Maeda, J.: The Laws of Simplicity. The MIT Press, Cambridge, MA 2006.

Ästhetik-Prinzip

Brown, T.: Change by Design. How Design Thinking Transforms Organizations and Inspires Innovation. HarperBusiness, New York 2009.

Godau, M.: Produktdesign. Eine Einführung mit Beispielen aus der Praxis. Birkhäuser, Basel et al. 2003.

Heufler, G.: Design Basics. Von der Idee zum Produkt. Niggli, Sulgen 2009.

Lidwell, W.; Holden, K.; Butler, J.: Design. Die 100 Prinzipien für erfolgreiche Gestaltung. Stiebner, München 2004.

Lockwood, T.: Design Thinking. Integrating Innovation, Customer Experience, and Brand Value. Allworth Press, New York 2009.

Methusalem-Prinzip

Gassmann, O.; Reepmeyer, G.: Wachstumsmarkt Alter. Innovationen für die Zielgruppe 50 +. Hanser, München 2006.

Kohlbacher, F.; Herstatt, C. (Hrsg.): The Silver Market Phenomenon. Marketing and Innovation in the Aging Society. 2. Auflage, Springer, Berlin 2011.

Widerstands-Prinzip

Chakrabarti, A. K.: »The Role of Champion in Product Innovation«, in: California Management Review, Vol. 17(2) (1974), S. 58–62.

Gassmann, O. (Hrsg.): Praxiswissen Projektmanagement. 2. Auflage, Hanser, München 2006.

Hauschildt, J.; Salomo, S.: Innovationsmanagement. 5. Auflage, Vahlen, München 2010.

Mirow, Ch.; Hölzle, K.; Gemünden, H. G.:»Systematisierung, Erklärungsbeiträge und Effekte von Innovationsbarrieren«, in: Journal für Betriebswirtschaftslehre, Vol. 57 (2007), S. 101–134.

Rost, K.; Hölzle, K.; Gemünden, H. G.:»Promotors or Champions? Pros and Cons of Role Specialization for Economic Progress«, in: Schmalenbach Business Review, Vol. 59 (2007), S. 340–363.

Mut-zur-Freiheit-Prinzip

Bass, B. M.: Leadership and Performance Beyond Expectations. Free Press, New York 1985.

Buckingham, M.; Coffman, C.; Allgeier, H.: Erfolgreiche Führung gegen alle Regeln. Wie Sie wertvolle Mitarbeiter gewinnen, halten und fördern. Campus, Frankfurt am Main 2005.

Grichnik, D. et al.: Entrepreneurship. Unternehmerisches Denken, Entscheiden und Handeln in innovativen und technologieorientierten Unternehmungen. Schäffer-Poeschel, Stuttgart 2010.

Faschingbauer, M.: Effectuation. Wie erfolgreiche Unternehmer denken, entscheiden und handeln. Schäffer-Poeschel, Stuttgart 2010.

Minzberg, H.: Managen. Gabal, Offenbach 2010.

Kaizen-Prinzip

Collins, J.: How the Mighty Fall. And Why Some Companies Never Give In. Random House, New York 2009.

Collins, J.; Hansen, M. T.: Great by Choice. Uncertainty, Chaos, and Luck – Why Some Thrive Despite Them All. HarperCollins, New York 2011.

Imai, M.: Kaizen. Der Schlüssel zum Erfolg der Japaner im Wettbewerb. Ullstein, Berlin 2000.

Walkman-Prinzip

Kawasaki, G.: Reality Check. The Irreverent Guide to Outsmarting, Outmanaging, and Outmarketing Your Competition. Portfolio, New York 2008.

Nostalgie-Prinzip

Schartz, E.; Waldura, N.: Kultautos der 60er. Motorbuch, Stuttgart 2009.

Niefanger, B.; Alt, D.: CULT. Produkte, die Geschichte schrieben. Callwey, München 2008.

Windschatten-Prinzip

Geroski, P.; Markides, C.: Fast Second. How Smart Companies Bypass Radical Innovation to Enter and Dominate New Markets. Wiley & Sons, Hoboken, NJ 2005.

Aikido-Prinzip

Johnson, M. W.: Seizing the White Space. Business Model Innovation for Growth and Renewal. McGraw-Hill Professional, New York 2010.

Kawasaki, G.: Rules For Revolutionaries. The Capitalist Manifesto for Creating and Marketing New Products and Services. HarperBusiness, New York 2000.

Kim, W. C.; Mauborgne, R.: Der Blaue Ozean als Strategie. Wie man neue Märkte schafft, wo es keine Konkurrenz gibt. Hanser, München 2005.

Osterwalder, A.; Pigneuer, Y.: Business Model Generation. A Handbook for Visionaries, Game Changers, and Challengers. John Wiley & Sons, Hoboken, NJ 2010.

Musik-Combo-Prinzip

Mahr, F.: Aligning Information Technology, Organization, and Strategy. Effects on Firm Performance. Gabler, Wiesbaden 2010.

O'Reilly, C. A. III.; Tushman, M. L.: »The Ambidextrous Organization«, in: Harvard Business Review, April 2004, S. 74–81.

Sidhu, J. S.; Reinmoeller, P.: The Ambidextrous Organization. The Strategic Management of Learning, Knowledge, and Innovation. Routledge, London 2012.

Globalisierungs-Prinzip

Boutellier, R.; Gassmann, O.; Zedtwitz, M.: Managing Global Innovation. Uncovering the Secrets of Future Competitiveness. Springer, New York et al. 2008.

Zedtwitz, M. von, Birkinshaw, J.; Gassmann, O. (Hrsg.): International Management of Research and Development. Edward Elgar, Cheltenham, UK, Northhampton, USA 2008.

Boutique-Prinzip

Capodagli, B.; Jackson, L.: Innovate the Pixar Way. Business Lessons from the World's Most Creative Corporate Playground. McGraw-Hill, New York 2009.

Fried, J.; Heinemeier Hanson, D.: Rework. Crown Business, New York 2010.

Ries, E.: The Lean Startup. How Today's Entrepreneurs Use Continuous Innovation to Create Radically Successful Businesses. Random House, New York 2011.

Gore-Prinzip

Albers, S.; Gassmann, O. (Hrsg.): Handbuch Technologie- und Innovationsmanagement. Strategie – Umsetzung – Controlling. 2. Auflage, Gabler, Wiesbaden 2011.

Gassmann, O.; Sutter, P. (Hrsg.): Praxiswissen Innovationsmanagement. Von der Idee zum Markterfolg. Hanser, München 2010.

Jaworski, J.; Zurlino, F.: Innovationskultur. Vom Leidensdruck zur Leiden-schaft. Wie Top-Unternehmen ihre Organisation mobilisieren. Campus, Frankfurt am Main 2009.
Kawasaki, G.: Enchantment. The Art of Changing Hearts, Minds, and Ac-tions. Portfolio, New York 2011.
Klososky, S.: The Velocity Manifesto. Harnessing Technology, Vision, and Culture to Future-Proof your Organization. Greenleaf, Austin, TX 2011.

Bonbon-Prinzip

Daniel H. P.: Drive. Was Sie wirklich motiviert. Ecowin, Salzburg 2010.
Katz, R.; Katz, Y.: The Human Side of Managing Technological Innovation. A Collection of Readings. Oxford University Press, Oxford 2003.

Primadonna-Prinzip

Arnold, F.: Management: Von den Besten lernen. Hanser, München 2010.
Godin, S.: Linchpin: Are You Indispensable? Portfolio, New York 2010.
Katz, R.; Katz, Y.: The Human Side of Managing Technological Innovation. A Collection of Readings. Oxford University Press, Oxford 2003.

Spaß-Prinzip

Nielsen, D.; Hartmann, K.: Inspired. How Creative People Think, Work and Find Inspiration. BIS Publishers, Amsterdam 2005.
Hsieh, T.: Delivering Happiness. A Path to Profits, Passion, and Purpose. Business Plus, London, New York 2010.

Zweisprachigkeits-Prinzip

Saint-Exupéry, A. de: Le Petit Prince. Reynal & Hitchcock, New York 1943.

Realtime-Prinzip

Gassmann, O.: »Die Realtime-Illusion«, in: Harvard Businessmanager, Oktober 2008, S. 54–55.
Meckel, M.: Das Glück der Unerreichbarkeit. Wege aus der Kommunikati-onsfalle. Goldmann, München 2008.

Kreativitäts-Prinzip

Meyer, J.-U.: Das Edison-Prinzip. Der einfache Weg zu erfolgreichen Ideen. Campus, Frankfurt am Main 2008.
Nietzsche, F.: Also sprach Zarathustra. Ein Buch für Alle und Keinen. Verlag von Ernst Schmeitzner, Chemnitz 1883–1885.
Runco, M. A.: Creativity. Theories and Themes. Research, Development, and Practice. Academic Press, Burlington, MA, et al. 2006.
Sternberg, R. J. (Hrsg.): The Handbook of Creativity. Cambridge University Press, Cambridge et al. 2009.

Eisenhower-Prinzip

Allen, D.: Wie ich Dinge geregelt kriege. Selbstmanagement für den Alltag. Piper, München 2007.

Babauta, L.: The Power of Less. The Fine Art of Limiting Yourself to the Essential ... in Business and in Life. Hyperion, New York 2008.

Covey, S. R.: Die 7 Wege zur Effektivität. Prinzipien für persönlichen und beruflichen Erfolg. Gabal, Offenbach 2010.

Küstenmacher, W. T.; Seiwert, L.: Simplify your Life. Einfacher und glücklicher leben. Campus, Frankfurt am Main 2004.

Mobilitäts-Prinzip

Ferriss, T.: Die 4-Stunden-Woche. Mehr Zeit, mehr Geld, mehr Leben. Econ, Berlin 2008.

Ressler, C.: Why Work Sucks and How to Fix It. No Schedules, No Meetings, No Joke – The Simple Change That Can Make Your Job Terrific. Portfolio, New York 2008.

Die Autoren

Oliver Gassmann / Sascha Friesike

Oliver Gassmann

ist seit 2002 Professor für Innovationsmanagement an der Universität St. Gallen und Direktionsvorsitzender am dortigen Institut für Technologiemanagement. Er ist Gründungspartner der BGW AG, Mitglied im Audit Expert Committee von Schindler, Vizepräsident des Verwaltungsrats von Zühlke, Präsident der HSG-Forschungskommission und des Center for Innovation, Co-Direktor des Forschungslabors GLORAD in St. Gallen/Peking sowie Schirmherr der Projektmanagement-Akademie in Wiesbaden. Zuvor war Oliver Gassmann für die Leitung der Forschung und Vorentwicklung im Schindler-Konzern verantwortlich. Er ist Autor von über 240 Fachpublikationen. Im Jahr 2009 wurde er von der IAMOT in Orlando als einer der Top Fifty Forscher weltweit geehrt, 2010 war er unter den Top Ten der meistzitierten Managementprofessoren im deutschsprachigen Raum.

Sascha Friesike

ist Wirtschaftsingenieur der Technischen Universität Berlin und war von 2008 bis 2010 wissenschaftlicher Mitarbeiter am Institut für Technologiemanagement der Universität St. Gallen. Während dieser Zeit verfasste er zahlreiche Fachpublikationen zu den Themen Produktentwicklung, Innovation und geistiges Eigentum. Nach seiner Zeit in St. Gallen arbeitete Sascha Friesike von 2010 bis 2011 am Center for Design Research der Stanford University in den USA. Seit 2011 ist er als Wissenschaftler am Alexander von Humboldt Institut für Internet und Gesellschaft in Berlin tätig.

Index

Seitenweise Wortkaskaden

Faser. Ich rieche den frischen Duft von Erde, Efeu, Stein und Holz. Ich bin wieder da... bin *wirklich*... wieder... da.

Alles ist schläfrig, hingestreckt in vollendeter Ruhe. Knarrende Türen, das Schlurfen mühsamer Schritte; der Wind läßt die Kerzen flackern, die an den offenen Fenstern stehen. Die Nacht tropft in das Ohr des Träumenden...

Ich kehre um. Zurück. Papiere warten. Am Tisch sitze ich und ordne die Aufzeichnungen einer seltsamen Reise.

Gespräche, Erlebnisse, Stimmungen, ja vor allem Stimmungen und Gefühle, eindringlich wie ein schweres Hochwasser. Welche Reise ich meine? Einen Augenblick! – Diese Blätter müssen noch sortiert werden. So – nun will ich versuchen, von jener Reise zu berichten. Meine Notizen werden mir dabei helfen. Ausführlich habe ich sie vor Ort in meine Büchlein gekritzelt, manchmal aber auch nur ganz dürr und geschwind, weil Auge und Herz schneller sein mußten, sein wollten, als der dem Kopf parierende Stift in meiner Hand.

Sommerzeit. Warmes Sonnenlicht durchflutet das wogende Laubgestirn des alten Eichenwaldes. Leichter Wind trägt Vogelrufe durch diese heiligen Hallen der grünen Götter. Jeder Atemzug treibt Wald in die Adern, sein Weben erfüllt, sein tiefer Geist berührt alles.

KAPITEL EINS

WALDGEIST

Still sitze ich am geöffneten Fenster, trinke die laue Frühlingsluft mit tiefen, ruhigen Zügen und denke mich in Welten jenseits aller Horizonte, zugleich in Welten, die so nah sind wie der Efeu draußen an der Wand.

Die mondbestrahlten Wolken… treibende Inseln, Ruheplätze für ins Weltall ziehende Gedanken. Bestürzung – mild und ergreifend, frappant und erschreckend willkommen. Eine Träne, Freude, Trauer, Ahnung – die Frühlingsnacht wirkt.

Erinnerungen – und im Bauch ein Kamin, ein leise flackerndes Gefühl…

Sehnsucht.

Bald werde ich wieder dort sein… bald.

Visionen, halbschattige Sichtungen lösen die Erinnerungen ab, der Geist bewandert Grenzen, überschreitet sie… und bewegt sich durch die alten Burganlagen. Türme ragen in den Dunst des träumerischen Abendhimmels, Zinnen und Giebel krönen trotzig die im Schlafe murmelnden Häupter der Festung; Silhouette einer verschwiegenen Geschichte ist alles zusammen. Still folgt der Körper dem Geist, und die vertraute Stimmung rührt an jeder

INHALT

Für Malina und Julia
H.H.

Für Rhobynn Byrdd
M.B.

1. Auflage 2011

Hans Hansmann und Matthyas Bock
Das Eichenbund-Buch

Erstausgabe im Privatdruck 1982/1987

© Hans Hansmann/Matthyas Bock/
Neue Erde GmbH 2011
Alle Rechte vorbehalten.

Titelseite:
Foto: Hans Hansmann
Gestaltung: Dragon Design, GB

Satz und Gestaltung:
Christine Holzmann und
Dragon Design, GB
Gesetzt aus der Minion und Trajan

Gesamtherstellung:
BELTZ Bad Langensalza GmbH,
Bad Langensalza

Printed in Germany

ISBN 978-3-89060-594-4

Neue Erde GmbH
Cecilienstr. 29 · 66111 Saarbrücken
Deutschland · Planet Erde
www.neue-erde.de

DAS
EICHENBUND
BUCH

Gezeichnet von
MATTHYAS BOCK

Aufgeschrieben von
HANS HANSMANN

NEUE ERDE

DAS EICHENBUND-BUCH

Gezeichnet von Matthyas Bock
Aufgeschrieben von Hans Hansmann

Spätsommernacht,
leichter Niesel, tiefe Dunkelheit –
Wind und Nebel,
erste Herbstlichkeit;
ein Ringen zwischen kalt und kühl
und Blätter kreiseln in der Luft.
Erinnerungen, feuchter Duft,
die alte Zeit, das alte Spiel,
Jugend, Kindheit!
Zwei Jahrzehnte?
Und wir beschließen,
die Zwanzig stets zu halten,
einhundert Jahre lang.

Tobende und schreiende Gedanken, die wortlos sind vor Freude und Begeisterung über die heilsame Ode der erhabenen Waldheit, die überall rauscht und sich lindwütig Gehör verschafft wie ein ewiges Echo. Der Körper aber gleicht sich der Seelenruhe dieser still-verwehten Gefilde an, entspannt sich, ohne dabei müde zu werden, und nimmt magnetisch die geheimen Ströme des Waldes in sich auf.

So etwas wie eine innere Symmetrie stellt sich ein, die verschwommenen Alltagsgedanken ziehen sich nebelhaft zurück in angemessene Regionen des geistigen Hinterlandes. Und vorne in der Stirn, gleich über den Augen, werden Gedanken geboren, die ganz hell und klar und stärkend sind, ganz leicht und unverwüstlich wie ein Gasplanet.

Mein guter Gefährte und Freund Matthyas sitzt auf einem Baumstumpf und führt den Zeichenstift über das Papier: einen Ausschnitt der Schönheit auf das Blatt werfen, eine Skizze, die sich später erst durch die Erinnerung zum ganzen großen Bild vervollständigt. Der Stift schiebt und schabt über den Block, da gewischt, dort einen Schatten verstärkt. Und ich, ich versuche ebenfalls, einen Augenblick dieser schönen guten Weile festzuhalten, mit Worten... Welch eine unerwartete Schwierigkeit sich (wieder einmal) mit diesem bescheidenen Versuch verbindet, all das hier, oder auch nur einen geringen Teil davon, in starre Worte einzugießen. Vorgestelltes zu beschreiben, scheint mir leichter zu sein, als der unmittelbare Bericht des im Moment erlebten

Geschehens. Ich kann diese platzende Waldherrlichkeit nicht beschreiben, jedenfalls nicht jetzt, hier und vor Ort.

Lange saß ich auf einem abgebrochenen Ast und suchte still nach Wort und Satz. So verbrachten wir oft unsere Freistunden hier draußen. Der Waldrand war nicht weit entfernt von der Schule, der wir häufig den Rücken kehrten, überdrüssig und müde der dort veranstalteten Lektionen. Es war zumeist schlicht Langeweile, die uns in den nahen Wald trieb. Und so wurden manche Schulstunden, die ganz regulär stattfanden, besonders Mathematik-Stunden, von uns zu Freistunden erklärt und an der frischen Luft verbracht.

Matthyas' Skizze wurde zum Bild, mein Blatt blieb leer. So faßte ich den Entschluß, wenigstens meine eigensten Empfindungen aufzuschreiben, wenn es mir schon nicht gelingen konnte, eine angemessene Beschreibung dieser allumfassenden Schönheit hier zu liefern.

Um mich herum waldete sich der Wald scheinbar endlos fort. Es war, als würden mir Geist und Gefühl auslaufen, als durchströmte ich selbst diesen ganzen großen, feierlichen Wald. Kaum eine Abgrenzung zwischen mir und dem Wald. Ohne sich selbst aufzugeben in etwas anderem enthalten sein, im Wald, in den Biegungen der Wege, im Summen der Insekten, im Schatten des Holunderstrauchs. Das eigene Wesen eindringlich wie selten zuvor erfahrend und gleichzeitig nicht mehr nur Ich sein; so verflüchtigte ich mich mit aller Präsenz und Schwere im Atem des Waldes.

Eine Spanne höchst bewußter Existenz. Ich fühle mich, weil ich den Wald fühle und fühle den Wald, weil ich mich fühle. Ein seelisches Symphonieren mit dem Wald, den Winden und Weltenräumen. Der Wald nimmt mich auseinander, um mich dann wieder zusammenzufügen, so fest wie niemals zuvor… Ach, was für ein gekritzeltes Gerümpel. Worte. Nein, unbeschreiblich auch das. Mein Unvermögen fängt schon an zu glänzen…

Leise summen Bienen und Hummeln.

Ich faltete das beschriebene Blatt zusammen und blickte hinauf in die Kronendächer der Eichen. Wie lange werden sie noch rauschen, wie lange noch atmen, wie lange noch? Eichen sind selten geworden… genauso wie Euphorie und alte Adventskalenderstimmung. Die schnellwachsende Fichte beherrscht das Waldbild. Aber auch sie wird irgendwann selten sein. Der Wald geht ein in großen Flächen überall auf der Welt. Menschen machen das und gehen daran zugrunde. Lange nach Übermorgen wird der Wald wieder Zeit haben… für sich, für guten Besuch in seinen Windwohnungen und Geisterhallen.

Ich ging hinüber zu Matthyas, der reglos, wie beinahe eingenickt dasaß über seinem Skizzenblock, und betrachtete seine Zeichnung, den Wald. Dann verfielen wir wieder einmal in ein langes monologisches Gespräch über sichtbare Gegenwart und mögliche Zukunft, über Wegrichtungen, Betrachtungsweisen – über Träume und vermeintliche Luftschlösser. Alles jedem von uns bekannt, garniert mit immer neuen Nuancen. Gespräche, fortwährend nur Gespräche.

Den Ausbruch wagen, Horizonte überschreiten, Welten säen, den Wind begleiten, Legenden schmieden, Ewigkeit ernten.

Wir sind jung. Wohin und wie… und wann?

Reden sind schön und gut, sie können aber auch zu Fesseln werden…

Die Wälder, beste Heimat für Lebewesen und Gedichte, verkümmern und sterben. Einstmals klare und frische Seen und Flüsse werden in trübe Finsternis gekippt, der heilige Boden verdirbt, die Luft wird zu Rauch, die Landschaft lebendig begraben unter einem Sarkophag aus Beton und Asphalt. Doch was tun?! Mit wem was tun? Und wo und womit?! Ohnmacht, Ratlosigkeit, Verzweiflung und… Leben.

Bewußtsein, Geist. Achtsamkeit, Wissen. Eine andere Haltung…

Vielleicht müßte es andere Schulen geben…

Wir verließen unseren Platz und wandelten ohne Ziel bedächtig durch den Eichenhain. Zurück in unsere Schule? Das kam nicht in Frage. Nicht jetzt. Vielleicht nicht mal heute. Der Mittag ging ohnehin bereits in den Nachmittag über. Das lohnte sich nicht mehr, gewiß nicht.

Wir stellten uns eine burgähnliche Anlage vor. Ein Gemäuer, romantisch, verzaubernd und verwirrend auf Schritt und Tritt. Phantastische Stimmungen sollen die Schüler und Lehrer alltäglich umweben. Fantasie und feuriger Geist müssen diese von uns erträumte Schule wirklich beherrschen. Eine Schule, die nicht allein Schule ist, sondern auch eine bestimmte Lebensweise offeriert.

Eine Schule, die allen Märchenwaldläufern eine sichere Insel im Sumpf der Ignoranz sein kann und zugleich neues, frisches Denken in die Welt abstrahlt. Eine Schule, welche die schädlichen Einflüsse von Eltern und Staat neutralisiert, ein idealer Reaktor des gestaltenden Übermuts.

Jäh unterbrachen wir unser Gespräch. Vor uns... da war etwas, jemand. Auf einem gestürzten Baumriesen saß eine Gestalt.

Ein alter Mann, einen wuchernden weißen Bart tragend, gekleidet in ein grünes Gewand, das an eine Mönchskutte erinnerte. Wir verlangsamten unsere Schritte, blieben dann stehen, etwa drei, vier Meter vor der tatsächlich recht sonderbaren Erscheinung. Da grinste der Alte uns einfach an und wünschte uns einen frohen Tag. Seinen Gruß erwidernd traten wir noch näher an ihn heran. Und also sprach der Alte:

»Ihr macht euch Sorgen um das Sein und Leben hier auf dieser Erde. Und ihr habt allen Grund dazu, meine Freunde. Die Zeiten waren nie gut, aber sie werden immer schlechter. Das ist schon ein Problem, nicht wahr? Es ist wirklich nicht schön, was sich jenseits dieser grünen Mauern abspielt; es ist mitunter abstoßend, häufiger noch lächerlich, insgesamt aber durchweg unheilvoll.« Während seiner Rede war er aufgestanden, hatte ausladend gestikuliert und seinen knarzigen Wanderstab kreisen lassen. »Ihr spracht von der Notwendigkeit einer neuen Schule, und ihr habt recht.« Er schaute uns listig an und schwieg. Matthyas entgegnete daraufhin erstaunt: »Warum kennt Ihr Euch aus in unserem

17

Denken, habt Ihr uns belauscht?« Daß Matthyas den Gevatter sogleich mit »Ihr« ansprach, erschien mir angesichts dieser zauberischen Gestalt als völlig angemessen und natürlich. Gespannt erwartete ich die Antwort, und der Alte sagte: »Belauschen? Das ist nicht nötig, Freund. Gute Gedanken tragen sich selbst fort, und der Wald hat viele Stimmen und Boten. Ich bin Eichbart, Exarch der Eichenbund-Schule, einer sehr entlegenen Geheimschule. Sie liegt weit hinter den übernächsten Horizonten... und doch sind ihre Eingänge an vielen Stellen eingerichtet und offen... für manchen. Folgt mir, wir haben noch ein gutes Stück bis dorthin, und so kann ich euch unterwegs noch einiges über den Wald und seinen Geist erzählen. Denn es ist der Waldgeist, der die Eichenbund-Schule prägt und erhält.«

Wir folgten Eichbart und schwiegen.

Wir wußten, daß dies eine schicksalhafte Begegnung war. Ich nahm mir aber vor, alles was Eichbart nun sagen würde, so genau wie möglich aufzuzeichnen. Und so begaben wir uns auf eine wunderbare, lehrreiche Wanderung.

»Hebt euren Blick hinauf in die Verstrebungen dieser wuchtigen Baumkronen«, sagte Eichbart und senkte die Eile seines Schrittes. Überwältigt von der sonnendurchfluteten, grünen Schimmerpracht, reckten wir uns hinauf und verloren unsere Blicke in den ahnungsvollen, labyrinthischen Gefilden der Äste und Zweige. Das Säuseln in den Blättern klang zunächst wie geisterhafte Musik, doch schwoll es bald an zu einem befreienden Rauschen, dessen schwelgender Ton die wunderbarsten Waldweisen zum Lobe der großen Landschaft anstimmte. Gerade wollte der ganze Chor des Waldes mit einstimmen in die Wipfelmusik, da suchte der Wind sich einen anderen Weg und trug die letzten Töne mit sich fort. Die Bäume raunten sich noch eilig etwas zu – dann kehrte wieder Stille ein.

Weiter zog es uns in die scheinbare Unendlichkeit des Waldes hinein. Der Weg führte durch düsteren Tannengrund, dann über sonnige Lichtungen, vorbei an vergessenen Halden, glucksenden Waldbrunnen und schäumenden Wildbächen. Das Besondere: Kleine Wiesengeister – wie ich sie zuvor niemals gesehen hatte – bewegten sich, da wo Wasser war, zwischen den Ufergräsern und wirkten aus Spinngeweben zarte Gewänder, die sie vom Sonnenschein vergolden ließen. Ob man im Gefolge dieses seltsamen Eichbarts vielleicht genauer sehen konnte?

Der Nadelwald wurde nun so dicht, daß man sich zuweilen duckend und windend durch die Gespinste abgebrochenen Astwerks und über gefallene Baumruinen bewegen mußte. Ein geradezu grilliges Gefühl berührte hier all meine Fasern. Begleitet von neugierigen Wurzelaugen und einsilbigen Pilzkundschaftern lenkten wir unsere Schritte behutsam über den weichen Moosboden.

Solch ein Ort war sicher Ursprung und Nistplatz vieler Sagen und Märchen, dunkler Geschichten und seltsamer Begebenheiten. Dann bog Eichbart einen schweren Zweig zur Seite, und vor uns eröffnete sich ein machtvoller Anblick:

Auf einem weithin freien Platz wuchs ein riesiger Eichenbaum. Seine kraftvollen Wurzeln klammerten sich wie Untierklauen im Erdreich fest, ein echter Stammbaum, eine holzgewordene Verhöhnung aller Stürme und Gewitter, ein Fest der Kraft und der Langsamkeit. Der turmdicke Körper schob sich aus der Vereinigung sämtlicher Wurzeln empor und zerkeilte sich nach beachtlicher Höhe in drei starke Hauptäste, die sich schlangenhaft gewunden in den Himmel bohrten. Aus ihnen wuchsen gleich unzähligen Straßen und Wegen Tausende von Zweigen hervor, die, wiederum mannigfach sich teilend und in feinste Ästchen auslaufend, das wuchtige und ausladende Kronendach ergaben. Dieser Baum drang mit seinem unermeßlichen Wurzelwerk in die dunkelsten Tiefen der Erde, gleichzeitig erreichte er mit seinem hohen Geäst die freien Weiten des Windes: Ideales Sein ist das, allumfassend, innig wie ein Brunnen und so luftig wie ein Flügelschlag.

Eichbart führte uns dicht an das Baumgetüm heran, blickte hinauf und sprach geradezu feierlich und mit erhobenen Armen: »Schaut nun – ihr Menschen dieser glücklosen Tage – zu diesem Eichenbaum empor und erkennt euer Wohl und Seelenheil in seiner Macht und Herrlichkeit!« Dann wandte er sich zu uns und flüsterte: »Der Wald ist Träger vieler Geheimnisse. Zwischen den Zweigen schlafen alte Träume… und wenn so ein Traum erwacht, dann ist es, als hätte der Wald in seiner Ruhe aufgeatmet. Es rauscht dann…

Geister und Wesen winden sich hier überall durchs Geäst und flüstern den Bäumen und schlafenden Wanderern ihre Botschaft zu. In stillen klaren Nächten unterhalten sich die Bäume mit den funkelnden Sternen, mit dem Wind – und vielleicht sogar mit den Göttern.« Er strich sich über den Bart und blitzte uns mit seinen Augen an. Er lächelte und sprach weiter, nun etwas fester und lauter, aber immer noch gedämpft: »Ihr habt sicher schon von Waldschraten, Baumbärten, Zwergen und Heinzelmännern, Trollen, Wiesen- und Sumpfgeistern, wilden Jägern und Elfen gehört. Alte Sagen und Berichte erzählen uns von solchartigen Wesen. Und glaubt mir: Diese Erscheinungen entspringen nicht allein der menschlichen Phantasie. In alten Tagen lebten noch haufenweise geheime Wesen in den Wäldern. Heute aber sind manche dieser Geschöpfe ausgestorben. Auch das ist eine Folge der stets fortschreitenden Naturvernichtung durch den Menschen. Da denkt nur kaum einer drüber nach. So viele stille Völker sind schon für immer gegangen. Andere Kreaturen haben sich in die unterirdischen Wurzelwelten, in die Schatten der Nacht oder an gänzlich unbekannte Orte zurückgezogen, wo sie warten, warten auf günstigere Zeiten…« Eichbart schwieg nun und blickte ins Leere. So sah es zumindest aus. Was in diesem Gevatter vor sich ging, das war schwer zu erahnen. Er wirkte auf uns wie ein Priester, wie ein fantastischer Förster, ein Professor geheimer Wissenschaften, wie ein beredter Kauz und ernster Eulenspiegel. Auf wen waren wir da bloß gestoßen? Und wie würde es weitergehen?

Dann setzte er seine Rede fort: »In unserer Eichenbund-Schule werden nicht nur die Kräfte der reinen Phantasie angespornt, sondern es wird auch das Wissen um die geheimen Mächte der Natur vermittelt und vertieft; wir nennen es Waldwissen… Doch laßt uns weiterziehen. Ich kann euch auf dem Weg noch einiges erzählen.« Aber gleich hielt Eichbart inne und machte uns auf zwei Rehe aufmerksam. Still beobachteten wir den ruhigen Gang der Waldbewohner. Wirklich ein schöner und guter Anblick: ein Bild des Lebens, gemalt von unsichtbaren Händen, umrahmt vom Wald und dem ewigen All… Die beiden Rehe verschwanden im Schatten des Waldes und Eichbart sagte leise: »In stofflichen Dingen müssen wir noch viel bescheidener werden, damit wir geistig um so reicher sein können und einen solchen Anblick wie eben wirklich auszukosten vermögen. Auskosten… so ein Bild muß man schmecken können!« Wir gingen weiter. Matthyas versuchte im Gehen eine Skizze der beiden Rehe anzufertigen, doch es mißlang, gefiel ihm nicht. Das zerknüllte Papier verschwand in seiner Hosentasche. Was für eine Freistunde! Eigentlich sollten wir just in diesem Moment in einem tristen Klassenzimmer hocken und mit grauen Stirnen Algebra durchdenken und uns zum Wohle der Gesellschaft langweilen. Wie gut, daß wir an diesem Tag, zu dieser Stunde, abgehauen waren. Mal wieder… – und diesmal schien es sich richtig zu lohnen! Wir waren unterwegs. Und das war keine Einbildung. Es geschah.

Nach einer Weile hub Eichbart wieder an zu erzählen: »Wald ist eng mit der Vorstellung von Heimat verbunden. Viele Dichter besangen und verehrten stets die Schönheit ihrer heimatlichen Wälder, ihrer sie prägenden Landschaften. Heute aber sind die meisten Menschen zu einem wahrhaftigen, ja ich möchte sagen: herzlichen Heimatgefühl, zur Heimatliebe, nicht mehr fähig. Viele Menschen kommen einfach zu selten mit Wald, mit richtigem Heimatwald, in Berührung. Mit der Zerstörung der Wälder geht die Vernichtung der Heimat Hand in Hand. Die Verbundenheit mit der Heimat aber ist eine starke Verbundenheit mit dem Wald, mit der Landschaft. Und eine solche Verbundenheit ist immer das wirksamste Antidot gegen die Vernichtung der Natur: Was man liebt und ehrt, zerstört man nicht.«

Mit allem was Eichbart da sagte, konnten wir ohne Vorbehalt übereinstimmen. Es war als würde er unsere Gedanken in passende Worte gießen. »Wir haben die Schule bald erreicht«, sagte Eichbart und begann eine alte Melodie leise vor sich hin zu summen…

Der Weg wurde steil und schmal und führte uns auf eine karg bewaldete Anhöhe. Doch bevor wir den Gipfel vollends erreicht hatten, hielt Eichbart inne. Er legte seine Hände auf unsere Schultern und sprach also in ernst-verheißungsvollem Tone:

»Nur wenige Schritte trennen euch noch von der Sicht auf die mögliche Verwirklichung eurer Träume, die ihr angesichts dieser zerrütteten Welt in euren Seelen kultivieren mußtet. Eure

Sehnsucht nach einem köstlichen, einem in jeder Hinsicht vorzüglichen Leben, das die paar Jahrzehnte, die man als Mensch je Dasein auf Erden hat, lohnt, diese Sehnsucht hat uns hier und an diesem Tage nun zusammengeführt. Und ich bin davon überzeugt, daß die Schule des Eichenbundes euren sehnenden Vorstellungen entspricht und eure Suche nach der Quelle abschließen wird. Ich bin mir aber auch gewiß, daß das Ende dieser Suche zugleich der Anfang eines Kampfes für ein neues Leben und Lernen sein wird. Allda, hinter den letzten Kiefern dieses Berges wird euch der Blick auf die Anlagen des Eichenbundes freigegeben. Folgt mir!«

Mit ausladenden Schritten eilte Eichbart uns voran. Auf der Höhe angelangt, ließen wir unsere Blicke in das uns zu Füßen liegende weite Tal hineingleiten. Von Feldern und hügeligen Wäldern umgrenzt, ruhte im Mittelpunkt des Tales eine ausgedehnte und schwer befestigte burgähnliche Anlage. Das leuchtende Gemälde einer friedvoll-stolzen, mittelalterlichen Lebenszelle – gemalt mit den Farben der Wirklichkeit!

Die frühabendliche Sonne bewarf die Mauern und Türme da unten mit scharfen, bizarren Schatten, die Fachwerkbauten leuchteten. Ein sachter, warmer Wind umwehte uns, und wir konnten es einfach nicht fassen. In was waren wir da hineingeraten? Wir fühlten uns zurückversetzt in eine ideale alte Zeit. Und doch war keine Zeitmaschine hier am wirken. Vielleicht hatte man uns auch nur vorversetzt in den Beginn einer erhofften Zukunft.

Wir begaben uns also ins Tal.

Mein Herz klopfte spürbar beim Anblick der Eichenbund-Schule. Und ich darf wohl annehmen, daß niemals zuvor sich junge Menschen einer Schule mit derart freudiger Spannung und Ungeduld genähert haben, wie wir es also taten. Ausgenommen vielleicht mancher Erstkläßler, der den Tag der Einschulung, in völliger Verkennung der bevorstehenden Drangsal, als wundersamen Eintritt in die Hallen des Wachsens und der Reifung imaginiert.

Eichbart schien die Gedanken zu lesen, und so sprach er: »Eine Schule aber ist erst dann wahrhaft gut, wenn der Schüler mit Freude und Erwartung seinen Schulstunden geradezu entgegenfiebert, wenn er jeden neuen Schultag als eine Gelegenheit betrachtet, sich zu erweitern, sich selbst zu prüfen und zu bewähren in der Gemeinschaft und auf dem Terrain der eigenen Persönlichkeit. Ein Schüler muß jeden Morgen etwas erwarten können, einen neuen Tag nämlich, der mindestens Versenkung, öfter aber noch ein Abenteuer möglich macht. Wenn jeder Schüler wenigstens einmal in der Woche geistig oder körperlich eine kleine Legende werden kann, dann ist für gute Stimmung gesorgt, und alle leben und lernen von Herzen gern.«

Wir erreichten die Mauer, liefen ein Stück an ihr entlang und standen schließlich vor dem Haupttor, das uns gleich vom Pförtner geöffnet wurde. Wir traten ein, fast ein wenig zögerlich, der Pförtner grüßte freundlich murmelnd, während er schon wieder das Tor hinter uns verriegelte.

Ein verrückter Moment war das: Eine feierliche Empfindung durchbebte mich. Und ich sah Matthyas an, daß es ihm ähnlich ging. Er schaute jedenfalls sehr ungläubig und so gut wie fassungslos auf das vor uns liegende Gelände. Wir waren soeben in eine neue und gleichsam alte, zauberhaft vertraute Welt eingetreten, deren Hauch uns gleich durchwehte, uns einlud und empfing.

Die Gebäude waren ziemlich stämmig, strahlten Beharrlichkeit aus, waren im Detail aber auch sehr kunstreich gestaltet, mit vielen Ornamenten und zum Teil enorm ausdrucksstarken Asymmetrien. Die Fenster waren so, daß man hinter jeder Scheibe ein Kabinett oder ein verschwiegenes Archiv vermuten wollte. Vielfach beschatteten mächtige Eichen und dunkle Platanen die Fassaden der Häuser. Verwinkelte Gassen und Laubengänge lockten uns fort und weiter…

Plötzlich sonderbare Klänge; ein Lied, gesungen in einer mir völlig unbekannten Sprache von einer Schar mittelalterlich gekleideter Schüler, die in einiger Entfernung über einen schattigen Platz in Richtung Haupttor zog. Wir blickten ihnen nach, sahen, wie sie sich singend zum Tor hinausbewegten. Am liebsten hätten wir uns eingereiht in diesen Zug. Eichbart erklärte uns, daß diese Gruppe zu einer Nachtwanderung durch die umliegenden Wälder aufbreche. »Die umliegenden Wälder«, dachte ich… wo waren wir hier eigentlich?

Wir wandelten weiter durch einen der Laubengänge, der uns hinführte zu einem weiträumigen Platz, in dessen Mitte das Denkmal irgendeiner großen Gestalt errichtet war. Um das Denkmal herum gruppierten sich vier vorzügliche Springbrunnen, deren aufsteigende Wasserstrahlen sich, einer unermüdlichen schlichten Huldigung gleich, der steinernen Figur zuwarfen. Begrenzt wurde der luftige Platz von jungen Eichen und prächtigen Gebäuden, die stellenweise dicht mit Efeu bewachsen waren. Aus einem geöffneten Fenster strömten die anmutig-geisterhaften Klänge eines Cembalo in den Abend, und diese wehmütigen Tonfolgen verbanden sich mit dem letzten Lied der Vögel, dem Geplätscher der Brunnen und dem sachten Säuseln des Windes zu einer wohltuenden Woge der Harmonie, die bedächtig über den Platz glitt und Blatt und Mensch bewegte. Die Sterne glitzerten kühl über den Dächern.

Im Westen beschrieb eine zarte Blutspur der Sonne den beendeten Handel zwischen Tag und Nacht.

Befanden wir uns überhaupt noch auf unserer Erde – oder waren wir entrückt worden in eine gänzlich andere Ebene, eine fremde Dimension?

Diese traumhafte Ruhe, dieses Gefühl der Geborgenheit… Alles wirkte hier wie eine Heimat, von der man nicht wußte, daß sie existiert. Manchmal bemerkt man das Verlorene erst, wenn man es wiederfindet. Jene offensichtliche Obhut erzeugte zudem eine Stimmung des Lebens, eine frühlingsmuntere Gartenstimmung, die mich an sorglose Kindertage erinnerte.

Aber was mich am deutlichsten erschütterte: Ich träumte nicht. Die Wirklichkeit hatte sich vergrößert und eine geheime Tür aufgedrückt. Hinter der Schwelle ein neues altes wunderbares Areal, das sich unter dem bekannten Himmel erstreckte, aber vielleicht ganz und gar ohne Geographie war? Und so fragte ich Eichbart: »Ihr habt uns auf wunderbaren Wegen zu dieser Schule geführt, wir sind Stunden gewandert; doch sagt mir, in welcher Gegend der Welt wir uns hier befinden?« Eichbart lächelte, seine Augen blitzten auf und also sprach er:

»Keine Gegend. Hier ist die Welt. An diesem Ort ist die Welt so, wie sie auch sein kann. Aber hier ist längst nicht nur eine Welt – wir sind schließlich inmitten des Alls – … hier ist noch viel mehr…«

Eichbart führte uns nun in eines der schönen Gebäude, die den Platz umsäumten. Ein hallenartiges, geradezu feierlich anmutendes Treppenhaus empfing uns. Wir begaben uns in ein oberes Stockwerk, durchschritten lange Gänge und blieben endlich vor einer kleinen Eichentüre stehen. Auf dem Weg hierher waren wir niemandem begegnet.

»Laßt euch von der augenblicklichen Einsamkeit nicht täuschen«, sprach Eichbart. »Schüler und Lehrer halten sich jetzt in den Speisegewölben auf. Es ist Abendbrotzeit.« Er öffnete die kleine Tür, und wir traten ein. »Hier ist mein Arbeitszimmer. Setzt euch in die Sessel dort! Ich will nur rasch nachsehen, ob ich nicht ein paar Früchte und etwas Brot finden kann.« Und also verschwand er. Bücher über Bücher. Bis an die Decke reichten die schwer beladenen Regale. Große und kleine Leitern lehnten an den Bücherwänden. Vom Fußboden wuchsen Büchertürme herauf, von denen manche so schief und gebogen waren, daß wohl ein Windhauch ausreichen mochte, sie zum Einsturz zu bringen. Die Spinnweben, die sich zwischen den Türmen spannten, deuteten allerdings auf eine gewisse Standfestigkeit dieser kühnen Stapel hin. Der wuchtige Schreibtisch war übersät mit Schriften, Zetteln, Briefen, Heften und Landkarten. Sogar auf dem Sims des kalten Kamins drängten sich die Bücher. Alte Zeit – Wissen – Staub – Zukunft.

Ein herrlicher Raum!

Eichbart gesellte sich wieder zu uns, stellte eine Schüssel mit Obst auf den runden Eichentisch, reichte uns Brot und sprach:

»In der Eichenbund-Schule ist jeder in seiner Art willkommen. Wir sind ein Garten, in dem jeder Wurzeln schlagen kann, der wachsen und gedeihen möchte. Und wer gar dabei über sich selbst hinauswächst, wer aufstrebt, den Sternen näher sein will, dem wird das Köpfchen hier nicht abgezwackt, damit er wieder gleich sei den allermeisten. Was wachsen will, soll wachsen, ganz gleich, ob es sich um ein schattiges Mooskissen oder eine sturmfeste Bergkiefer handelt. Gute Wesen sorgsam zu entfalten, das verstehen wir als unsere vornehmste Aufgabe.« Während seines Vortrages war Eichbart gewichtig und ausladend gestikulierend zwischen den Büchertürmen hin- und hergewandelt, so daß ein

Einreißen der Papierbauwerke mehrfach zu befürchten stand. Doch alles blieb stehen, wenn auch schwankend. Nun aber stand er schweigend vor seinem Schreibtisch. Eine ganze Weile betrachtete er angestrengt die vielen Papiere. – Dann schnellte plötzlich seine Hand in das Schriftengewirr und zog blitzartig eine armlange Papierrolle heraus, welche er alsgleich triumphierend in die Höhe hielt. »Dies, meine Freunde, ist der Plan der Eichenbund-Anlagen!« rief er aus und setzte sich mit einer seltsam flinken Bewegung wieder an unseren Tisch. Er öffnete die Rolle behutsam und breitete den Plan vor uns aus. Und also erklärte er:

»Dort ist das Haupttor, durch welches wir eingetreten sind. Hier ist der Platz und das Denkmal – und wir befinden uns itzunder an dieser Stelle, im Tirnitz. – Die Eichenbund-Anlage ist fast durchweg von einem mittelalterlichen Charakter geprägt, aber auch barocke Einflüsse sind hier und da ganz deutlich zu erkennen. Das Eichenbund-Burgkloster ist romantisch, zweckreich und robust, es entspricht unserem Schönheits- und Lebensideal und ist damit Ausdruck einer zur Erfüllung strebenden Sehnsucht.« Eichbart fuhr mit dem Zeigefinger über den Plan. »Seht! Unsere zahlreichen Gärten begleiten das Werden der Schüler. Aber auch Irrgärten haben wir angelegt, allda der Irrsinn sich in den Zweigen versteckt, um den Irrenden sinnig zu machen.«

Nun glitt seine Hand über die Außenbezirke jenseits der Gemäuer und dazu erklärte er: »Die Schulfestung ist umschlossen von ausgedehnten Feldern und Wiesen, welche selbst von einem hügeligen Waldgürtel umgrenzt werden. Und so sind wir unabhängig und versorgen uns selbst. Unsere Felder, der Wald, die Kühe, Schafe, Ziegen und Hühner, die Gärten und Obstbäume gewähren uns eine köstliche und gesunde Ernährung. Wir schaffen uns Werkzeuge und Geräte, wir erweitern und verbessern die Bauten, fertigen die notwendige Kleidung an – was wir selbst machen können, machen wir auch selbst. So geschieht alles, wie es uns gefällt. Doch, Freunde, horcht! Die Nacht bewegt sich schon – es ist Zeit.«

Einsam sprachen die Wasser der Brunnen vor sich hin.

Still schritten wir über den Platz. Matt leuchtete Eichbarts Laterne, leise rauschten die Platanen. Vorspringende Erker, wachende Türme, träumende Gänge – ich glitt hinein in schäumende Gedanken und spürte: Ein neues Leben atmet hier, ist lebendig, atmet und bebt in aller Stille.

Gedankenwolken ziehen durch den Geist und regnen Stimmungen in meinen Sinn hinein; frischer Stimmungsregen – Gewißheit. Eichbart führte uns zum Gästehaus, zeigte uns die Kammern und sprach also: »Am Tage werden wir einen Rundgang durch die Anlagen unternehmen, dann werdet ihr den tätigen Eichenbund erleben. – Ich wünsche euch daher eine gute Ruhe.« Und damit verschwand er. Ich verabschiedete mich von Matthyas. Wir waren müde und aufgeregt zugleich, aber sehr schweigsam. Ich bezog meine Kammer.

Die Holzdielen knarrten.

Meine Kerze spendete ein märchenhaft behagliches Licht. Ich öffnete das kleine Fenster und blickte hinaus in den einsamen Hof. Der laute Klang der überstillen Nacht durchdrang mich tief befreiend. Du hohe Nacht, du bist die Krönung eines großen Tages! Zugleich bist du der Eintritt in das Wunder einer neuen Helligkeit. So dachte ich feierlich bewegt und in geradezu betender Manier. Gewiß, es war ein großer Tag: die sonderbare Begegnung mit Eichbart, der unsere Gedanken kannte, die lehrreiche Wanderung, der Blick von der Anhöhe auf die Eichenbund-Klosterburg, die belebende Schönheit der Gebäude, die hohe Stimmung, Eichbarts Vortrag – es war ein großer, erlebnisreicher Tag – es war ein entscheidender – es war ein verrückter, es war ein erster Tag. Das Geschenk eines Schicksals? Eine Notwendigkeit? Ein Verdienst? Eine wundersame Schule, verborgen in unbekannten Wäldern – ein ruhiger Ort, der abseits und doch mitten in der Welt ist, eine dicke Zelle der Hoffnung. Welch eine Entdeckung!

Ich wandte mich ab vom Fenster und suchte nach der Schlafstelle. Doch es war keine vorhanden. Ich leuchtete mit der Kerze überall herum, ich erblickte aber nur einen Tisch, Stühle, eine Truhe und zwei Schränke. Merkwürdig. In der Hoffnung, wenigstens Decken zu finden, öffnete ich einen der Schränke, und siehe da: In ihm befand sich das Bett. Es handelte sich um einen Alkoven. Ich leuchtete hinein, und es offenbarte sich mir eine wahrhaftige kleine Märchenstube, die zum Lesen alten Buchwerks

einlud. An den dunklen Holzwänden waren Regalbrettchen befestigt, auf denen sich Bücher, Kerzen, geschnitzte Figuren, Wurzeln, Rindenstücke und Tannenzapfen befanden. Postkarten und kleine gerahmte Bilder zierten zusätzlich das Innere des Schlafkabinetts.

KAPITEL ZWEI

BURGBEBEN

Der weckende Ruf eines mittelalterlichen Krummhornes dröhnte durch das offene Fenster in meine Stube hinein. Es war acht Uhr. Ich schüttelte den Kopf, sah mich um, fassungslos. Ich konnte kaum glauben, immer noch hier zu sein, an diesem zauberhaften Ort. Es war alles wahr und wirklich. Verzweifelt und begeistert musterte ich meine Umgebung. Alles so wie gestern. Ich halte die Imagination für einen ordentlichen Teil der Wirklichkeit, aber das hier war tatsächlich keine Imagination, es war materielle Wirklichkeit. An der Holzdecke des Schlafschrankes konnte man sich stoßen, das Wasser, das aus einem verschnörkelten Hahn in die Waschschüssel floß, war eisig, das Getute der Krummhörner da draußen ließ nicht nach. Kein Zweifel, kein Traum. Was werden wir heute hier sehen und erleben? Die Erwartung trieb mich zur Eile; wenige Augenblicke später stand ich vor der Kammer meines Freundes und hämmerte an die Tür. Sogleich schnellte sie auf und Matthyas trat heraus. Wir hasteten die Treppe hinab und erreichten einen Kreuzgang.

Hier warteten wir auf Eichbart.

Ein stiller Zauber lag auf den Gemäuern – alte, gotische, wunderbare Formen lebten sich in uns hinein. Der Stein war voller Schwingung. Wir wandelten in dem lichten Gange auf und ab, noch war alles ruhig, wir trafen keinen Menschen. Säulen – Bögen – Sonne.

Wie gut, daß das hier kein Museum ist, dachte ich mir. Wie gut, daß diese Schönheit sich selbst belebt, daß sie den Menschen nahe ist. Denn das ist so ein Übel heute: daß wir so oft Burgen, Schlösser und historische Häuser besichtigen und deren Schönheit wohl erkennen, aber nicht bereit oder fähig sind, diese Schönheit auch in unser tägliches Leben zu lassen. Mir genügt es nicht, allein am Sonntag im Museum neidisch Schönheit zu erschauen. Und draußen trifft einen dann wieder der Schlag, wenn man all der Takt- und Stillosigkeit heutiger Gestaltung ausgesetzt ist. Schönheit sollte selbstverständlich sein, keine Ausnahme. Schönheit gehört nicht hinter Glas, sondern ins Leben, sie braucht keine Eintrittskarte, sie braucht Platz, viel Platz, überall. Es ist wohltuend, durch diesen Kreuzgang zu gehen und zu wissen, daß diese Schönheit lebt, weil sie genutzt wird im täglichen Leben. Ich gehe hier nicht durch ein Museum, nicht durch einen Zoo der Ästhetik, ich gehe durch ein brauchbares und belebtes Refugium der Schönheit, in dem sich überall gute Geheimnisse verstecken und die staunende Neugier nicht ins Leere läuft.

Fröhliches Rufen hallte nun durch den Gang, und viele junge Füße schritten eilig über die altgeduldigen Steinplatten. Die Jungen und Mädchen einer unteren Klasse zogen lachend an uns vorüber und verschwanden durch eine unscheinbare Tür. Das war es – das junge Leben. Sein kurzer Durchzug eben hatte die Gemäuer erfrischt und ihre Beständigkeit bestätigt. Das Kinderlachen hatte sich wie Efeu um die Säulen gewunden und hielt sie aufrecht und zusammen mit unsichtbaren Ranken.

Man spürte es allhier mit jedem Atemzug: Es wächst und blüht der Garten eines neuen Lebens, die Saat ist hier wohl auf guten Boden ausgebracht. Endlich. Unendlich.

Jählings trat Eichbart zwischen den Säulen hervor, und wir begrüßten uns. »Nun«, sprach Eichbart, »waren die Alkoven euch gute Lagerstätten?« Wir bejahten dies und lobten die behagliche Ausstattung derselben. »Erhalten allein Gäste oder Lehrer eine derartige Bettstelle oder sind jene Schlafabteile auch für die Schüler gebräuchlich?« erkundigte sich Matthyas, und Eichbart antwortete: »Ein Schlafraum birgt gewöhnlich 6 bis 12 Alkoven. Jeder Schüler hat seinen eigenen Schlafschrank und besitzt damit eine kleine Kammer, die ihm Abgeschiedenheit, Ruhe und gleichzeitig Einbezug in die Zimmergemeinschaft gewährt. Oft bemalen die Schüler ihre Alkoventüren mit Bildern und Symbolen. In solch einer kleinen Kammer befinden sich, wie ihr schon gesehen habt, viele Bücher, Bilder und andere Gegenstände. Ein jeder hat so die Möglichkeit, sich mit der ihm lieben und eigenen Stimmung zu umgeben. Am Abend ist es den Schülern gestattet so lange zu lesen, wie sie es wünschen. Und zur Weihnachtszeit werden die Alkoven übrigens mit wohlriechenden Tannenreisern ausgeschmückt. Ja, diese Schlafräume sind sehr behaglich, und unsere Schüler wissen diese Behaglichkeit zu schätzen. Folgt mir nun – wir wollen die Eßgewölbe besichtigen und dort auch etwas zu uns nehmen.«

Wir verließen den Kreuzgang und betraten einen prächtigen Garten, dessen in allen Farben leuchtende Blüten so wirkten, als seien sie eben gerade frisch mit einem Götterfunkenregen aus den zarten Sommerwolken hinabgefallen. Überall umwallte uns energisches Pflanzentum, umspülte uns der Duft herber Kräuter – und sachter Wind bog Halme, wog Blätter.

Alles war mir wie ein träumerischer Taumel, und ich genoß meine zunehmende Schwärmerei in vollen tiefen Zügen. Der Atem des Alls strömte durch das Grün und brachte alle Blüten zum Leuchten. Ein Wind von weither ließ mich erzittern und erstarken. Der Himmel war in diesem Augenblick fett und nahrhaft, die Erde war luftig und leicht wie eine weiße Wolke. Alles schien im richtigen Maß zu sein, und alles war munter und lebendig und gut. Das Gefühl einer seltsamen völlig ungerichteten Dankbarkeit flutete meine Brust, und ich erkannte in diesem versteckten Garten ein Territorium des Friedens, eine Kultivierung der Zukunft, einen Hort und Ort wahrhaftigen Wachstums. Hier zu gedeihen wie ein Baum, ein Mensch, wie ein Baummensch, das muß ein Geschenk sein, das eigentlich von hier in die Welt hinausgetragen werden sollte, mit wehenden Haaren und rauschenden Wipfeln! – Eichbart legte seine Hand auf meine Schulter und sprach: »Deine Gedanken sind auch meine – es sind unsere Gedanken – und wir denken sie jeden Tag, wir träumen sie jede Nacht… und wir handeln. Hier ist der neue Anfang: Hier sind die Kinder. – Aber laßt uns gehen, wir haben heute noch viel zu tun.«

Und also traten wir in ein mittelalterliches Gebäude ein, das unter seinem steilen Dach das große Eßgewölbe beherbergte. Zwischen feisten Säulen mit klobigen Würfelkapitellen standen lange

Eichentische, an denen vergnügt gefrühstückt wurde. Wir nahmen Platz, und sogleich brachte man uns gefüllte Krüge und Schüsseln. Wir waren Gäste – Schüler und Lehrer holten sich selbst ihr Mahl in der offenen Küche ab. »Während ihr die Speisen verzehrt, möchte ich euch von den hier üblichen Ernährungsgewohnheiten erzählen«, sagte Eichbart – und also erzählte er:

»Morgens wird gemeinhin ein frisches Müsli gereicht, welches sich aus Hafer, Honig, Rosinen, gehackten Nüssen, zerriebenen Äpfeln, mancherlei Körnern und Milch zusammensetzt. Mittags werden hier Unmengen von Kartoffeln gegessen. Dazu gibt es Lauch, Erbsen, Kohl, Spinat, Mangold oder Bohnen. Salate und Kräuter sind stets auf den Tafeln hier zugegen. Oft werden Suppen, bisweilen auch Eierspeisen mit steinaltem Brot verzehrt. Abends dann tischt man Brot und Käse und Brei auf. Auf saftigen Weiden und in gemütlichen Ställen halten wir allerlei Getier, und auf die Jagd gehen wir zuweilen auch. Gefischt und geangelt wird in den umliegenden Seen und Bächen. So gibt es also gutes Fleisch und feinen Fisch, allerdings nur zweimal in der Woche. Den ganzen Tag über gibt es frisches Obst und Kuchen. Als Getränke dienen uns Quellwasser, Kräutertees, Säfte, Milch und Wein. – Nun ist aber genug über die Esserei geredet. Es erwarten uns schließlich auch noch andere Spezialitäten! Doch da wir uns gerade hier befinden, wollen wir auch alsogleich die große Küche noch besichtigen.« Wir erhoben uns und liefen zur Küche hinüber. Frauen, Mädchen und Jungen grüßten uns fröhlich. »Nun, Freunde!« rief Eichbart. »Hier kann wohl gekocht werden! Seht euch um!

Eisen – Stein – Holz. Alles hier ist schwer und grob und alt, so wie es sich für eine Ritterküche gehört.« Er schnappte sich ein Küchenbeil und fuchtelte lachend damit herum. »Doch kommt, gehen wir hinaus auf die Terrasse. Dort wachsen viele Küchenkräuter, es riecht dort nach Rosmarin und Salbei, und da ist auch ein guter Platz zum Reden.« Eichbart stieß die Flügeltüren auf, und wir traten ins Freie. Tatsächlich empfing uns herrlicher Kräuterduft. Die Sonne wärmte den Tag auf, kleine weiße Wolkenkissen hingen salopp am blauen Himmel herum, Bienen summten durch die Beete, und satt und zufrieden erwarteten wir Eichbarts weiteren Vortrag.

»Ich möchte euch nunmehr in allgemeinen und groben Zügen einen üblichen Tagesablauf schildern, auf daß ihr eine erste Vorstellung von der Ordnung der hier gewöhnlichen Vorgänge gewinnt. Unsere Schüler kommen jeden Morgen wahrhaft in den heutigentags leider so selten gewordenen Genuß, vom Hahn geweckt zu werden. Wer aber einen festen Schlaf besitzt oder nach dem Hahnenschrei noch ein Weilchen dösen möchte, der wird ein wenig später durch die Krummhornbläser, die morgens auf den Zinnen stehen, von den Fesseln der Müdigkeit befreit. Alsdann sammeln sich Jungen und Mädchen in den Höfen, und die Lehrmeister gesellen sich hinzu. Nun geht es zum Tor hinaus, über Feldwege und morgenfrische Wiesen bis zu einem stillen See, der, umgeben von eigensinnigen und nachtliebenden Weidenbäumen, zu jeder Jahreszeit einen überaus märchenhaften Eindruck macht. Dort nehmen Schüler und Lehrer das allmorgendliche Bad. Sogar bei Schnee und Eis können einige auf diesen frischen Tagesbeginn nicht verzichten! Gegen neun Uhr folgt das Frühstück. Danach sammeln sich die Schüler, die Klassenverbände bilden sich, der Unterricht beginnt. Die Lehrsäle und Kammern werden besetzt, in den Musikräumen erklingen die ersten Töne; Disputationen, Vorlesungen und Gesänge hallen leise in den Gängen wider, und in den Gärten erheben sich die Stimmen der dozierenden Gelehrten. Eine andere Gruppe zieht mit ihrer Lehrerin durch das Tor, ein Lied auf den Lippen, den Feldern und Wäldern entgegen.

In den Bibliotheken erklimmt man die hohen wankenden Stühle und vertieft sich in erbauliches Buchwerk. Die Schreibstuben werden besetzt, kühne Geistesflüge schwingen sich über das Papier, oder es werden alte Schriften kopiert und mit reichen Verzierungen garniert. Das ewige Hersagen unendlicher Reimwortreihen erfüllt die Gewölbe, und in einer Kammer erklingt eine frühzeitliche Weisen singende Mädchenstimme. Frohsinn und Gelehrsamkeit, Naturnähe, verwirklichte wunderbare Phantasien, Ahnungen und Stimmungen, Harmonie und Ewigkeit. – Aus all dem webt sich alltäglich ein schützendes Gespinst, das mit Leichtigkeit jedwede Gefahr von unserem Burgkloster fernhält.

Schlag ein Uhr treffen sich wieder alle in den Speisegewölben. Es wird hier weitgehend die Sitte gepflegt, beim Einnehmen des Mahles einen Schüler aus erbaulichen Schriften vorlesen zu lassen. Oder es sitzt ein anderer am geöffneten Fenster und singt vergessene Lieder, spielt auf der Laute oder erzählt den Essenden von der Schönheit der Natur, welche er vom Fenster aus zu erschauen

vermag, beschreibt die Formen und Gestalten der vorüberziehen-
den Wolken, die Farben des Horizonts, das Lichtspiel des Mittags.

Nach Beendigung der Speiserei und Verrichtung des Küchen-
dienstes dürfen die Schüler über eine ganze Stunde selbständig
verfügen. Da finden dann Eiertänze statt, es wird gelesen, skizziert,
geschnitzt und lauthals gegrübelt. Beliebt ist es auch, einfach die er-
holsame Ruhe des Waldes zu genießen, nichts zu tun, unter schützenden Zweigen zu lagern und zu schlafen an schattigen Plätzen.

Während des Nachmittages werden oft körperliche Arbeiten verrichtet. Schüler und Lehrer ziehen dann auf die Felder, in die Gärten, Ställe und Werkräume. Im Wald wird getobt und gerannt, Holz gesammelt oder lange gewandert. Gegen fünf Uhr beendet man den Unterricht. Nach dem Abendbrot haben die Schüler dann wieder freie Zeit. Während die Eichenbund-Schüler dann ihren selbstgewählten Beschäftigungen nachgehen, stehen die Lehrmeister traditionell in den Kreuzgängen beisammen und reden über Leben und Streben.

Nicht selten entbrennen dabei einigermaßen gutmütige aber heftige und lautstarke Streitgespräche, so daß die Lehrer alsdann von umsichtigen Schülern beschwichtigt werden müssen, damit wieder Ruhe einkehrt. Schließlich ziehen sich manche Schüler gerne früh in ihren Alkoven zurück, um dort zu dämmern oder in der Abgeschiedenheit des Schrankes zu träumen und zu lesen. Zuweilen aber lassen sich die schlichtenden, zunächst gutwilligen Schüler in die schwerwiegenden Auseinandersetzungen der aufgebrachten Lehrer hineinziehen, mit der Folge, daß sich das Disputationsthema eilig in der gesamten Burganlage verbreitet und es an allen Ecken zu geistigem Gerangel kommt. Oh, wir haben deswegen schon manch schlaflose Nacht erlebt! Als einzig wirksam erweist sich in derartig brisanten Situationen ein klares, kurzes Machtwort, welches zu sprechen dann meine Aufgabe ist. Allerdings habe ich selbst auch schon bis in die frühen Morgenstunden mitgestritten – und am Ende immer Recht behalten.

Doch ich schweife ab. – Nun gut. Dies also zum üblichen Geschehen. Doch bevor ich euch mit den verschiedenen Unterrichtsbereichen bekanntmachen werde, bevor wir also die Räume, Werkstätten und Anlagen durchschreiten, ist es geboten, daß ich euch noch von der Arbeit und ihrer hiesigen Art und Weise erzähle.«

KAPITEL DREI

SCHÖPFERWERKE

Die den Schülern angeborenen Neigungen und Talente werden in der Eichenbund-Schule ausdrücklich und kompromißlos gefördert und zur Entfaltung gebracht. Ziel ist dabei immer die Erlangung der Meisterschaft in mindestens einer vom Schüler selbstgewählten Disziplin. Ein literarisch veranlagter Schüler braucht sich demnach nicht mit mathematischer Zahlenakrobatik herumzuschlagen. Natürlich soll ein solcher Schüler nicht allein schreiben und lesen. Auf diesen Gebieten wird ihm zwar eine ganz besondere Förderung zuteil, aber Spaten und Axt, Nadel und Faden, Fernglas und Globus, Pinsel und Trommel und dergleichen mehr werden diesem Schüler während seiner Ausbildungszeit in der Eichenbund-Schule nicht unbekannt bleiben.

Ein Eichenbund-Schüler wird durch die stets gegenwärtige Natur, die schönen ahnungserweckenden Burg- und Klostergebäude, ja durch das ganze sichtbare und geistige Ensemble des Eichenbundes alltäglich ermuntert und in einen derart glücklichen Zustand versetzt, daß er seine Begeisterung kaum noch auszudrücken vermag und sich also immer wieder in grandiosen Schöpferwerken ausleben muß.

Das allhier herrschende Glücksgefühl ist der Auslöser für grenzenlosen Schöpfungs- und Arbeitswillen, der sogar zuweilen von den Lehrmeistern behutsam abgebremst werden muß, um eine gesundheitliche Gefährdung des Körpers durch Überlastung zu verhindern. Tatsächlich ist ein Eichenbund-Schüler zu unsagbaren Leistungen bereit und imstande, da er weiß: Seine Arbeit dient gewaltigen Ideen und hilft eigene und von der Gemeinschaft gestiftete Ideale zu verwirklichen. Eine solche Gewißheit entfacht immer aufs Neue die Flamme der Schöpfung. Eine Flamme, die wärmt, Licht spendet und voller Schönheit ist. Eine Flamme, die aber auch verzehren kann, was manchmal sogar notwendig ist. Jene Flamme ist daher stets richtig zu behandeln und zu tragen – denn sie ist stark und kann wild werden. Doch mit einem Wort: Der Arbeitseifer unserer Schüler dokumentiert den Erfolg der Eichenbund-Schule. Wir erreichen alles – durch Einsatz und Harmonie, durch Kühnheit und Langmut.«

Eichbart hielt plötzlich einen Hammer in der einen und eine Sichel in der anderen Hand. Er streckte die Arme mit den Werkzeugen zur Sonne empor, das Metall gleißte und blinkte und seine Augen blitzten hell wie Kristalle. »Der Hammer des Schmiedes, die Sichel des Bauern – und in der Mitte der ideenreiche, klar und frei denkende Kopf: Das ist unsere Dreieinigkeit.« Ein sachter Windstoß durchfuhr unsere Haare, wir blickten tief in den blauen Himmel hinein und spürten mit einem Mal unendliche Kraft in uns wehen. Eichbart befestigte die beiden Werkzeuge an seinem breiten Gürtel und sprach: »Beginnen wir nun mit dem Rundgang durch die Schule und also mit der Vorstellung aller hier gelehrten Fächer. Zuerst besuchen wir den Lese- und Schreibkundeunterricht einer unteren Klasse. Folgt mir!«

Wir betraten ein behaglich eingerichtetes Klassenzimmer, in dem sich vierzehn Jungen und Mädchen mit Leseübungen beschäftigten. An der Tafel stand das Wort »Ente«. Die Kinder buchstabierten dasselbe im Chor und riefen es dann gemeinsam lauthals ihrem Lehrer entgegen. Als die Schüler Eichbart und uns erblickten, standen sie auf und wiederholten das eben gelernte Wort, so als wollten sie uns damit willkommen heißen.

»Ein wichtiges Wort habt ihr da gerade gelernt!« sagte Eichbart und gab dem Lehrer ein Zeichen, mit seinem Unterricht fortzufahren. Sätze, die das neue Wort »Ente« enthielten, wurden gebildet, und im flinken Wechselspiel zwischen Schülern und Lehrer entwickelte sich bald eine richtige kleine Entengeschichte, an der alle ihre Freude hatten. Nach einer Weile wurde der Unterricht beendet, und die Schüler verließen lachend mit ihrem Lehrer den Klassensaal. Manche quakten auch vergnügt. Eine Schulbank bot uns nun Platz und Eichbart sprach also:

»Der Lehrmeister beginnt mit der Buchstabenkunde. Es werden die Buchstaben der deutschen und lateinischen Schreibschrift sowie verschiedener Fraktur-, Antiqua-, Minuskel- und Unzialschriften gelehrt. Das frühzeitige Erlernen unterschiedlicher Schriften dient der ausgeprägten Schulung von Auge, Hand und Kunstverstand. Zuerst werden einfache Texte gelesen und zur Schreibübung vervielfältigt. Diese Schriftstücke enthalten bereits wichtige Begriffe wie zum Beispiel: Wald, Baum, Feld, Pilz, Pferd, Ritter, Wasser, Luft, Erde, Wiesen, Wolken, Himmel, Milchstraße, Tier, Schwert, Märchen, Geister, Orgelpfeifen…« Eichbart hielt

48

49

inne, überlegte kurz und knüpfte die Wortkette weiter: »Reiten, hegen, pflanzen, schützen, freuen, lieben, helfen, geben, siegen, tanzen, lachen, singen, wissen, wandern… und so weiter! Beispielhafte Satzgefüge und Wortstellungen vermitteln den jungen Schülern ein erstes Gefühl für richtige Grammatik und schöne Ausdrucksweise. Dann finden bald auch gute Kinderbücher Verwendung im Unterricht. Was den Eichenbund-Schülern in den ersten beiden Klassen vorgelesen wurde, das werden sie nun selbst lesen können. Und dabei geht es nicht allein ums Lesen, sondern auch und ganz besonders um stetige Herzerwärmung bei Kindern und auch Erwachsenen. Vielen guten Kinderbüchern wohnt jener wunderbare Friedensfriede inne, sie illustrieren eine liebevolle Haltung zu allen Erscheinungen der Natur und auch zu bestimmten Gegenständen, alles ist belebt, Gießkannen haben Gesichter und Steine können sprechen. Die wirklich feinen Kinderbücher erfüllen den Leser, ob alt oder jung, mit einem wohligen Schauer, der sich anfühlt, als wäre er durch das ahnungsvolle Rauschen alter Wälder in einem fernen Sommer erzeugt worden. Gute Kinderbücher sind Menschenbücher, die den Geist öffnen, Träume markieren und Respekt lehren.«

Eichbart ging zu einem großen dunklen Schrank, der hinter dem Lehrerpult stand, entnahm einen Stapel Bücher und breitete alles vor uns aus. »Seht ihr, in nahezu jedem Klassenraum befindet sich ein Konvolut ausgewählter Kinderbücher. Diese Literatur muß hier allseits griffbereit sein.« Matthyas und ich erkannten viele Bücher, die auch unsere Kindertage bezaubert hatten, und es war ein wenig wie das zufällige Wiedersehen alter Freunde: Grimms Märchen natürlich, Bechstein, Hauff und Andersen, Chamisso, Dickens, »Rübezahl« von Arndt, »Das wunderbare Geißleinbuch« von Ina Seidel, »Wichtelhausen« von Heinemann, »Das Karusselpferdchen« von Heide von Hahn, »Aus des Tannenwalds Kinderstube« von Sophie Reinheimer, »Das Lebkuchenmärchen« von Hanna Helwig, Storms »Häwelmann«, »Little Nemo« von McCay, deutsche Sagen, französische Fabeln und Tiergeschichten, Reime und Lieder, alte Bilderbücher von Paul Hey und Moritz von Schwind und noch viel mehr. Während wir stöberten setzte Eichbart seine Rede fort: »Die Erhaltung der gesunden Kindlichkeit im Menschen bedeutet die unaufhörliche Bergung eines besonderen Schatzes. Nichts anderes kann die Augen zum Leuchten bringen. Und das Leuchten der Augen ist nun einmal Sinn und Zweck unseres Daseins. Die Kindlichkeit ist keine Unzulänglichkeit! Im Gegenteil! Das zu wissen, ist wichtig. Denn es ist ein Unterschied zwischen kindisch oder naiv und kindlich.

Das Lesen wertvoller und elysischer Bücher, die Geist und Herz erquicken sollen, stellt in den folgenden Klassen ein eigenes Fach dar. Die Schüler versammeln sich dazu im Bibliotheksgebäude, wo ein Lehrer ihnen die Schriften zuteilt. Auf sehr hohen, schmalen Lesestühlen sitzen die Schüler an ebenso hohen, auf dünnen Beinen stehenden Lesepulten. In den Bibliotheken herrscht ahnungsvolle Ewigkeitsstimmung…«

Während Eichbart davon sprach, glänzten seine Augen, und er schnaufte leise, ahmte dann das Geräusch eines entfernten Windes nach, verstummte verträumt und erzählte nach kurzer Pause weiter: »Es stehen aber auch kleine, unsagbar enge Lesestuben zur Verfügung. Der Schüler darf selbst wählen, ob er sich auf den hohen wankenden Stühlen der Bibliothek niederlassen will oder ob er sich lieber in ein von mönchischer Stimmung erfülltes Steinkämmerlein zurückziehen möchte. Diese Wahl wird meist von dem Inhalt der zu lesenden Schriften beeinflußt. Viele Bücher verlangen es natürlich auch, unter freiem Himmel gelesen zu werden, was in unseren weitläufigen Parks und draußen in den Wäldern hervorragend möglich ist.«

»Und welche Bücher, welche Autoren werden hier bei euch vornehmlich und gerne gelesen?« wollte nun Matthyas wissen, und auch ich war gespannt auf Eichbarts Antwort:

»Als gute Beispiele sollen folgende Namen dienen: Eichendorff, Novalis, Hölderlin, E.T.A. Hoffmann, Herder, Hamann, Hebbel und Brentano, auch Jean Paul und Heine, Lenau und Wackenroder, Gottsched und Ganghofer, Molière, Schiller, von Aue, von Eschenbach und von der Vogelweyde, Poe, Schnack und Hesse, Dickens, Hodgson, Nietzsche, Schlaf und Holz – und noch einige andere natürlich.«

Ein munteres Programm fürwahr. Die Aufzählung gefiel mir, und ich war mir sicher, daß die Schüler hier ihre eigenen Gedankengebäude auf ein festes literarisches Fundament setzen konnten. Eichbart monologisierte unermüdlich weiter. Aber nur zu gerne hörten wir ihm zu: »Ein unerläßliches Zubehör für die Lektüre ist Schreibzeug. Der Schüler kann, sofern er es wünscht, unmittelbar

beim Lesen seine Gedanken über das Gelesene zu Papier bringen, sei dies auch nur in Stichworten. Denn auf diese Weise erhebt sich das ohnehin schöne Erlebnis des Lesens auf eine weitere zusätzlich erfüllende Ebene. Auch soll die Weiterführung eines Gedankens, den der Schüler aus einem Buch aufgreift, auf diese Weise gefördert und dokumentiert werden. Und noch eine Besonderheit unseres literarischen Betriebes möchte ich erwähnen: In bestimmten Ecken und Winkeln des Klostergebäudes werden Vorleser aufgestellt. Ihre Aufgabe ist es, beim Herannahen einer Person, sofort aus einem erbaulichen Buch laut vorzulesen. Da jedoch die Stille und die Ruhe wichtige Gebote der Schule sind, werden die Vorleser lediglich an ein bis zwei Tagen in der Woche für einige Stunden in die Ecken des Kreuzganges und der Gewölbe gestellt. Denn wir wollen uns einleben in mittelalterliche, heilige und wundersame Welten und uns das Selbstverständnis aneignen, in jenen Welten geistig zu wandeln. Alte Bücher, uralte Schriften, trockenes Laub, warmer Wind, Vogelsingen, vergessene Gärten, heilige Felsen – stilles Leben und Lauschen –

Mittelalter,

Weltall…

Ewigkeit…«

KAPITEL VIER

SCHRIFTKUNDE

»Doch nun zur Schriftkunst. – Schrift kann Botschaften vermitteln, Stimmungen erzeugen, Bilder und Geschehnisse beschreiben – und sie vermag die Geheimnisse der Zeiten in die Gegenwart und die Zukunft zu senden. Die Schrift ist das Gemälde der Sprache. Schrift hat viele Gesichter, und sie kann auch ein Ausdruck der Schwäche sein, der Unsicherheit und des Mißtrauens. Man glaubt mit Schrift einen Frieden sicherer zu machen. Aber wenn die Ehre der Friedensschließer nichts taugt, dann hilft auch kein schriftlicher Vertrag. Unsere Urahnen besiegelten Frieden und Recht mit Handschlag. Denn der Ehrlose würde auch einen aufgeschriebenen Frieden brechen. Edle Menschen wissen, was Recht ist und benötigen keine Gesetzbücher. Und so sollte die mündliche Überlieferung niemals von der Schrift gänzlich verdrängt werden. Zuckende Gedanken verlangen natürlich nach sicherer Schrift. Und Schrift kann auch Stärke und Wesen sein. Mit ihrer Hilfe können wir festhalten und aufbewahren, können gar mündliche Überlieferungen, die als geistiges Rinnsal nur noch existieren, in glänzende Gefäße füllen und genießbar halten für kommende Epochen.

Schrift ist vor allem auch Nähe. Schrift erzeugt Nähe zu einem Menschen, ohne daß hierfür sein physisches Beisein vonnöten wäre; zu einem Menschen, der weit weg ist, der vor langer Zeit verstarb, dem wir vielleicht nie begegnet sind. Schrift bringt uns einem einstmals gesagten oder gedachten Inhalt derart nahe, daß es sich manchmal so anfühlt, als wäre uns das Gelesene eben selbst eingefallen.«

Eichbart griff nach einem in dickes Leder eingebundenen Buch, blätterte sanft lächelnd darin, und es war, als fiele ihm aus diesem Buch ein Lichtstrahl entgegen, der sein Gesicht zum Schimmern und seine Augen zum Leuchten brachte. Ein mattes orangenes Licht glimmte tatsächlich zwischen den Seiten und belegte Eichbarts Miene mit einem Schein, wie er von einem Kamin ausgeht, wenn spät am Abend das letzte Scheit in die magere Glut gelegt wird. Gerade wollte ich die Pause nutzen und nach Titel und Inhalt dieses Buches fragen, da klappte Eichbart die Deckel mit einem dumpfen Knall zu, das Bücherlicht erlosch, er machte eine ausholende Armbewegung und sprach weiter: »Schrift konserviert Stimmungen. Schrift macht es also möglich, Stimmungen immer wieder erlebbar zu machen, ohne daß es dazu der Präsenz eines mündlichen Erzählers bedarf. Die Schrift erlaubt es, sich ungestört, in Ruhe und Einsamkeit, mit einer Überlieferung, einer Stimmung zu befassen. Die Stimmung eines vortrefflichen Herbstgedichtes treibt einem doch wieder und immer wieder den gleichen wehen Schauer über die Brust, ganz gleich wie oft man es liest, man gewöhnt sich nicht daran. Der Beginn eines neuen Zeitalters, der in einem Epos beschrieben wird: Eine Lawine aus Stimmungen kann da losgetreten werden, eine quellende Wolke aus Ahnungen und Vorstellungen umhüllt uns bei der Lektüre und läßt uns die neue Morgenröte riechen.

Vermögen nun die Schüler die wichtigsten Schriften gut zu lesen und zu schreiben, so ist die Zeit für den Schriftkunst-Unterricht gekommen, an dem die besonders begabten Schüler teilnehmen dürfen. Hier werden Gestaltungskräfte freigesetzt und gefördert. Dabei läßt sich auch gut herausfinden, ob einer zum groben genialischen Wurf neigt und oder eher mit hochfeiner Ziselierung sein Vorhaben in die Wirklichkeit bringt. So entwerfen die Schüler auch immer wieder gänzlich neue Schriften, die, sofern sie von den Schülern selbst als gelungen betrachtet werden, Eingang in eine große Sammlung finden. Viele Geheimschriften sind natürlich darunter, von denen wir einige sogar benutzen, um uns mit ehemaligen Schülern, die sich in der Ferne aufhalten, auszutauschen.

Im Schriftkunst-Unterricht erfahren die Schüler auch eine hervorragende handwerkliche Schulung, die ihnen dann in allen übrigen Darstellungs- und Gestaltungsbereichen unserer sehr umfangreichen Kunsterziehung zugute kommt. Und so sitzen die Schüler in hallenden Gewölben oder stillen Kammern an eichenen Schreibpulten und vervielfältigen mit Feder und Farbe Märchenschriften und Sagen, verzieren ihre Texte reich mit Ornamenten und Bildwerk, umkränzen gekonnt manche Seite mit dunklem Efeu oder leuchtendem Laub. Hochbegabte Schüler werden zudem ermuntert, in die Punzen der großen Anfangsbuchstaben einer jeden Seite feine Landschaften, Burgen und Waldszenen mit verschlungenen Wegen einzumalen. Jedoch soll darauf geachtet werden, daß sich das betrachtende Auge nicht in den Verzierungen der Buchstaben verläuft, kaum mehr herausfindet und vielleicht auf ewig in der Landschaft eines einzelnen Buchstaben umherwandern muß. Da ist ohnehin immer ein Abwägen gefragt zwischen Inhalt und Form. Zwar kann gerne und oft ein jeder Buchstabe eines jeden einzelnen Wortes in prachtvoller Weise mit Zierrat umrankt sein, und es sollen ja auch in die feinen Mauresken dieser meisterlichen Blattgoldarbeiten, herrliche und stimmungsreiche Landschaftsbilder miteingefaßt werden – jedoch dürfen die unendlichen Wälder, Weiten und Auen, die zwischen den Verzierungen hindurchschimmern, nicht allzu aberwitzig, verschlungen und tief sein, damit der Leser nicht Gefahr läuft, sich in jenen fernen Ländern zu verlieren und vom eigentlichen Satze und seinem gewichtigen Inhalt abzuweichen.

Schüler aber, die ein ganz besonders stimmungsintensives und schmuckreiches Zierwerk erschaffen haben, können sich bei ihrem Lehrmeister die Erlaubnis einholen, für eine halbe Stunde auf den Pfaden der Phantasie durch die Traumwelt ihrer gestalteten Buchstabenbilder zu wandern. Ist der Schüler dann nach der gegebenen Zeit still und andächtig über der Buchseite eingenickt, so wird er bis zum Abend seinen köstlichen Träumen überlassen.

So zeichnen und pinseln die Eichenbund-Schüler emsig, glücklich und stolz in ihren Schreibstuben. Und dabei werden sie durchströmt und durchdrungen von der Vorfreude auf die nächste Versenkung in ein neues selbst geschriebenes und gemaltes Abenteuer.«

KAPITEL FÜNF

SONNENCHOR

Eichbart erhob sich, schritt zu einem Fenster und öffnete es. Ein warmer Luftzug trug die Klänge eines wunderbaren Liedes in den Klassenraum. Ein alter mittelhochdeutscher Gesang, vorgetragen von einer durch und durch lieblichen, wesenhaften Mädchenstimme – rein und klar und wahr. Ich trat zu Eichbart ans Fenster und warf meinen suchenden Blick in den wilden Garten hinaus. Doch die Sängerin blieb mir verborgen. Vermutlich hielt sie sich hinter der ungestüm wachsenden Hecke auf. Dennoch genoß ich es – dieses wieder neue »Gesamtkunstwerk«: der verzauberte Garten, die Sonne, der sanfte Wind… das Lied.

Den Gesang in mich aufnehmend wie eine lindernde Tinktur, dachte ich an die vielen Gefahren, die diesen Frieden ständig bedrohen – auch jetzt im Augenblick. Das Lied des Mädchens verklang. Zurück blieb eine reiche Stille.

Und Eichbart sprach: »Ein schönes Lied, vorgetragen von einer feinsinnigen Gesangsschülerin. – Doch kommt! Wir besuchen den Gesangsunterricht in den Chorgewölben.«

Schon auf dem Gang strömten uns die wunderbarsten Klänge entgegen. Die Luft, Trägerin dieser Töne, schien hier eine andere Dichte, gar eine andere Zusammensetzung angenommen zu haben. Die gesungenen Töne, sie wurden, so wie Sauerstoff und Stickstoff es sind, zu elementaren Bestandteilen der Luft.

Wir traten durch eine winzige rundbogige Tür in ein von sanfter Kühle durchzogenes Gewölbe ein. Strenge, glatte Säulen und schlichte Kapitelle. Dämmerlicht. An den Wänden gewaltige Schwerter und Schilde – erhabene Germanik.

Eine Gruppe älterer Schüler studierte gerade ein schottisches Chorlied ein, und wir belauschten die Probe gelöst und mit geschlossenen Augen… Als schließlich die letzten Töne des Liedes langsam zwischen den Säulen ins Dunkel entschwanden, führte uns Eichbart in einen kleinen Nebenraum, wo wir uns an ein Fenster setzten und seinen folgenden Worten Gehör schenkten:

»Tonleiter und Noten, Kinderlieder und Volksweisen, schon die ganz kleinen Eichenbund-Schüler sollen viel singen und musizieren, ihre Stimmen prüfen und benutzen, Chöre bilden, ihre Gemüter mit Klängen illustrieren. Und dann möge die Musik sie nicht mehr verlassen, ihr Leben lang. Musik ist vielleicht das Wesentlichste, was ein Mensch leisten kann. Was ist schon der Turm gegenüber den Chören, die ihn umbrausen?«

Manchmal, wenn Eichbart eine seiner seltenen Redepausen machte, versuchte ich mich mit Vorsatz an die Welt zu erinnern, die Matthyas und ich erst gestern verlassen hatten, die uns bis gestern gewohnter Aufenthalt gewesen... Es fiel mir seltsam schwer. Die Präsenz dieses Ortes hier war verblüffend. Jeder Gedanke an unser altes Schülerleben war wie der Blick durch ein Fernrohr, das man verkehrt herum hält. Als wären wir eigentlich schon immer hier gewesen... Von Anfang an.

Eichbart sprach weiter: »Unsere Gesangslehrer müssen in heiligen Sphären weit über den Wolken ausgebildet worden sein. Ihre Fähigkeit des Entlockens ist geradezu empörend. Sie machen aus manchen Schülern lebendige Instrumente, die in der Lage sind, mit einem einzigen Ton ganze Armeen zum Weinen zu bringen. – Aber die Lehrer legen sich auch mächtig ins Zeug! In den unteren Klassen zieht oftmals der Lehrer zum Liede passende Kleidung an. So lieben es die Gesangslehrer, sich bei der Einstudierung des Liedes ›Ein Männlein steht im Walde‹ als Pilz zu verkleiden. Bei entsprechendem Wetter wird auch gerne im Freien, das heißt in den reich bepflanzten Höfen, im Kräutergarten oder gar im Walde selbst, gesungen. Das Singen romantischer Arien in Gartenlauben oder heldenhaft dramatischer Balladen auf den Burgzinnen wird besonders gefördert und erfreut sich bei Schülern und auch Lehrern ziemlicher Beliebtheit.«

Kapitel Sechs

TANZKUNST

»Da wir uns eben mit einer Art musikalischen Lebens befaßt haben, dem Gesang, liegt es nunmehr nahe, den Tanzkünsten unsere Aufmerksamkeit zu schenken. Hierfür wollen wir uns zu den Linden begeben.«

Wir verließen also das Gewölbe und erreichten nach kurzem Weg den Tanzplatz unter den Linden. Mehrere Paare drehten sich dort schwungvoll zu den Klängen von Laute, Scheitholt, Drehleier, Pauke und Sackpfeife. Jedes Paar ein Sonnensystem, das sich, ohne mit einem anderen zu kollidieren, unter den großen Weltenbäumen bewegte. Wie stolz und freudig hier ein Lebensgefühl vorgetragen wurde, das ich nur als offensichtlich einträchtig und glücklich beschreiben kann. Ja, ich bin geneigt zu sagen, daß dieses herrlich unbekümmerte Lebensgefühl dort im Tanze gefeiert wurde. Und die wohlwollenden Linden wachten, gleich gütigen Müttern, über der fliegenden Schar.

Während wir die Tanzübungen beobachteten, sprach Eichbart zu uns: »In geräumigen Hallen oder im Freien werden die Tanzkünste vermittelt und betrieben. Alles wird hier getanzt – von seltsam neu bis unbegreiflich. Doch mittelalterlichen Tänzen räumen wir einen außerordentlichen Platz ein. – Es läßt sich nicht leugnen, daß jene Tänze mit einer nicht leicht bestimmbaren, zeitweiligen Vergeistigung verbunden sind. Ich kann es kaum

erklären, aber… die Stimmung und das Wesen eines idealen Mittelalters spielen dabei wohl eine Rolle. So genießen die althergebrachten Tänze von Bauern, Schelmen und Höflingen ein hohes Ansehen bei Schülern und Lehrern.

Dabei windet man sich zum wehmütigen Schnarren und Klagen mittelalterlicher Instrumente, dreht sich auf der Ferse im Kreis herum, verrenkt die Gelenke zu sonderlichen Stellungen und sticht grinsend sein Kinn durch den Raum. Mit hastigen Sprüngen versucht man den Tönen, die den Raum durchfliegen, auszuweichen, oder man probiert, sich mit dem Gesang des Chores zu umwickeln, indem man greifend und drehend durch den Raum wandelt.

Ein weiteres Ziel des mittelalterlichen Tanzes aber ist es, durch Wahnwitz und Konzentration die Welt der ewigen Ahnungen zu erreichen. Eine Welt, in der Ahnungen und Stimmungen wie Blüten in den Bäumen wachsen und vom Winde nach vollendeter Reife ins All getragen werden. Dort gibt es Schatten von unendlicher Länge, und die Dämmerung ist der Mittag, und der Tau bildet Meere Nacht für Nacht. Dieser besonderen und entlegenen Dimension kann man sich während des Tanzes jedoch nur annähern. Der Grad der Annäherung aber wird durch eigenes Wirken und Versenken beeinflußt.

Diese mittelalterliche Tanzweise kann, so wie ich sie gerade beschrieben habe, nicht von allen Angehörigen des Eichenbundes ausgeübt werden; es gehört dazu eine starke Neigung, ein geradezu luzides Talent. So gibt es auch Gruppen hier, die ganz andere Tänze bevorzugen, etwa den eher barocken *danse grotesque*. Tanzen ist hier wirklich sehr beliebt, und bei Festlichkeiten, die nicht selten stattfinden, werden die im Unterricht erworbenen Tanzkenntnisse heiter angewendet.«

Kapitel Sieben

KINNGESTIK

Eichbart erhob sich von seinem Platz, legte seine Hände auf unsere Schultern und sprach: »Als nächstes besuchen wir den Gestik-Unterricht. Er ist als Ergänzung zur allgemeinen Redeschulung zu verstehen, erfüllt aber durchaus auch andere Aufgaben, wie ihr gleich sehen werdet. Denn es handelt sich hierbei um eine oftmals heitere Angelegenheit, die überdies als körperlicher Ausgleich für die mitunter sehr intensive und anstrengende Sprachausbildung gedacht ist.«

Wir betraten einen Rittersaal. Rüstungen standen zur Zierde an den Wänden, Schilde und Wappen erträumter Königreiche leuchteten in bunten Farben. Ein Stimmengewirr empfing uns hier. Gedämpft, aber energisch sprach man durcheinander. Es ging, wie sich heraushören ließ, um Besuchsrechte für Basilisken, um gefälschte Flußbiegungen oder den Verzehr ungezählter Erbsen. Wir beobachteten eine Handvoll Schüler und Lehrer beim Überzeugen, Bekehren und Weismachen. Und dabei waren sie sehr damit beschäftigt, ihre ungeheuerlichen Reden mit wahnwitzigen Bewegungen zu unterstreichen. Allesamt glichen sie trunkenen Opernsängern, wuchtig und filigran zugleich kamen sie daher, ihr hohes Ideal: die Übertreibung. Sie bemerkten unsere Anwesenheit wohl, nahmen aber nicht weiter Notiz von uns, sondern arbeiteten sich eifrig und unverdrossen wie abstruse Automaten durch

den Raum. Gekleidet in mittelalterliche Kostüme, fegten sie deklamierend um uns herum und führten dabei wirklich ganz sonderliche Gebärden aus, so daß es uns ziemlich die Sprache verschlug.

Eichbart meinte dazu: »Die hier gezeigte Gestik ist nicht so wild und unberechenbar wie sie aussieht. Sie richtet sich zuweilen nach festen Regeln und muß wahrhaft erlernt werden. Es ist beinahe wie ein Tanz, der durch das Zusammenspiel von Gesetz und Improvisation immer wieder neu erfunden wird. Dabei macht der gesprochene Text die Musik, jedes Wort ist eine Note, jedes Argument erzeugt Klangfarbe, Rhythmus schließlich kommt durch die Stringenz zustande, mit der eine Behauptung vorgetragen wird. Die Bewegungen orientieren sich stark an den Haltungen von Figuren alter Holzschnitte oder Miniaturen aus dem Mittelalter. Neben diesen Holzschnittbewegungen werden aber auch irrsinnige, sogenannte surreale Bewegungen vollführt. Dabei winden und recken sich die Redner, drehen sich im Kreise, stoßen ihr Kinn mit der Spitze auf den Boden oder versehen selbiges mit einem langen, schmal zulaufenden Aufsatz, um es schneidender durch den Raum stechen zu können. Weiten, ausholenden Schrittes, den Oberkörper nach hinten gebeugt und die Arme verrenkend, schreiten sie vor ihrem Publikum hin und her. Diese Art der Gestik heißt ›Surrealistischer Stechschritt‹. Ihr seht: Die Vielfalt der emsig zu übenden Gestik kennt schier keine Grenzen.«

Jetzt wurde mir auch klar, was das für spitze Metalltüten waren, die da auf einem runden Tische standen. Es konnte sich nur um die von Eichbart eben erwähnten Kinnaufsätze handeln. Es gab sie in unterschiedlichen Ausprägungen und Größen. Manche waren gebogen wie ein Krummsäbel, andere zeigten eine gerade zylindrische Form. Verziert mit Tauschierungen und Gravuren machten sie auf mich einen irgendwie ominösen und zutiefst seltsamen Eindruck. Ich hätte gerne einmal gesehen, wie solch eine Kinnverlängerung zum Einsatz kommt. Doch niemand machte Anstalten, sich dieser Prothesen zu bedienen. Nun fragte Matthyas nach den Mädchen, denn es waren hier tatsächlich keine zu sehen. Und ehrlich gesagt, konnte ich mir auch kaum vorstellen, daß Mädchen in dieser Disziplin eine passable Figur abgeben könnten. Denn bei aller körperlichen Drechselei, die man uns hier vorführte, brauchte es dafür doch auch eine gewisse Ungeschlachtheit. Eichbart entband mich meiner Sorgen: »Die Mädchen üben sich natürlich in zierlicher Gestik, denn ihre Bewegungen sollen dem sachten Wiegen einer Blume im Abendwinde gleichen. Allein die Eichenbund-Amazonen üben kraftvollere Bewegungsabläufe ein. Sie studieren dafür die Gebärden von Mardern, Wildkatzen und Luchsen. – Doch nun ist es ratsam, daß wir uns von diesem Ort hier entfernen und die Gestikulanten ihrem Schicksal überlassen.«

KAPITEL ACHT

INSTRUMENTENSPIEL

Wir überquerten einen stillen Platz, liefen dann durch eine schmale verschlungene Gasse, in der sich nichts regte, vorbei an verbogenem Fachwerk, kleinen dunklen Fenstern und Mauern voller Efeu und erreichten schließlich eine kleine Parklandschaft mit alten Platanen und kaskadenartigen Wasserläufen, in deren Zentrum ein Palais stand, ein barocker Würfel mit gutmütiger Fassade und einer großen grünen Flügeltür, die weit geöffnet jeden Besucher willkommen hieß. Eichbart führte uns in das Gebäude und sprach: »Die Instrumentenspielerei wird nun unsere Aufmerksamkeit erfordern. Suchen wir also einen der Musiksäle hier auf!« Dies taten wir. Doch der gefundene Musiksaal war menschenleer. Lediglich einige Instrumente saßen auf hochlehnigen Stühlen und unterhielten sich angeregt. Daraufhin gingen wir wieder hinaus in den Park – und hatten Glück. Gleich hinter dem Palais, unter hochgewachsenen Stieleichen, erklärte ein Lehrmeister seiner Gruppe den Bau einer Laute. Im Gras lagen weitere Instrumente, die zufrieden in den Himmel schauten und auf ihren Einsatz warteten. Aufmerksam hörten wir die Ausführungen des Lehrers, und als er anhub, auf der Laute zu spielen, führte uns Eichbart zu einer nahen Bank, auf der wir uns niederließen. Untermalt von den verhaltenen Lautenklängen

sprach er: »Wenn man es nicht mehr vermag, sich in Worten auszudrücken, wenn die Dichtung nicht mehr ausreicht, die Schauer in Geist und Brust zu beschreiben, versuche man es mit der Musik! – Die Musik bietet die Möglichkeit, Stimmungen zu artikulieren, für die es einfach keine Worte mehr gibt. Musik kann wie eine Strömung sein, von der man sich treiben läßt über ferne Ebenen und Weiten, in Ahnungen hinein und durch Ewigkeiten. Musik führt auf Wege, die nur der Wind gegangen ist. Die weitesten Reisen kann ein Mensch mit Musik unternehmen. Daher ist beim Eichenbund die Musik eine Schlüsselkunst, die dafür sorgt, daß jeder Schüler wahrhaftig aufgeschlossen wird und also frei und sicher seinen Weg beschreiten kann. So kommen Stimmen und Instrumente hier alltäglich zum Einsatz. Im Sommer wird im Klostergarten, auf den Balkonen, in den Parks und im Walde musiziert. Im Winter spielt man zumeist in ahnungsreichen Kammern und hallenden Gewölben, auf windigen Türmen und Zinnen, aber natürlich auch in den verschneiten Wäldern ringsum. Die Instrumente werden nach alten Vorlagen mit Hilfe kundiger Meister in den Werkstätten hergestellt. Und es ist, als würden sich Erde und Himmel wieder freuen, die irrsinnigen Klänge der Schalmei, der Laute, der Rebec, der Zitole, des Psalteriums, der Fideln, Trommeln und Schellen zu hören. Wenn im Frühling die Schüler singend und spielend durch die Wälder ziehen, stimmen die Vögel freudig mit ein, fordert schnell der wehende Wind die Fichten zum rauschenden Tanze auf, und die Sonne lacht der frohen Gesellschaft zu und lockt sie immer weiter durch das erblühende Land. Ich lasse es mir nur selten nehmen, diese Frühlingsumzüge anzuführen. Es ist einfach herrlich!«

Eichbart strahlte wie ein Kristall, er strich sich mit beiden Händen über den langen weißen Bart und seufzte froh und behaglich auf. Dann nickte er sich selber zu und fuhr fort mit seiner Rede: »Bei allen Festen erklingen unsere Lieder, die mal tragisch und wehmütig, mal heiter und spöttisch zum Träumen und Tanzen fordern. Beim täglichen Essen sitzt oft ein Saitenspieler in einer Nische am geöffneten Fenster und streicht langsam und melancholischen Blickes sein altes Instrument. Mittelalter, Barock, Romantik, die ganze Klassik und altes Volksliedgut, Fantasien und Experimente, selbst Erdachtes und Komponiertes, Spielerei und Improvisation – schöne Musik ist einfach eine entscheidende Substanz des burgklösterlichen Lebens hier. Auch ausgesprochen frappante Besonderheiten finden Anklang. So erlauben sich die alten Instrumentenbauer oft wahnwitzige Späße, indem sie vielerlei Instrumentenvariationen erschaffen: riesige Blasebälge, an die sich ein junger Kalkant, auf einer Schaukel sitzend, hängen muß, um sie mit Hilfe seines eigenen Gewichts zusammenzuziehen, damit so ein hohl klingendes, schnarrendes oder rauschendes Instrument angetrieben werden kann. Derartige Geräte verlassen die Werkstatt öfter, als es den Lehrern lieb ist. Sogar die Schüler haben sich schon über die Vielzahl der merkwürdigen Instrumente beschwert, da sie mit dem Erlernen derselben kaum mehr nachkommen.

Zum Schluß möchte ich euch noch von der Nachtmusik erzählen. An schönen mondlichten Abenden zieht manchmal ein mönchischer Instrumentenzug durch die dunklen Kreuzgänge und spielt klösterliche Lieder, deren Klänge tragend, wie ein Widerhall der Vergangenheit, durch die Gänge schweben. Wie wunderbar ist es dann, wenn die alten Choräle in den Nachthimmel steigen und süße Wehmut die Herzen befällt...«

KAPITEL NEUN

RITTERSCHWERT

Ein Windstoß entlockte den Zweigen und Blättern hoch über uns ein Brausen, dessen Quelle auch eine nahe Küstenlinie hätte sein können. Mir ging durch den Kopf, daß jeder Baum eigentlich auch ein Instrument ist, seinen ganz eigenen Klang hat. Und der Wind ist der Musikant, der mit seinen langen luftigen Fingern ins Geäst greift, wie es ihm beliebt. Als das Rauschen erstarb und der Wind seiner Wege gezogen war, drang ein ganz anderes Geräusch an unsere Ohren.

»Hört!« rief Eichbart. »Dort drüben klingen Schwerter, – alte Waffen. Die Ritterkunde hat begonnen. Wir wollen uns dem lobwürdigen Treiben zugesellen.«

Wir gingen durch ein Tor und betraten eine weitflächige Wiese. Eine bunte Ritterschar erprobte sich dort im Kampf, und Eichbart erklärte mit milder, zustimmender Miene: »Die Vermittlung ritterlicher Tugenden erzeugt einen unbedingten Sinn für Gerechtigkeit, Anstand, Würde und Unerschrockenheit. Neben ihren verschiedenen Schul- und Arbeitsgewändern besitzen die meisten Schüler selbst hergestellte Rüstungen und ritterliches Waffengerät. Alle drei Monate findet ein Turnier statt. Dann kann sich der ritterliche Geist vor großem Publikum bewähren. Das Turnier ist sehr beliebt und wird von allen hier stets mit großer Freude erwartet. Die älteren Jungen stellen sich mit stumpfer Klinge dem

Zweikampf am Boden, die mit einer Lederkugel gedämpfte Turnierlanze dient dem Tjost, dem Reiterkampf. Die Jüngeren rennen mit der Lanze gegen den Schlagbaum, dessen Umdrehungen nach dem Stoß zur Wertung gezählt werden. Im Bogenschießen, im Sauspießwerfen und im Baumstammweitwurf messen sich Schüler aller Altersgruppen. Das stets von Turnier zu Turnier wechselnde Amt der Knappen, welche für die Turniereinrichtungen verantwortlich sind, wird von Jungen verrichtet, die ihre Häupter mit besonderen, spitzkegeligen Hüten versehen haben. Manche von ihnen werden regelmäßig von den anwesenden Narren zu allerhand Schabernack angestiftet, was immer wieder zu Tumulten und stummen Handgemengen führt. Beim Turnier

gelten allerdings durchaus strenge Regeln, damit niemand zu Schaden kommt und ernsthaft verletzt wird. Wir verstehen diese Ritterspiele übrigens nicht als Scheingefechte, nicht als Nachahmung längst vergangener Gepflogenheiten. Das Rittertum ist uns ein zeitloses Gut. Nicht grundlos träumt selbst heute noch nahezu jeder heranwachsende Mensch irgendwann einmal vom ritterlichen Burgleben. Kaum einer, der nicht mit Ritterfiguren gespielt hat. Das Verwirklichen guter Träume hat für uns einen hohen erzieherischen Wert. Wir möchten hier unseren Schülern beibringen, daß viele Träume oft gar keine Träume sind, sondern Entwürfe für ein Leben im Einklang mit sich selbst. Der sehnsuchtsvolle Traum fordert radikalen Realismus, er drängt nach Verwirklichung und ist immer die Flagge unseres Wesens, das weisende Zeichen unseres Selbstverständnisses. So sollen sie also Ritter sein. Und sie sind es hier. Ihre Rüstungen sind keine Verkleidungen.«

Ein Trupp Knappen tauchte auf, schwer beladen mit Holzstangen und Tüchern. Während die Jungritter immer wieder krachend und lachend gegeneinander prallten, die Schwerter mit Gebrüll kreuzten oder sich mit Äxten bewarfen, versuchten die Knappen ein großes rotweiß-gestreiftes Zelt auf der Wiese zu installieren. Eine Aufgabe, um die sie nicht gerade zu beneiden waren. Dauernd fiel alles um, und fluchend verschwanden die Kinder unter dem Gestänge und der Plane, so daß bald nur noch ein zuckendes Knäuel auf dem Rasen zu sehen war. Wir ließen unsere Blicke zwischen dem ritterlichen Kampfgeschehen und dem Zeltversuch hin und her pendeln, beide Vorgänge waren spektakulär und spannend zugleich. Auch Eichbart hielt inne und verfolgte eine Zeit lang das Treiben der glücklosen Knappen. Sein Blick war durchaus streng dabei, seine Lippen aber lächelten sichtbar unter dem weißen Bart. So standen wir da auf diesem Abenteuerplatz, und mein Wohlgefühl schwappte hoch auf einen neuen Pegelstand. Hier werden Schüler dem Abenteuer verpflichtet, sie werden auf körperliche und geistige Expeditionen geschickt, hantieren frei und übermütig mit den Essenzen des Seins. Daß Schule derart vernünftig sein kann, derart wegweisend, das hätte ich bislang nicht für möglich gehalten. Hier steht Abenteuerlust als Hauptfach auf dem Plan. Und gehört nicht das Abenteurertum zu den vornehmsten Beschäftigungen, denen ein Mensch sich überhaupt widmen kann? Endlich gelang es den Knappen, einige Pflöcke standfest in den Boden zu rammen, und Eichbart fuhr mit seiner Rede über die Ritterkunde fort:

»Und so fühlt sich die Eichenbund-Schule dem Wesen und Wirken Kaiser Maximilians I. verpflichtet, der sich als letzter Ritter auch nach dem Mittelalter für Ritterlichkeit und Turniertradition eingesetzt hat. Ihr solltet mal ein Turnier bei uns erleben! Da wird zum Tanz aufgespielt, und die alten Instrumente kommen zu besonderen Ehren. Längst vergessene Tänze werden dargeboten, und die selbsterfundenen Klangmonstrositäten erzeugen dazu einen beachtlichen Lärm. Höfisch streng oder ausgelassen bäuerlich – jeder verhält und bewegt sich nach seiner Art und Laune. Der schelmische Eiertanz erfreut sich bei den Turnieren stets besonderer Beliebtheit. Dieser Tanz wird von geübten Schülern oder Lehrern in irrwitzigen Narrengewändern aufgeführt. Zuckend und windend drehen und schrauben sie sich im Takt der Musik über die mit rohen Eiern belegte Tischplatte. Erstaunen und Erheiterung erzeugt diese Darbietung bei den Zuschauern, die jeden Tänzer, der trotz riskanter Bewegungen kein einziges Ei zerbricht, als großen Helden feiern und bejubeln. Überall werden Säfte aus zerpreßten Früchten, Honigmilch, allerlei Kräutertees und gewürzter Wein ausgeschenkt. Zu essen gibt es natürlich auch reichlich – doch seht wie eifrig sie sind! Sie mühen und plagen sich – ein neues Turnier steht bevor…«

KAPITEL ZEHN

KINDERLAND

»Doch folgt mir. Vor dem Mittagsmahl wollen wir uns noch ein wenig dem Bauerntum zuwenden. Seht, dort drüben: unsere Feldleute!« Hinter dem Turnierplatz erstreckte sich eine weite, hügelige Landfläche, die mit Getreideteppichen und Grünzeugmatten belegt war. Wir verließen also den Platz und schritten auf staubigen Feldwegen in das fruchtbare Gelände hinein. Über uns hellblauer Himmel und schwirrende Vögel, neben uns Schmetterlinge, im Staub immer wieder Eidechsen und dicke Käfer. Alles warm hier und würzig und weit. Eichbart betrat vorsichtig ein Roggenfeld, bückte sich und hob eine Handvoll Erde auf. Wie eine Kostbarkeit betrachtete er den krümeligen braunen Klumpen, und dann sprach er: »Erde… hoffnungsvolle Kinderlanderde… welch ein Schatz! Wir gehören zusammen wie Wellen und Wind… keine Macht kann uns trennen!« Dann ließ er das Stück Ackerboden hinab in die Furche rieseln. Ein Kuckuck rief.

Wir gingen weiter und Eichbart sagte: »Unsere Felder werden von Schülern und Lehrern in gemeinschaftlicher Arbeit zum Zwecke der selbständigen und natürlichen Ernährung bewirtschaftet. Hier wächst alles, was wir brauchen: Hafer, Hirse, Roggen, Emmer und Einkorn, Kartoffeln, Rüben, allerhand Kohlgewächse, Mangold und Mais, Buchweizen, Weintrauben und

noch viel mehr. Dieses Gebiet ist eine wahrhaftige Exklave des Schlaraffenlandes. Die Ernten fallen nie gering aus.«

Und wir wanderten über die Äcker und Weiden, an gewundenen Bachläufen und Hecken entlang, über Hügel und durch kleine Wäldchen. Singende Vögel, summende Bienen, ein leichter blumenwiegender Wind, von fern das Lachen und Rufen der Jungen und Mädchen… Eine Vorahnung der Zukunft? Ein Klang-Bild, das gelassen und gut ein Übermorgen illustriert?…

Wir erreichten einen Lindenbaum, der frei und allein auf einer geschwungenen Anhöhe seine Wurzeln in den Ackerboden geschlagen hatte. Der stärkste Ast trug eine Schaukel, deren lange Seile weite Flüge in das Panorama dieser großen Landschaft versprachen.

Ein leichter Windstoß brachte das Sitzbrett zum Pendeln, das Laub rauschte kurz auf und Eichbart sprach: »Ein Erwachsener sollte es als seine vornehmste Aufgabe betrachten, die Welt zu einem guten Ort für Kinder zu machen. Reisen, entdecken, erkennen – und Kindern Freude bereiten, mehr muß ein Mensch kaum tun in seinem Leben. Jede nicht geweinte Kinderträne ist kostbarer als alle Edelsteine auf Erden, jede Enttäuschung, die einem Kind erspart bleibt, ist ein Gewinn in der Bilanz menschlichen Handelns.

Die Kindheit ist der Schatz, den es zu hüten gilt. Kindheit ist Fülle, ist Klarheit. Wirkliche Reife kann nur ein Kind besitzen. Und wenn wir heranwachsen, so können wir lediglich versuchen, so viel wie möglich von dieser kindlichen Reife zu retten und als Marschverpflegung für alle kommenden Wege und Umwege mit uns zu führen. Das ist das Besondere am Menschen: Alles, was er werden kann, das ist er bereits im Prolog seiner irdischen Wirkung. Alles, was danach kommt, ist mehr oder weniger Restauration. Doch wem es gelingt, den Glanz der frühen Tage im Zug des Lebens nicht gänzlich verblassen zu lassen, der wird sich selbst und die Welt in einem besonderen Licht sehen. Die Gaben, über die ein Kind von Natur aus verfügt, sind allerdings so empfindlich wie das ganze Kind selbst.

Die Kanäle der kindlichen Wahrnehmung sind zwar enorm breit, können aber dennoch leicht verstopft werden, die mannigfachen feinen Verbindungen eines Kindes zum vollständigen Repertoire der Dimensionen lassen sich im Handumdrehen kappen. Daher ist es so überaus wichtig, der Kindheit großzügige und weiträumige

Refugien zu überlassen, dafür zu sorgen, daß sich Kindheit ungestört und inspiriert vollziehen kann. Eine Kindheit kann gar nicht
herrlich genug sein. Je schöner und freier sie ist, desto besser. Und
die sogenannte Erziehung der Kinder durch Erwachsene darf
allein dieses Rüstzeug kennen: Respekt, Beispiel und Liebe. Alles
andere ist nicht nötig oder gar schädlich. Und geht es um Wissen
– das kann zwischen Erwachsenen und Kindern immer nur aus-
getauscht werden. Zudem wird sich jedes Kind, dessen natürliche
Neugier nicht gebremst, sondern gefördert wird, einen großen
Teil des Weltwissens selbst aneignen. Man muß den Kindern viel
anbieten, aber dann muß man sie laufen lassen. Ach, meine
Freunde, ich denke: Die Völker dieser Erde sollten die üppigsten
Rationen ihrer Kraft für die Erschaffung und Belebung eines
unverwüstlichen Kinderlandes aufwenden. Das wäre für alle eine
gute Beschäftigung.«

Wir näherten uns wieder der Burganlage, und Glocken riefen alsbald zum Mittagsmahl.

Nach dem Essen wandelten wir im Kreuzgang umher, lauschten
dabei dem Klappern des Geschirrs, den Spatzen und einer fernen
Geige. Vergangene Sommertage hatten sich eingeschlichen, aber
auch zukünftige grüßten vom blauen Himmel herab: Wir kommen bald, warm und hell – empfangt uns gebührend! – …
　　Ja, die Sonne kommender Sommertage soll gut empfangen werden; vielleicht kann sie dann endlich auf ein neues Land schauen

und scheinen, und mit ihren endlos langen Strahlen gesunde Äcker, Wiesen und Wälder berühren und mit dem Himmel verbinden. Matthyas und ich, wir schritten ganz bedächtig einher, edle Luft in uns aufnehmend. Luft, die über klare Wasser gestrichen und durch tiefe Wälder gefahren war. Hier draußen, fern aller Plagen. Doch wo – wo nur konnte das sein? Wo waren wir bloß? Der Garten, den der Kreuzgang umrahmte, träumte in der Mittagssonne und wuchs und lebte. Hin und wieder atmete dieser Garten tief; die Blumen, Halme und Äste zitterten dann.

Akropolis – sternhelle Nacht – das leichte Rauschen der See – Mondwind – Inseln … und alles hier bei Tag im Garten der Burg.

Eichbart hatte noch mit einem Schüler zu verhandeln, der darauf bestand, vor einen monströsen Pflug gespannt zu werden. Beim letzten Mal war er dabei halb ohnmächtig zusammengebrochen, doch gerade deshalb wollte er es nun erneut versuchen. Zu gegebener Zeit wollte sich Eichbart dann mit uns im Garten des Kreuzganges treffen. Da gelangten wir an ein schmales offenes Fenster, das ins Mauerwerk des südlichen Ganges eingelassen war, blickten hindurch und erkannten einen großen Raum, der uns vertraut vorkam. Es handelte sich um den Saal der Gestikschüler, die gerade dabei waren, ihre Arbeit wieder aufzunehmen. Wir beschlossen, sie zu beobachten.

Einige Schüler schleppten große Gemälde herbei und stellten dieselben wohlgeordnet im Raume auf. Manche Motive waren uns geläufig. Es mußten Nachahmungen alter Meister sein – aber ausgezeichnete. Nun aber stellten sich Schüler und Lehrer vor die

Leinwände und nahmen die gleichen Haltungen ein, wie sie von den gemalten Menschen gezeigt wurden. Ein Lehrer ging umher und prüfte und veränderte, und er lobte diejenigen, die ihre Aufgabe vorzüglich erfüllten, und es war gut so. Alsdann gab der Meister ein Zeichen, das die Anwesenden dazu veranlaßte, wohlgesetzte Reden zu halten, die gebührend mit ausdrucksstarker Gestik unterstützt wurden. Der Leser wird nun glauben, daß es da ein ungeheuerliches Rededurcheinander gegeben haben muß. Doch dem war beileibe nicht so. Im Gegenteil. Es hörte sich beinahe so an wie ein mehrstimmiges Lied. Exakt waren die Betonungen, Lautstärken, die Worte und Sätze, ja auch die Inhalte der verschiedenen Reden aufeinander abgestimmt, so daß im Grunde daraus eine einzige philosophische Rede entstand.

Die Gestik leitete sich aus den Stilen der aufgestellten Gemälde ab, und da auch die Trachten der Schüler den Entstehungszeiten der Kunstwerke entsprachen, machte es den Eindruck, als hätten sich die Figuren aus den Bildern herausgelöst, um frei und ungerahmt miteinander zu disputieren. Da bemerkte uns der Lehrmeister, trat ans Fenster und sprach: »Nun – wie gefällt euch das? Ist es nicht außergewöhnlich?« Ich antwortete: »Das ist es in der Tat. Es ist beeindruckend.«

»So bin ich es zufrieden«, entgegnete der Meister, sah mit prüfendem Blick kurz zu seinen Schützlingen herüber und sprach weiter zu uns: »Seht ihr, es geht darum, bestimmte Begriffe, aber eben auch ganze Stimmungen gestenhaft darzustellen. Die Rede muß ein Gesamtkunstwerk sein, und die Magie der Rede wird durch die Gestik vollendet. Ihr müßt die Zuhörer mit eurer Gestik packen und sie hin und her schleudern, als seien sie Spielbälle in euren gestikulierenden Händen. Doch die Gestik darf nicht vom eigentlichen Inhalt der Rede ablenken – dann wäre sie ungenügend und plump. Sie muß mit den Lauten der Sprache verschmelzen, eine unzertrennliche und absolut logische Einheit bilden. Es muß der Eindruck entstehen, daß sämtliche Worte der Rede niemals ohne die vorgetragene Gestik hätten gesagt werden können. Die Gestik muß selbstverständlich sein. Nur dann ist sie fähig, die Rede in ihrem Gehalt zu steigern und noch eindringlicher zu machen. Also: Redet und reiset und speiset leicht!« Damit verschwand er und widmete sich wieder seinen Schülern. – Übrigens war die Gestik, mit der er seine kurze erklärende Rede untermalt hatte, genial. Wir aber gingen weiter.

KAPITEL ELF

GESCHICHTSKUNDE

»K ommt!« rief uns da Eichbart an, der eben aus einer kleinen Tür in den Gang getreten war. »Wir wollen uns nun mit der Geschichtskunde beschäftigen, weshalb es geboten ist, den Schauspielgarten aufzusuchen. – Dort soll alsbald, zur allgemeinen Erbauung und Belehrung, eine geschichtliche Begebenheit prägnant und getreu vorgespielt werden, auf daß die Geschichte lebendig sei und die verständigen Zuschauer bewege und ansporne zu edlem Handeln und Wirken.«

Unser Weg führte uns durch viele wunderbare, ja geradezu phantastische Gärten. Immer wieder hielten wir inne, um den herrlichen Eindrücken einen ruhigen Eingang in unsere Seelen zu gewähren. Doch der Schauspielgarten, den wir nach einer guten Viertelstunde erreichten, war besonders entrückend. Zwischen Hecken und Büschen, unter dem Geäst kleiner Baumgruppen oder in der Tiefe einer freien Blumenwiese standen Statuen großer Dramatiker und Schreiber. Nicht übertrieben groß oder überhäufig eng gedrängt, sondern derart angenehm plaziert, daß man die meisten Figuren nicht sogleich erkannte. Da bekommt der Besucher stets einen kleinen freudigen Schreck, wenn hier oder dort plötzlich das Antlitz eines alten Meisters hervorschaut oder in einiger Entfernung zwischen hellen Birkenstämmen eine sonnenbestrahlte, marmorweiße Figur erscheint. Der Garten verblüffte

dadurch mit einer träumerischen, heimlichen und heiligen Stimmung, die uns wellenartig erfaßte und beinahe wegtrieb, hin zu entlegenen geistigen Gestaden…

Auf einer von Eichen umringten Bühne bewegten sich bereits die Darsteller in ihren historischen Kostümen. Das Publikum, gewiß mehr als zwei Dutzend Schüler und Lehrer, wartete schwatzend und lachend auf den Beginn der Vorführung. Man saß im Gras, auf Baumstümpfen oder in den Bäumen selbst. Endlich trat ein Herold auf die Bühne und kündete folgendes an: »Hört, ihr Mädchen und Jungen, Lehrer und Gäste des Eichenbundes! Denn es wird euch also verkündet, daß nunmehr ein geistvolles und lehrreiches Schauspiel daselbst von kundigen und emsigen Schülern dergestalt vorgetragen werden soll, daß es allseitiges Wohlgefallen auslösen möge und dem Publikum eine vorzügliche Lehre sei. Es werden itzunder Begebenheiten aus der Historie meisterlich und lebendig dargeboten. Entsenden wir uns zunächst an den Hof Ludwig XIV. … Im Anschluß daran ist eine Reise in die geheimnisreichen Gemächer Ludwig II. von Bayern angesagt. Wohlan denn!«

Und es wurde uns ein mitreißendes Schauspiel geboten, welches ein Kraftfeld entwickelte, von dem wir alle umschlossen und aufgeladen wurden. Kühne und galante Reden – Macht und Pracht – Molière – Lustbarkeiten – harte Politik. Der Mime, der den Sonnenkönig spielte, kostete seine Rolle vollends aus: Er erhob sich mit leidenschaftlicher Selbstgefälligkeit über alle anderen, verließ sogar zuweilen seine Rolle und erteilte ganz eigene Befehle, die offensichtlich nichts mit der Vorführung zu tun hatten und enorm irrsinnig und absonderlich waren. Nie zuvor sah ich einen Schauspieler, der sich so sehr in seiner Rolle gefiel. Er schien berauscht zu sein und mußte in der Tat noch vor Ende des Stückes von der Bühne getragen werden. Dabei rief er entrüstet und verzweifelt dem zufriedenen Publikum zu: »L'etat c'est moi! L'etat c'est moi!!«

Alsdann bestieg Ludwig II. die Bühne. Noch waren die Bühnenbildner mit der Metamorphose der Kulisse beschäftigt. Barocker Prunk verwandelte sich in romantisches Geheimniswerk, und wagnerische Klanggewalten tobten bald über das Publikum hinweg. Ein neues Zeitalter beherrschte das Geschehen: Ludwig II. – ein ewiges Rätsel wollte er sich und den anderen bleiben. Auch dem Darsteller des bayerischen Märchenkönigs gelang es mit Leichtigkeit, die Zuschauer zu Zeugen der Zeit zu machen: Einsamkeiten, die mal erhebend, mal quälend für den königlichen Außenseiter waren. Sein Schwert: Wirklichkeit schaffende Imagination. Ein Sehender, ein Erkennender, Allfühlender – dem Unverständnis einer absurden Menschenwelt preisgegeben. Tränenüberströmter Streiter für die Macht der Phantasie. Seine Insel hat er längst erreicht.

Interessanter und aufregender kann Geschichtsunterricht nicht sein. Es gab viel Beifall. Eichbart lobte alle Akteure und führte uns dann auf stillen Pfaden durch den sommerlich-sonderlichen Garten. Er sprach also: »Der Geschichtsunterricht findet natürlich nicht nur auf der Bühne statt. In den Gärten, Wäldern und Gewölben berichten die Lehrmeister von der Geschichte der

Völker und dem Werden der Kulturen. Auf einer Bühne spielen sie, wie ihr gesehen habt, unter Anleitung eines Dramaturgen, exemplarische Ereignisse der Geschichte mit passenden Kostümen nach, damit sie sich in die Lagen historischer Personen versetzen, um selbige darob bestimmter bewerten und verstehen zu können. Gleichzeitig wird dabei die Kunst des Schauspiels berührt und die kleineren Schüler, die ja diesen Stücken auch zusehen, werden vielfältig angeregt und erhalten einen ersten bilderreichen Einblick in das Geschehen der Geschichte. Ansonsten wird auch gerne und ausgiebig in alten Dokumenten und geeigneten Geschichtsbüchern gelesen.« Und so verließen wir den Schauspielgarten und begaben uns zu den Stallungen.

Kapitel Zwölf

FRIEDENSADLER

Uns empfing die Stimmung eines großen und stolzen alten Gehöftes. Alles war geräumig und frei. Prächtige Pferde trabten über den Hof, warfen, nachdem sie uns bemerkt hatten, ihre Mähnen zurück und blickten erhaben in die Runde. Sie wirkten so, als seien sie gerade aus einer siegreichen Schlacht zurückgekehrt. In der Ferne erscholl ein Hornruf. –

Und Eichbart sprach: »Unser Gestüt ist riesengroß. Es erstreckt sich mit seinen Weidegründen und Koppeln weit über das Land hinweg bis zu den schattigen Säumen der westlichen Wälder. Niemand, selbst der Stallmeister nicht, weiß wie viele Pferde bei uns zuhause sind. Wir haben weit draußen einige Freiweiden, so daß manche Herden kommen und gehen.«

Eichbart führte uns in ein hallenartiges Stallgebäude. Da standen die Tiere in kunstvoll verzierten Logen, deren Silberornamente im Sonnenlicht glänzten, das durch die gläserne Dachkonstruktion hereinströmte. Die Hauptgänge wurden von schlanken Säulen flankiert und im Zentrum überwölbten vier Torbögen eine Pferdestatue aus Bronze. Jedes Wiehern, jedes Schnauben hallte hier lange nach, so groß war die Unterkunft. Es roch nach Fell und frischem Heu. Friesen, Camarguepferde, Trakehner, Noriker, Oldenburger und Vertreter vieler anderer Rassen bewohnten diesen berührenden Ort. Eichbart führte uns zu einem Shire Horse, ein

mächtiges und kraftvolles Ritterpferd, ein wahres Schlachtroß, enorm hoch und gleichsam stämmig wie ein Eichenbaum.

»Das ist Freiherr, eines meiner liebsten Pferde. Wenn ich am Tag den Sternenhimmel sehen will, dann gehe ich hierher und schaue Freiherr in die Augen. Wenn sich unsere Blicke treffen, erstrahlen alle Himmelskörper, und ein Fenster wird aufgetan, das eine Fernsicht beschert, die weit über alle Galaxien und Räume hinwegreicht. Wir sind alte Freunde.«

Können Pferde lächeln? Freiherr hatte Eichbart spürbar schon von weitem erkannt und zeigte nun, da wir alle vor ihm standen, einen Ausdruck der Freude, den ich in dieser Deutlichkeit von einem Tier nicht gewohnt war. Eichbart und Freiherr steckten die

Köpfe zusammen, es wurde gemurmelt und geschnaubt. Die beiden konnten gewiß auf viele gemeinsame Erlebnisse zurückblicken. Welche Gebiete und Landschaften sie wohl schon durchmessen hatten, welche Horizonte erkundet? Eichbart wandte sich wieder uns zu und sprach: »Die Reiterei ist eine vornehmliche Beschäftigung aller Angehörigen des Eichenbundes. Wer körperlich in der Lage dazu ist, der reitet. Pferde gehören zu den besten Lehrmeistern, denen ein Mensch sich anvertrauen kann. Sie sind weise, wissend und großherzig, mächtig und gütig, sie sind dienende Herrscher. Jede Stunde in ihrer Nähe ist eine Kostbarkeit. Ich selbst gestatte mir oft lange Ausritte. Manchmal bin ich tagelang unterwegs.«

Die Gesellschaft der Pferde hatte uns empfindlich erhöht, das merkte ich, als wir wieder hinaus ins Freie traten: Leicht war mir zumute, ich schritt nicht, ich schwebte. So ging es auch Matthyas, und selbst Eichbarts Bewegungen wirkten luftig und behende. Er lächelte fortwährend, breitete schließlich die Arme aus und sprach, nein, er verkündete: »Ein machtvolles Reiterheer wird einst die Fahnen des Friedens durch die Eichentore der ewigen Wälder tragen! Und ein Sturm wird wehen und Adler werden unseren Zug geleiten. Wolken werden uns Schiffe sein, und Unglaubliches wird geschehen…«

Ein leuchtender Falter ließ sich auf Eichbarts Hand nieder, uns alle mit freudigem Flügelschlage grüßend. Unsere Geister spürten und berührten sich; der Falter liebte das Leben so wie wir. Und er schwang sich wieder in die warmen Lüfte, flog seiner Wege…

96

Eine Abteilung Hühner zog mit wackelnden Köpfen an uns vorbei. Im Schatten einer zufrieden dahingrasenden Kuh unterhielten sich zwei Enten. Katzen träumten in den Bäumen. Eine Ziege kehrte von einem längeren Spaziergang zurück. Und die Sonne segnete, und ein sachter, warmer Windstoß küßte die Blumen, so daß sie froh erbebten. Und die Unendlichkeit sank langsam aus den blauen Höhen des Himmels auf das Land herab – verheißend und schützend.

Kapitel Dreizehn

WOLKENFREIHEIT

Die hohen Lesestühle schwankten sachte, leise knarrend hin und her. Frühabendstimmung stieg durch die Fenster in den Saal hinein.

Noch waren die Kerzen kalt.

Der melancholische Ruf einer Krähe hallte durch die endlose Bibliothek.

»Seht!« sagte Eichbart hinaufdeutend. »Die Krähe zieht ihre Bahnen über den Köpfen der Lesenden und beobachtet dieselben in ihrer Versunkenheit. Öffnen wir hier ein Fenster, so befliegen alsgleich mancherlei Vögel das Gewölbe. Vornehmlich wird der Lesende an diesem Ort von Raben, Krähen, Dohlen, aber auch nicht selten von Käuzen und Eulen besucht. Dort oben, wo die astronomische Literatur zu finden ist, hat sich ein Eulenpaar niedergelassen. Und nahe der antarktischen Lektüre brütet ein Rabe über Eiern und Gedanken.«

Gleich neben uns kam plötzlich ein Bibliothekar aus einem Regal herausgestiegen. Der alte kleine Herr mit dicker Brille und Spitzweg-Gesicht klopfte sich den Bücherstaub von der Kleidung und begrüßte uns freundlich. Doch Eichbart blickte finster drein und zeihte nämliche Person der Unachtsamkeit. Es folgte ein Wortwechsel: »Ich habe gehört, daß der Lesebetrieb am gestrigen

Tage auf die niedrigsten Stühle verlegt werden mußte, weil sich wieder Wolken in den oberen Regionen gebildet hatten.«

»So war es in der Tat«, erwiderte der Bibliothekar ein wenig verschämt und erklärte: »Auf den höchsten Stühlen konnte wahrhaftig nicht mehr gelesen werden... – das Gewölk war einfach zu dicht.« Darauf Eichbart ungehalten: »Es ist ja wohl bekannt, daß bestimmte und gewisse Bücher nur auf den höchsten Stühlen gelesen werden können. Und es ist ebenso bekannt, daß Sie, mein lieber Buchonist, für die Wolkenfreiheit der oberen Leseregionen zu sorgen haben. Es geht nicht an, daß unsere Schüler durch starke Bewölkung vom Lesen höchst wichtiger Werke abgehalten werden.«

»Gewiß, Herr Eichbart, aber gestern waren wir einfach machtlos. Die Wolken drohten sogar mit Gewitter.«

»Ein Gewitter in der Bibliothek?! Das ist ja unerträglich!« brauste Eichbart und sagte dann leise, aber sehr streng: »Sie sind verantwortlich für das Klima unter der Gewölbedecke. Ich möchte in Zukunft keine Schlechtwettermeldungen mehr aus der Bibliothek hören. Stellen Sie sich vor: ein Gewitter! Der Regen würde Schreckliches unter den Büchern anrichten.« Kleinlaut verteidigte sich der arme Bücherwurm: »Aber warum mußte das Gewölbe der Bibliothek auch derart hoch gebaut werden? Wir haben es hier mit verschiedenen Klimazonen zu tun!«

Und Eichbart, nun halbwegs milde: »Ja, vielleicht ist es zu hoch. – Aber unsere Baumeister ließen sich, wie Sie wissen, nicht

mehr aufhalten. Immerhin haben wir ja auch noch gemäßigte Bibliotheksräume.«

»Es wird schon gehen«, sagte der Bibliothekar und verschwand in einem Regal.

Während ich mir Notizen machte, skizzierte Matthyas mit flinkem Strich die Lesestühle, neben denen ein elfstöckiges Haus vermutlich gedrungen und geduckt wirken würde. Und ganz oben konnten wir tatsächlich Schüler erkennen. Winzig klein sahen sie aus, wie Kirschen. Kaum waren die Bücher auszumachen, die sie in den Händen hielten. Leichte Nebelschleier hingen wie große Spinnweben in den Lüften. Die schier endlos hohen Stuhlbeine bogen sich deutlich unter dem Gewicht der Schüler, sie schwankten sacht hin und her, aber sie brachen nicht, schienen elastisch und stabil wie Stahl zu sein. Dabei handelte es sich um reines Buchenholz, wie ich später von Eichbart erfuhr. Im Steinboden gab es Verankerungen für die Stuhlbeine. Weitere Sicherungen waren nicht zu entdecken. Wie kommt man überhaupt da rauf? Und vor allem: auf welche Weise wieder runter? Das fragte ich mich schon…

KAPITEL VIERZEHN

WALDWESEN

Während wir unsere Eindrücke mit Stift und Kohle festhielten, gab sich Eichbart der Suche nach einem Buche hin, welches zu zeigen er uns versprochen hatte. Er stöberte, sichtete, musterte und fand endlich das besagte Werk. Ein schlichtes Buch, in Leder eingebunden, mittelgroß und ohne Goldschnitt. Aber dick war es wie ein Hackklotz. Eichbart legte das gute Stück auf ein Lesepult und schlug es auf, so daß sich uns die titeltragende Seite offenbarte. Wir lasen: »Waldwesen«. Darunter stand: »Herausgegeben von J. H. R. Tolcé«. Und Eichbart sprach also:

»Von jenem Buch kursieren hier zahlreiche Abschriften. Dies jedoch ist das Original! Es handelt sich um ein grundlegendes und köstliches Werk, dessen Inhalt jedem Eichenbund-Schüler geläufig sein muß. Überwiegend enthält es Berichte über die Wesen und das Wesen des Waldes. Die Schilderungen stammen von Waldläufern, Jägern, Schraten, Holzweiblein, Köhlern und Kräuterfrauen, aber auch von Naturphilosophen, Forsthistorikern und Baumforschern. Zudem finden sich in diesem Buch auch grandiose Abbildungen, von denen ich euch nun einige vorzeigen kann. Hier – was haltet ihr davon?!« Und er deutete auf eine Radierung, die ein Wesen darstellte, das halb Baum, halb Mensch zu sein schien. Ein unheimliches Geschöpf, jedoch nicht ohne sympathische Ausstrahlung. »Nun, habt ihr so etwas schon einmal gesehen?« fragte uns Eichbart. Ich antwortete: »Sieht aus wie ein Baumhirte. Meine Großmutter hat mir früher ähnliche Wesen auf Bildern gezeigt und Geschichten vorgelesen, in denen derartige Gestalten eine Rolle spielten. Damals sagte sie mir auch, daß solche Wesen tatsächlich in gewissen Gegenden zu Hause sind. Bis heute habe ich nicht daran gezweifelt, obgleich mir auf meinen Wanderungen noch nie Waldgeister begegnet sind.« »Aber du bist ihnen begegnet«, bemerkte Eichbart, und er lächelte.

Wir entfernten uns aus der Bibliothek und begaben uns zum Abendmahl. Auf dem Gang begegnete uns ein unruhiger Violinist, dessen Bart an Friedrich Nietzsche erinnerte und wohl auch ganz bewußt dem Barte des Propheten ähneln sollte. Ganz gewiß sogar, denn als der sichtbar musikalische Mensch vor uns zum Stehen kam, erblickte ich, daß er neben dem Geigenkasten auch den Zarathustra mit sich herumtrug. Sein Kopf wurde von einem außerordentlichen Hut bedeckt, einem Entenhut. Diese bemerkenswerte Erscheinung begrüßte uns freundlich und fragte Eichbart nach einem Maestro de Hoffmanesko. »Der wird wohl schon im Musiksaal sein«, antwortete Eichbart, und jeder ging seiner Wege. Natürlich wollte ich wissen, wer uns da eben über den Weg gelaufen war. Eichbart erklärte: »Der Hofdrucker. Er vervielfältigt die Werke unserer Schüler und Lehrer und versendet sie heimlich in alle Welt. Außerdem ist er ein geachteter Philosophie-Lehrer, ein Fachmann für Lurche und ein wahrer Teufelsgeiger.«

Nach dem Essen machten wir noch einen Spaziergang durch die Anlagen. Gerade schwappte die Dunkelheit über die Mauern und Giebel. Zikaden sendeten ihre Schwingungen durch die laue Abendluft, hinter kleinen Fenstern flackerten Kerzen auf; zwei, drei Geigen klagten leise aus den geöffneten Läden des Musiksaals heraus, unsere Schritte knirschten in den Kieseln, die Sternbilder glühten sich nach und nach durch den blau-schwarzen Samt des Himmels. Am Ende einer langen Gasse loderte ein Feuer. Wir hörten gepreßten Wind, drachenhaftes Fauchen. Und dann: kling-kling-… klang. Wir näherten uns dem rötlichen Schein und erkannten bald die Schmiede, in der zu später Stunde noch gearbeitet wurde. Wir beobachteten den Schmied und seine Gehilfen für eine Weile und zogen dann weiter. Hinter uns hallte der Klang formender Hammerschläge durch die junge Nacht. Eine beruhigende Musik…

Am nächsten Morgen trafen wir uns wieder mit Eichbart im Kreuzgang. Beim Frühstück unterhielten wir uns über das Buch der Waldwesen, und anschließend machten wir uns daran, die baumgeheimen Orte daselbst aufzusuchen. Man öffnete uns das Tor, und wir wanderten über die Felder und Wiesen dem Walde entgegen.

Und Eichbart erzählte derweil: »Die Bäume rüsten sich zum Kampf. – Im hiesigen Walde sagt man, daß sich die Baumhirten in den grenzenlosen Gefilden bereits sammeln. Im Nordosten, hinter vielen Horizonten, sollen ganze Wälder auf der Wanderschaft sein. Wir hören von langsamen, aber stetigen Bewegungen. Die Winde tragen Botschaften aus allen Welt- und Überweltgegenden hierher. Es wird Zeit, meine Freunde, ja – bald ist es wohl soweit.«

Endlich wandelten wir unter den schützenden Gewölben des Waldes und berauschten uns an seiner Tiefe. Und Eichbart sprach weiter: »Märchen, Sagen und Chroniken aus alter Zeit berichten uns von wunderbaren Wesen, die in den Wäldern wohnen. Von Waldschraten, Knurzen und Wurzen, Baumbärten, Zwergen, Heinzelmännern, Trollen, Wiesen- und Sumpfgeistern, wilden Jägern, Hexen und Elfen hört man da. Doch nicht wenige Waldwesen sind heute schon ausgestorben, viele sind geflohen in versteckte Reiche, wo es still ist und der Schlaf die einzige Freude. Manche kauern und dämmern weit entfernt vor sich hin und andere warten geduldig in ihren angestammten Winkeln auf bessere Tage und brüten in den Nächten ihre Hoffnungen aus. Doch die Häßlichkeit, die der Mensch in die Welt gebracht hat, ist derartig rigoros und nachhaltig, daß die waldgeborene Geisterwelt nur mit Mühe einige Reviere behaupten kann und große Gebiete längst aufgeben mußte.

Die Beschädigung der Natur durch den Menschen ist umfassender als gemeinhin angenommen wird. Viele Störungen lassen sich von der Wissenschaft nicht messen, viele Verluste erscheinen in keiner Statistik. Es ist eine Illusion zu glauben, daß allein die Bäume, Gewässer, Böden und Lüfte sich härtester Angriffe zu erwehren haben. Nein – da kämpfen noch viel mehr gegen den Untergang, da stehen noch weitere Wesen und Stoffe auf dem Spiel, da stirbt noch weitaus mehr, als wir auf den ersten Blick erfassen können. Von den alten Waldwesen und Geistern haben bereits viele diese Welt verlassen. Auch wenn wir noch einige Exilanten in tiefen Wurzelwelten, in den Spalten eisiger Gletscher, in dunklen Schluchten, auf einsamen Berggipfeln, ewigen Schneefeldern und in den Nachtschatten abgelegener Waldbezirke vermuten dürfen, so hat sich doch eine wahrhaftige Entvölkerung der natürlichen Landschaften vollzogen, die sich auch auf die Menschen nur verhängnisvoll auswirken kann. Auf manche Hilfe und guten Rat muß der Mensch heute in seiner Anmaßung verzichten, und die Welt der alten Geheimnisse ist ihm fest verschlossen.«

Eichbart wirkte sehr bewegt, geradezu aufgewühlt. Doch seine Ansprache hatte er mit der im Walde gebotenen Ruhe vorgetragen. Schweigend gingen wir ein Stück, und ich nutzte die Redepause, um mir ein paar Notizen zu machen. Mit gedämpfter, aber dennoch eindringlicher Stimme redete Eichbart aber bald weiter: »Das Vertrauen zurückgezogener Waldwesen zu erlangen oder sie wenigstens zu sichten, auch das ist ein Ziel unserer Erziehung. Ein Eichenbund-Schüler soll im Wald immer als ein Teil desselben erkannt werden. So wird im Waldwesenunterricht die Geschichte aller dem Menschen bekannten Waldwesen gelehrt und erforscht. Aber der Begriff Waldwesen ist doppeldeutig: In diesem Unterricht wird nämlich auch das Wesen des Waldes als solches behandelt.«

Da erblickten wir vor uns einen Mann, der wie versteinert im Schatten einer mächtigen Eiche stand.

»Einer der Lehrer für das Fach Waldwesen«, raunte uns Eichbart zu. Wir traten an ihn heran, doch er nahm keine Notiz von uns. Starr richtete sich sein Blick in das Geäst des Baumriesen. Er mochte um die dreißig Jahre alt sein, trug einen etwas unregelmäßig gewachsenen, halblangen dunklen Bart und war in ein beinahe ritterliches Gewand gekleidet, welches an manchen Stellen mit archaischen Zeichen bestickt war. Auf einmal atmete er tief durch und löste dabei seinen Blick von dem mächtigen Baum. Er hatte gutmütige, schwarze Knopfaugen und sprach lächelnd: »Ihr also seid die Gäste, von denen man mir berichtete. Hafer ist mein Name. Sicher erwähnte Eichbart bereits, daß ich das Fach Waldwesen unterrichte. Mein hauptsächliches Lehrgebiet aber ist dennoch die mittelalterliche Geschichte.«

»In der Tat!« warf Eichbart ein. »Und seine Forschungsarbeit gilt besonders dem Wesen der Bistümer.«

»Wahrhaftig«, erwiderte Herr Hafer. »Doch hört ihr die Stimme des Waldes? Eben erwachte sie wieder.«

Wir lauschten dem heftigen Rauschen, und als es sich wieder legte, da sprach Herr Hafer mit wohlklingender, nahezu sanfter Stimme:

»Geißeln will der Wald eure Leiden und Betrübnisse, auf daß sie von euch lassen und ihr also ohne Leid und Betrübnis seid. Knechten will der Wald eure Unwissenheit, auf daß sie euch fluchend verlasse und ihr also dem edlen und guten Wissen Platz bieten könnt. Denn es ergießt der Wald reiches Wissen über euch, wenn ihr nur erkennt und lobpreist die Offenbarung seiner Herrlichkeit. Doch gebt euch nicht hin dem Irrglauben, daß euch der Wald sein gänzliches Wesen und Wissen aufdeckt, wenn ihr nur verständig erkennt und lobpreist. Denn das Wissen, welches er euch angedeihen läßt, ist für euch wahrhaftig sehr reich und füllend. Für den gebenden Wald selbst aber ist jenes Wissen, nämliches er den Erkennenden und also Würdigen in die Hände legt, nicht viel mehr als die Preisgabe weniger Noten aus den unendlichen Werken seiner Mysterien, die der Wald, unseren Augen ganz verborgen, jeden Tag und jede Nacht emsig weiterwebt, auf daß selbige Werke immer unendlicher und noch unendlicher werden.«

Und also beschloß Herr Hafer seine Rede und entschwand in den Tiefen des Waldes.

Ja, vielleicht könnte die Antwort auf die faustische Frage nach dem, was die Welt im Innersten zusammenhält, lauten: der Wald. In ihm kommt alles zum Tragen: Erde, Wasser, Luft, Tiere, Pflanzen, Unsichtbares, Gemeinschaft, Schönheit und so fort. Der Wald ist Leben, er ist Gesetz und Stimmung und Klang. Und Eichbart erzählte nun: »Ein Eichenbund-Schüler soll lernen, die uralte Weisheit der Bäume zu nutzen, er soll sie um Rat fragen, sie um ihre Meinung bitten. Am Anfang hilft ein Lehrmeister, Herr Hafer zum Beispiel, dem Schüler, mit einem Baum ins Gespräch zu kommen, er weist ihn auf Zeichen und Regungen des Baumes hin, die ohne Erfahrung kaum bemerkbar wären. Doch auch das schlichte und fraglose Lauschen nach dem Gerausche und Geraune der Bäume ist der Seele ein erquickender Hochgewinn. Denn im Rauschen der Bäume hören wir auch große Gesänge, die meistens für Menschen undeutbar, aber zutiefst berührend sind. Mal klingt dieser Waldgesang wie das Echo von der Brandung eines fernen Meeres, das vom Winde hergetragen wird, und in den Winkeln und Gezweigen der Kronen zu unheimlicher Macht

109

anschwellen kann. Ein anderes Mal klingt der tiefen Wälder Singen so tragend und klagend wie ein mönchischer Chor. Dann wieder kann man glauben, daß die Bäume alte Märchen, Sagen und Geheimnisse, die ihnen der Wind aus fernen Räumen und Zeiten mitgebracht hat, in wisperndem Tone weitererzählen. Aber das drohende Brausen der sich trotzig im Sturme windenden Bäume, das tapfere Ächzen und Knarren läßt dann endlich all des Waldes hehre Gewaltigkeit offenbar werden.

Und im wahnsinnigen Brausen der sturmgepeitschten Bäume ist ein Urton der Natur zu hören. Es ist der stimmende Urton aus dem wunderbaren Gefüge der ewigen Natursymphonie. Stellt euch vor, ein großer Wind würde alle Töne dieser Symphonie zu einem einzigen Ton zusammenpusten: Ein unbeschreiblicher Klang der Schöpfung und der Macht würde erschallen, und jedes menschliche Wesen müßte sogleich dem Irrsinn verfallen; einem seligen Irrsinn, der alle Tore öffnet, den Geist beflügelt und Ewigkeit zu schenken vermag. Vor langer Zeit soll dieser Klang schon einmal entstanden sein. Doch wann der Tag naht, da jenes Lied der Allmacht wieder ertönt, das ist völlig ungewiß. Die Instrumente stehen bereit. Die Bäume warten. Und der Wind übt in jeder Nacht – irgendwo.«

KAPITEL FÜNFZEHN

MÖNCHSKUNDE

Vergangenheit, Gegenwart und Zukunft sind eins. Daher Verschiebungen, Reisen.

Und im Rauschen der längst geschlagenen Wälder höre ich das Wogen und Klagen mönchischer Gesänge. Ein Wald, ein Kloster.

Hallende Kreuzgänge durchkreuzen meine Vorstellung, stille Kammern nehmen meine stillen Gedanken auf, tiefe Keller vertiefen meine Ahnung, kühle Gewölbe kühlen die heiße Hetze ab, und ich spüre urirdische Ruhe. – Chöre in der Ferne, vom Winde verweht… –

Ein anderes Leben?

Da draußen das Spektakel des Schreckens: Ein verrücktes Rennen wird veranstaltet, Biographien werden mit nutzlosen Startlöchern perforiert, je alberner der Antrieb, desto besser; das Ziel ist der höchste Verbrauch von irgendwas. Konsum ist die Nahrung des multiplen Monotonismus. Vertane Chancen werden eifrig gesammelt und in großen Containern zur Deponie der Verzweiflung gebracht. Ein elektrisches Diktat wird täglich neu gewählt, Scheuklappen sind Massenartikel und Gehirne in Uniform makeln mit sinnlosen Imperativen. Die absichtliche Verhäßlichung aller Aussichten: Passion der Weltbühnenbildner – und despotische Krämerseelchen schwingen sich zu Platzanweisern auf. Gewalt unter Dächern und Völkern. Lieblosigkeit und Neid und Gier und Meinungen – und über allem:

Lärm, nervenzerreißender Lärm. Schreie. Marktschreie. Sehnsucht nach Ruhe, Abgeschiedenheit, nach der Musik des Wiesenbaches, nach dem Hall zweisamer Schritte.

Ein anderes Leben? Das Leben!

Das gute Leben, eine zehrende Sehnsucht, die verzehrt, wenn sie nicht gestillt wird. Ich stand im Kreuzgang, alleine, noch war alles ruhig.

Sich eine Mönchskutte überziehen, der lauten Gesellschaft den Rücken kehren, sich von ihr mit einem milden Lächeln verabschieden und dann in einem geistigen Licht versinken – das kann auch schön sein. Sehnsüchte in einer wehsüchtigen Zeit?

Mönch werden ohne Christentum. Heidenmönch. Oder auch christlich. Hauptsache ohne Fesseln. Nur Herzen werden gezählt. Ich ging im Kreuzgang langsam hin und her.

Das mittelalterliche Klosterwesen, es ist faszinierend. Und doch: Die Greueltaten, die im Schatten oder gar im Namen eines Glaubens begangen wurden, auch unter Beteiligung von Mönchen, mögen nicht vergessen werden. Die Vergewaltigungen von Recht und Verstand durch Anhänger oder scheinheilige Vertreter einer Religion wiegen immer schwer, heute wie ehedem. Der Mensch kann eben aus allem eine Qual machen. Und trotzdem – es bleiben die erfüllenden, gewölbigen Choräle, die schmuckberstenden Handschriften, die hallig-säuligen Kreuzgänge, die stillen Klausen und Kammern, die rankigen, kräuterig duftenden Klostergärten;

Te Deum – es bleibt das Kloster als solches, ein Modell für die manifeste Organisation des inneren Lebens.

Die Eichenbund-Schule, sie erinnert mich auf Schritt und Tritt an ein Kloster, – an ein konfessionsloses Kloster, erfüllt und getragen von vielen entscheidenden Bekenntnissen. Und es erscheint mir gut so.

Eichbart sagte gestern nach unserem Waldspaziergang, daß auch die Mönchskunde als Schulfach hier sehr wichtig sei. Das verwunderte mich eigentlich nicht, denn es muß so sein.

Ich stellte mir vor: Mönche mit der unendlichen Acht als Zeichen ihrer Heiligkeit. Sie begehen einen Achtgang, tragen Kerzen und murmeln leise ihre Gebete vor sich hin…

Beim Frühstück befragte ich Eichbart gleich nach der Bedeutung der Mönchskunde in der Eichenbund-Schule. Und er gab gerne Auskunft:

»Es geht dabei um die Kreation eines idealistisch-phantastischen Mönchstumes. Wir malen uns also ein Ideal des klösterlichen Lebens aus und überführen dieses dann so gut es geht in die Wirklichkeit. Irrwitzigkeit, Orgelverehrung, Ewigkeitsstreben. Das sind zentrale Inhalte unserer Mönchskunde. Wir wollen den jungen Menschen neue Räume und Dimensionen eröffnen und ihre Gedanken in windige Gestade führen, in Überweltgegenden, wo nur Sehnsucht und wegweisende Wehmut Beständigkeit haben und alles andere weit ist – ewig weit… In hallenden Gewölben sitzen unsere Schüler auf Holzbänken und lauschen ihrem Lehrmeister, der in brauner Kutte von der Möncherei berichtet.

Klagende Gebete winden sich durch die Gemäuer und dringen hinaus in den mondlichten Garten. Schwermütige Chöre und Gesänge rauschen zum Fenster in die stille Welt heraus, und die Nacht trinkt einen heimlich losgelassenen neuen Geist...«

Kapitel Sechzehn

MINNESINN

Das Frühstück wurde beendet. Wir gingen wieder durch die Gärten und ließen unsere Gedanken einfach so dahinlaufen, ohne Ziel und ohne Verstand. Die Sonne wärmte den leichten Wind auf, eine Wolke segelte selig in endloser Blaulichkeit. Während ich mich ein wenig abseits hielt und dabei langsamer lief, erblickte ich ein Mädchen, das in einiger Entfernung auf einer laubenschattigen Bank saß, scheinbar ins Zwiegespräch mit einem Vogel versunken, der auf ihrer Hand hockte. Ich wußte nicht, ob sie mich bemerkt hatte, pirschte ein paar Schritte auf sie zu, blieb an einem Stachelbeerstrauch stehen und tat als wäre meine Aufmerksamkeit allein dem Gewächs zugedacht. Ich prüfte mehrfach den sauren Geschmack der noch recht harten Beeren und warf dem Mädchen dabei Blicke zu. Sie aber sprach mit dem Vogel. Und wenn ich auch den Wortlaut nicht erhören konnte, so fühlte ich doch die Zartheit, mit der sie ihrer Zuneigung zu diesem Vogel Tiefe gab, und obgleich ich doch keine Silbe mit ihr gewechselt hatte, nichts von ihr wußte, wünschte ich mich unvermittelt an die Stelle des Vogels.

Neue Umgebung, neues Licht, neue Luft – alles allein durch ihre Gegenwart bewirkt. Und das im Handumdrehen.

Das Denken fiel aus, ich war nur da, weiter nichts.

Eichbart hatte meine Abwesenheit bemerkt und war mir nachgestiegen. Jäh spürte ich seine Hand auf meiner Schulter. »Sie heißt Lilie und ist Schülerin der obersten Klasse«, flüsterte Eichbart mir zu. »Sie gibt sich gerne und häufig der Vogelkunde hin.«

Wir gingen weiter, und in meinen Gedanken ging Lilie mit.

Cembaloklänge schleppten sich durch die Gärten. Ein behäbiger, wild umrankter Springbrunnen lud uns zum Verweilen ein, und so ließen wir uns an seinem Sockel nieder, wo das muntere Geplätscher die letzten Reste der morgendlichen Mattigkeit vertrieb. Wir lagen da wie Kühe, und alles um uns herum war die ganze Welt. Eine gute Aussicht: der Himmel, das Grün, Türme.

Nach einer angenehm langen Weile sagte Eichbart: »Lilie hat wohl einen Stern in dir aufgehen lassen. In ihrer Nähe hast du jedenfalls eine gute Menge saurer Beeren verdrückt.«

»Eine spontane Inbrunst hat mich ergriffen, ich war dagegen völlig machtlos«, erklärte ich mit einem Anflug von Schwärmerei in der Stimme. Eichbart lächelte vergnügt und sprach: »Nun, in den höheren Klassen findet auch die Lehre von der Minnekunst Beachtung im Curriculum. Im Grunde genommen ist es wohl müßig, einem Eichenbund-Schüler ewig ein Idealbild einer harmonischen Verbindung zwischen Mann und Frau vorzuhalten. Unsere Charakterentfaltung sorgt schon ausgiebig dafür, daß hier jeder zu einer stimmigen, ehrenvollen und bedingungslosen Beziehung zu einem anderen Geschlecht fähig ist. Doch vergessen wir nicht die Sinne – und Sinne wollen Minne! Es liegt da eine tiefe

Schönheit in den ritterlichen Minneliedern. Und also können wir nicht anders, als diese Schönheit nicht sterben zu lassen, sie gebührend fortzusetzen und zu entwickeln. Die Minne ist schon ein treffliches Instrument, um die Zuneigung zu einem anderen Wesen auf eine künstlerische Weise zu unterstreichen. Die Kunst macht eine Nuancierung der Liebeszeugnisse möglich. Formeln und Floskeln, Platitüden und Phrasen können ausgespart werden, die beteiligten Personen finden stattdessen ihre Eigenarten in allen Ausdrücken und Vorträgen wieder. Außerdem trägt der Minnekunst-Unterricht dazu bei, Jungen und Mädchen im richtigen Schrittmaß zueinander zu führen…

Im Garten der Minne, der sich hinter den südöstlichen Pflanz-
häusern erstreckt, können sich angehende und dauerhafte Paare
ungestört ihrer Kunst hingeben. Bunte Blumenteppiche und dichte
Rosenhecken bilden zahllose Parzellen für das zweisame Streben.
Felsen und Nischen, geheime Treppen und Lauben, Brunnen und
efeuumschlungene Turmruinen erzeugen eine verschwiegene Stimmung, eine wirklich zutiefst verträumte Atmosphäre. Dort bewegen sich natürlich auch die vorläufigen Einzelgänger, um in dieser
ausgesprochen romantischen Anlage melancholische Sehnsuchts-
lieder zu dichten und dahinzusingen. Unsere Gärtnermeister sind
übrigens stets darauf bedacht, die romantische Stimmung des
Gartens zu steigern. Wir haben es hier mit Radikalromantikern zu
tun, die gnadenlos alles romantisieren. Sie sind dann auch immer
sehr stolz, wenn sich in ihrem Garten wieder ein neues Paar zu-
sammengefunden hat.«

Wir verließen unseren Platz am Brunnen und schlenderten
weiter durch die Gärten, bis wir an einen kleinen Acker gelangten.
Dort ragten seltsame Gewächse auf: etwa beinhohe Bäumchen, an
deren Ästen neben Blättern auch Papierseiten wuchsen. Wir hatten
solcherlei zuvor noch nie gesehen und waren ziemlich erstaunt,
als sich bei näherer Betrachtung herausstellte, daß die Papierseiten tatsächlich den Zweigen entwuchsen und keineswegs an ihnen
nur festgeklebt waren. Natürlich waren diese Papierseiten auch
beschrieben – und zwar mit philosophischen Texten. Kaum zu
glauben, aber es waren philosophische Gewächse.

An jedem Bäumchen konnte man verschiedene Reifestadien der Papiere beobachten: Manche waren noch zusammengerollt und grünlich, andere zeigten sich halb aufgewickelt, aber noch recht klein, blaß-gelb und zierlich geädert; und schließlich hatte man noch die ausgereiften Manifeste zu bestaunen, die groß und kunstvoll beschrieben an den Zweigen hingen und mit dem Winde konferierten. Einige überreife Papiere lagen bereits auf der Erde und waren schon ein wenig vergilbt. Eichbart erklärte:

»Es handelt sich hier um eine ganz außergewöhnliche Entdeckung, die wir den Philosophielehrern und den Gärtnermeistern zu verdanken haben. Auf diesen Äckern gedeiht die einzige Philosophie, die wahrhaft und mit vollster Berechtigung als organisch bezeichnet werden kann. – Philosophie als Frucht! Niemals zuvor gab es Ähnliches. – Die Entwicklung der richtigen Anbaumethoden und die Erkenntnis der vorzüglichsten Fruchtfolge haben einige Zeiten ausgefüllt und große Anstrengungen erfordert. Doch es hat sich unbedingt gelohnt.«

Schüler erschienen auf dem Feld. Einige waren mit Gießkannen ausgerüstet, andere prüften die Gewächse und pflückten hier und da ein reifes Manifest. Neben den etwas schwach ausgebildeten Pflanzen nahmen Schüler auf kleinen Klappstühlen Platz und lasen ihnen aus philosophischen Büchern vor. Diese verblüffende Tätigkeit war wohl mit der des Düngens vergleichbar.

»Es ist erstaunlich, welche Erkenntnisse diese Pflanzen hervorbringen«, sagte Eichbart und reichte jedem von uns ein schön beschriebenes Pflanzenblatt…

Ich wage nicht zu berichten, was auf diesen Blättern stand; nur das will ich bemerken: vernichtend, erhebend, machtvoll, ewig und berauschend. Man muß lachen beim Lesen dieser Blattschriften – und es ist ein erlöstes Lachen. »Ihr Menschenphilosophen«, möchte man ausrufen, »es ist alles ganz, ganz anders!«

Den eben gewonnenen Eindrücken Straßen in der Seele bauend, gingen wir weiter. Dabei erzählte Eichbart wieder von der Minne und der Liebe:

»Sie ist wahrhaftig ein großes Mysterium, die Liebe in all ihren Erscheinungsformen. Und nicht die scheinbare Enträtselung, sondern allein die spürbare Existenz dieses Mysteriums gibt dem erkennenden Menschen Hoffnung und Sinn. Die Liebe zwingt und drängt die merkwürdigsten Dinge herbei – und sie kann eigentlich auch nur erfaßt werden, indem man ihre unmittelbaren Auswirkungen beobachtet. Die Liebe mit Worten zu beschreiben, ist niemals mehr als der Versuch, das Weltall in eine Bücherkiste zu packen. Und so möchte ich euch exemplarisch berichten, in welcher Art sich Liebe hier bei uns schon sichtbar ausgewirkt hat und auszuwirken pflegt. Die Lehre von der Minne unterstützt natürlich jene zuweilen durchaus fragwürdigen Effekte. Die männlichen Schüler der oberen Klassen versuchen häufig, durch nicht ganz ernst gemeintes Imponiergehabe auf sich aufmerksam zu machen. Dabei stellen sie die unmöglichsten Dinge an und sind stets bemüht, sich gegenseitig haushoch zu überbieten. Sie kommen hin und wieder wirklich auf die abwegigsten, aber immer gut gemeinten, Ideen: Einige lassen sich an die Säulen des

Kreuzganges ketten, wo sie in spartanischer Lebensweise gern mehrere Tage verweilen. Manche pflügen ganze Felder mit bloßen Händen um, und andere beladen sich oft mit Schwarzpulversäcken und rennen alsdann durch einen brennenden Holzstoß. Wenn bei dieser Aktion einer explodiert, hört man nur das wahnsinnige Lachen des Betroffenen, der rußgeschwärzt seiner Angebeteten zur Pflege in die Arme taumelt. Denn das bezwecken sie ja meist mit ihren Eskapaden: Sie wollen von ihrer Auserwählten gepflegt werden. Daher explodieren manche mit voller Absicht.

Es gibt auch Verehrer, die selbstgedichtete Liebeslieder mehrere Tage und Nächte lang ununterbrochen singen, wobei sie häufig melancholisieren oder sich zeitweilig seliger Apathie hingeben. Nicht selten sieht man einen völlig übernächtigten Sänger ermattet im Grase hocken. Es ist ein Spiel mit dem Spiel, es ist vollkommene Minne. Mit Inbrunst werden da die Felder zwischen Erfüllung und Unerreichbarkeit, zwischen gescheutem Finale und gefeierter Sehnsucht vermessen. Mit seelischem Zirkel werden die Kreise der Schwärmerei gezogen, die dann als Manegen artistischer Werbung ihren Raum in der sichtbaren Welt beanspruchen. Ob sie nun in gepolsterten Tonnen einen reißenden Wildbach befahren oder lange Reisen auf Zehenspitzen unternehmen – immer ist es gut gemeint und soll als ungestüm-wohlgefälliger Dienst an der Liebe angesehen werden. Selbstverständlich werden die Geliebten mit maßlosen Geschenken bedacht. Kürzlich schenkte ein Liebender seinem Mädchen den ganzen Kreuzgang, obgleich ihm selbiger natürlich nicht gehörte. Trotzdem war es kurzzeitig für andere

Schüler, und auch Lehrer, unmöglich, den Kreuzgang zu betreten, da der großzügige Schenker, gleich einem Irren, die Benutzung des Ganges tatsächlich verhinderte. Vor zwei Wochen erst fragte bei mir ein verliebter Schüler an, ob er seinem Mädchen die gesamte Eichenbund-Anlage schenken dürfe. Ich bejahte sogleich dieses Ansinnen und stellte aber eine Bedingung: Er sollte die Eichenbund-Anlage, wie es sich gehört, hübsch in Papier einpacken und eine Schleife darum binden. Nach einigen verzweifelten Versuchen gab sich der Schüler der Resignation hin und schenkte später seiner Lieben eine Uhr ohne Zeiger.

Ist ein Eichenbund-Schüler erst so richtig verliebt, dann wird es für ihn anfänglich sehr mühselig, der Verehrten nahe zu sein: Denn kaum berührt sie ihn, fällt er auch schon in wonnige Ohnmacht. Eine flüchtige Berührung der Hände reicht dafür meistens völlig aus. Man stelle sich vor, wie die Folgen eines Händedrucks oder gar eines Kusses aussehen! Der Liebende ist also anfangs von häufigen Zusammenbrüchen geplagt und in seiner Werbung dadurch empfindlich gehindert. Nicht wenige brechen sogar beim bloßen Anblick eines von der Geliebten benutzten Gegenstandes zusammen. So trauen sich viele Verliebte schon gar nicht mehr aus ihrer Kammer heraus, weil sie genau wissen, daß sie draußen unweigerlich mit Gegenständen konfrontiert würden, die von der Verherrlichten berührt worden sind, oder gar Räume zu betreten hätten, in denen sich ihr Mädchen aufgehalten haben könnte. Sie müßten also außerhalb ihrer Kammer einen Zusammenbruch nach dem anderen erleiden. Das sind natürlich alles nur vorübergehende Phasen. Es mag vielleicht der Eindruck entstehen, daß unsere Jungs schwächlich veranlagt sind. Dem ist aber keinesfalls so. Sie sind nur auch in der Liebe Extremisten.«

Eichbart redete die ganze Zeit vom Verhalten der männlichen Schüler. Was war mit den Mädchen? Stellten auch sie derart ungeheuerliche Bemühungen bei der Gunstgewinnung an? Darauf angesprochen, erklärte er: »Auch die Mädchen gehen sehr weit in diesen Dingen. Allerdings wenden sie andere Taktiken an als die Jungen, verhalten sich insgesamt ruhiger, weben ihre Netze eher im Verborgenen. Übertreibungen werden aber auch von manchen Mädchen geschätzt und verwirklicht. Gerne treten sie als halbe Heilige auf, fordern höchste Verehrung und versprechen dafür das Entgegenkommen der Ewigkeit in ihren Armen.«

Während Eichbarts Ausführungen dachte ich stets an das Mädchen im Garten, an Lilie. Und ich fragte mich, ob sie von mir auch diesen totalen Wahnsinn erwarten würde? Eichbart seufzte vernehmlich und betrachtete für eine Weile den Zug zweier Wolken, die ganz klein und weiß und weich ein hübsches Paar da oben abgaben. Dann sprach er weiter: »Ach, Liebe. Fessel und Befreiung ist sie zugleich. Fessel, weil die Sorge um das Heil des Geliebten den Liebenden niemals losläßt; Befreiung, weil sich die Seele nach Herzenslust über der Spiegelfläche eines großen Sees ausbreiten kann. Erkenne dich selbst und sei frei! Die Liebe ist aber auch ein Monument, das tief in der Erde steckt und unendlich hoch in den Himmel ragt. So versuchen wir hier, unseren Schülern Grund und Höhe der Liebe zu vermitteln. Und dabei soll es längst nicht allein um die ewigen Liebesrituale im Dienste der Fortpflanzung gehen. Liebe und Fortpflanzung mögen Verwandte sein, eine Einheit bilden sie nicht. Denn die Liebe kann mit oder ohne Fortpflanzung sein, und die Fortpflanzung kann mit oder ohne Liebe sein, wie alles andere auch mit oder ohne Liebe sein kann.

Die Liebe ist für uns ein Weg zur Menschwerdung und zur Unsterblichkeit. Ohne Liebe ist der Mensch nur ein mechanischer Schatten, ein innerlich rostender Apparat, der sich unablässig mit allerhand Ersatzstoffen schmieren läßt. Die Selbstdefinitionen der Lieblosen wirken meist schal und haben oft den Beigeschmack der Lüge. Und wie viele Menschen, die von sich sagen, sie seien Liebende, gehören in Wahrheit zu den Lieblosen? Wie viele Gefühle werden mit Liebe verwechselt? Die Erwartung ist der Feind der Liebe. Liebe ist Freiheit. Liebe ist Beschützen und Liebe ist Erlösen. Liebe wird durch jede Bedingung sofort und augenblicklich eliminiert.«

KAPITEL SIEBZEHN

STERNENHERZ

Mondglanz stürzt für Augenblicke Wolkenkaskaden hinab. Zwei Adler kreisen sich in den Himmel ein. Wind singt sachte Weisen. Planeten warten. Einsame Augenpaare schauen aus dunklen Turmfenstern ins All hinaus. Das Land ringsum liegt still und sehnend in der lauen Sommernacht. Labyrinthe in den Wäldern warten auf Besuch. Märchenwiesen hügeln sich dahin. Meine Gedankenströme rauschen mit rasend-ruhiger Geschwindigkeit der Milchstraße entgegen. Entlaufene Träume wittern Geheimnisse hinter den Biegungen ihrer unsichtbaren Wege.

Und wir stehen auf der höchsten Zinne der Eichenbund-Burg, wohlig betäubt von der Allgewalt des nächtlichen Weltenraumes. So erzählte uns Eichbart von der Astronomie:

»Eine wunderbare, nahezu sternklare Nacht. Viele Eichenbund-Schüler werden nun wieder an offenen Fenstern sitzen, still und versunken. Sie schauen hinaus in die weite unbekannte Welt, hinaus ins ewige All. Wir blicken den Sternen nach, und es ist herrlich. Können wir auch bloß in die Vorräume dieser unendlichen Regionen hineinsehen, so werden doch unsere Herzen und unsere Seelen gewaltig bewegt und erschüttert. Eine Ahnung der Ewigkeit schimmert aus den Himmelstiefen zu uns herab. Ein schwerer, tiefer Atemzug… unheimliche Weltenstimmung fließt über das nächtliche Land. – Seht! Dort drüben sitzt ein Schüler und treibt seine Blicke und Gedanken in die helle Dunkelheit hinein. Ja, er starrt ergriffen durch sein Fernrohr und denkt wohl kaum, im ersten Taumel seiner Faszination, an die Bescheidenheit jenes Gerätes. Führt es sein Augenlicht doch auf eine Reise bis vor die Tore der Unendlichkeit. Aber spätestens dann, wenn dem Schüler der Begriff Unendlichkeit in den Geist rückt, wird er über das Fernrohr lächeln, über sich selbst und die Menschen. Die Unendlichkeit ist ein Rätsel, dessen Lösung wir allnächtlich vor Augen haben, aber trotzdem nicht fassen können. Die Unendlichkeit bedeutet für uns eher eine Abstraktion, dabei gibt es kaum etwas Konkreteres als eben die Unendlichkeit, von der wir vollkommen umhüllt sind. Geistig bewegt man sich beim Grübeln über die Unendlichkeit des Weltalls auf der Schwelle zum Wahnsinn. Und beinahe verspürt man den Wunsch, diese Schwelle zu übertreten, um vielleicht in den Wirren des Wahnsinns eine Möglichkeit der Einsicht zu erkennen, um wenigstens eine Andeutung zu erfahren, einen flüchtigen Blick nur zu werfen über die allerletzte Grenze hinweg, die den Beginn der endgültigen Ewigkeit markiert. Aber ob uns der Wahnsinn dem Unbeschreiblichen näherbringt, das ist eine Frage, die ich bislang nicht zu beantworten weiß. Es ist jedenfalls ein besonderer Reiz über das Weltall nachzudenken… und dann kommt eben der Reiz des Wahnsinns. Irgendwann möchte man verrückt werden, um endlich Ruhe zu haben.«

Auf dem Plateau des Turms standen zwei Fernrohre auf hölzernen Stativen. Eines war auf den Mond gerichtet, das andere rückte

dem Auge die Plejaden ein kleines Stückchen näher. Der Blick, den man durch das Mondrohr werfen konnte, landete direkt im Meer der Stille, dem Mare Tranquillitatis. Welch ein Ort! Ein guter Grund für die Errichtung eines Klosters, denke ich. Und dann stelle ich mir ein gigantisches Hörrohr vor, mit dessen Hilfe ich die Stille auf dem Mond ganz dicht an mein Trommelfell heran- führen könnte. Da oben sein. Einmal nur. Für fünf Minuten.

Nebenan ließ Matthyas das vom Fernrohr angesaugte Licht des Siebengestirns in sein Auge tropfen. Er war ganz still und starrte. Ein Wolkenfetzen flammte kurz auf im Hof des Mondes. Die große Weite blaute endlos und monströs über unseren kleinen Köpfen. Und wir sahen das ganze All in einem fort.

Nach langem feierlichen Schweigen sprach Eichbart endlich: »Unsere Schüler werden abends oft in besondere Kammern, in den Hof, in den Wald oder aufs freie Feld gesandt, damit sie sich dorten der Zwiesprache mit irgendeinem Stern hingeben. Der Blick in das All regt den philosophischen Trieb an, zudem die Phantasie, auch das Feingefühl und natürlich das Stimmungs- empfinden. Das All ist ein Raum voller Fragen; ja, jeder Stern selbst ist eine Frage für sich, die sich uns allnächtlich am Himmel stellt. Und gerade weil diese Fragen stets bestehen bleiben und von uns Menschen im Verlaufe des irdischen Daseins nicht beant- wortbar sind, verkörpern sie große Lehrmeister, die unser Be- wußtsein einerseits in gütige Schranken weisen und es anderer- seits zur totalen Öffnung bewegen. Im All-Unterricht geht es natürlich auch um die Geschichte der Astronomie, die Kunde von den Sternbildern, um Sternhaufen, Nebel und Wolken, ferne Galaxien, Planeten und Monde, Sonnen und Kometen, um Schwarze Löcher, Neutronensterne, Quasare, Zwerge, Riesen und Filamente und alle anderen universischen Phänomene. Der astronomisch-kosmologische Unterricht ist sehr beliebt.«

Wir spazierten durch die nachtdunklen Gärten und Laublabyrinthe. Springbrunnen und Kaskaden befließende Bächlein plätscherten hin und wieder durch die Stille.

Mondgartenstimmung.

Hier haben Kinderbücher sich geöffnet.

Wir erstiegen eine Anhöhe.

Zwischen Apfelbäumen stehend, schauten wir in die Ferne.

KAPITEL ACHTZEHN

WINDWEHEN

Hinter den Mauern schweigen die Wälder. Und hinter den Wäldern summt leise der Horizont.

Die milde Kühle, der Duft der Nacht, das glitzernde Gras zu unseren Füßen, die Bäume und Gärten, der Wald – ich fühle mich umarmt und würde gerne selbst das alles hier mit weitem Schwung umarmen. Hinein in das Herz und die Seele, den ganzen Geist und jeden Raum des Körpers mit dieser nachtländischen, kindermärchenhaften, tiefen Stimmung ausfüllen. Eine neue Welt bauen. Und alte Kinderbücher sollen die Baupläne sein. Hier ist der Anfang.

Sachter Wind kam auf und verwandelte die Nacht in einen sanften Strom, der uns liebevoll umfloß, uns leichter machte. Wir schauten und fühlten, und Eichbart sprach: »Am Abend, am Morgen oder in der tiefen Nacht ziehen kleine Gruppen hinaus auf die Hügel, Berge und Felder. Dort halten sie sich lange auf und lauschen dem Wind. Denn das Wehen des Windes erweckt gar merkwürdige Stimmungen. Und das Wunderbare daran ist, mit einem Element in Berührung zu kommen, das die Ewigkeit kennt und am Rande der Unendlichkeit gewesen ist. Froh und erschüttert stehen die Schüler, das Gesicht dem Winde zugewandt, auf den Höhen und versinken in die Welt der Wälder und Ebenen. Mit jedem Atemzug, mit dem sie den Wind trinken, fühlen sie

sich ein Stück mehr verbunden mit der Natur und ihrem Geheimnis. Und die alten Sagen, die der Wind in seiner verwehten Sprache preisgibt, machen die lauschenden Schüler trunken und weise. Eine Stimmung der Wehmut haucht über sie hinweg, und es ist, als wäre der Wind ein Widerhall alter Gesänge aus längst vergessenen Zeitaltern. Dann ergreift die Schüler eine Furcht, jedoch eine schöne Furcht, die sich in feierlichem Schauer ausdrückt; eine erwartungsvolle Furcht und das Verlangen, die Natur, das Unendliche, das man nicht begreift, das Ferne und Ewige zu erfahren und zu ehren. Und also tritt ein Zustand der Unbeschreiblichkeit im Bewußtsein ein. Die Schwelle ist erreicht, an der die Gedanken gehemmt verharren, weil sie von der Herrlichkeit des nächtlichen, waldigen Landes überwältigt werden, und der Geist kann die Stimme des Windes kaum noch erfassen. Endlich überkommt die Schüler der unbändige Wunsch, mit dem Wind, dem Himmel, den Wolken, den Wiesen, dem Wald und der Weite eins zu werden.

Aber auch wenn der Wind kaum spürbar, nur ganz sacht und leise, über das Land weht und dabei die Sterne in mattem Glanz vom schwarzblauen Himmelszelt auf den stillen Wald und die Wiesen herabschimmern, ist gleichfalls die Gefahr gegeben, daß die Eichenbund-Schüler von einem zeitweiligen Wahnsinn ergriffen werden, da die erlebte Schönheit einfach unerträglich sein kann. Diese Erlebnisse mit dem Wind graben sich tief in die Seele des Schülers ein und öffnen seinen gedanklichen Horizont mit zauberischen Schlüsseln. Der Wind ist ein grandioser Lieferant für Gefühle, Fragen und Ehrfurcht.

Wind ist uns ewiger Ratgeber, ein Freund und Verwandter, eine Instanz allen Seins. Der Wind bringt uns den salzigen Geschmack der Meere, über die er Tage und Nächte gefahren ist, er bringt uns die Kühle der Gipfel entfernter Gebirge und die Einsamkeit der endlosen Ebenen und Wüsten weht er hinein in die Kammern unserer Herzen. Sich dem Wind hinzugeben, sinnreicher und vernünftiger kann eine menschliche Beschäftigung kaum sein. Hernach sollen die Schüler ihre Erfahrungen mit dem Wind aufschreiben. Dadurch soll eine Windbibliothek begründet werden, welche später die Grundlage für das Erlernen der Windsprache bilden könnte.«

Gemächlich bewegten wir uns unter den Astbögen einer schmalen Allee. Mondscheinblau die Wiesen rechts und links. Ein harfender Nachtwind ließ Zweige und Blätter erzittern. Schwarz standen die Ulmen da. Eichbart strich im Vorübergehen mit der Hand über die Stämme. Es rauschte über uns, nur kurz, dann Geflüster – und schließlich ein leises Ächzen im Holz. Dann sagte Eichbart noch: »Der Wind ist der Atem der Welt.« Der Rest war Schweigen, und wir schliefen im Gras.

KAPITEL NEUNZEHN

GARTENKUNDE

Am nächsten Morgen gingen wir nach dem Frühstück sogleich in einen Garten und Eichbart berichtete gut gelaunt über die Gartenkunde:

»In unseren Gemüse- und Obstgärten herrscht oft reges Treiben. Es wird gepflanzt, gejätet, geschnitten und gegraben, geerntet und gelesen. Seht nur: Jungen und Mädchen tanzen ausgelassen von einem Sonnenfleck zum anderen. Schöne Weisen werden vom lauen Spätsommerwind durch den Garten getragen, und das Rufen und Hacken, Pfeifen und Lachen, Vogelgezwitscher und Spatenschleifen – all das vereinigt sich zu einer kleinen Symphonie des Friedens, der man ewig lauschen möchte. Blütenbekränzte Mädchen, Jungs mit spitzen Strohhüten und Lehrer in grünen Gewändern bevölkern emsig strebend die Beete, Wiesen und Baumkronen. Oft sitzen ein Flötist und ein Lautenspieler an einem Bretterzaun und treiben die Gartenleute mit heiteren Melodien zur Arbeit an. Der Effekt dieser Musik ist aber häufig, daß Schüler und Lehrer plötzlich mit ihren Arbeitsgeräten zu tanzen beginnen. Ihr solltet das einmal sehen! Sie hüpfen dann ohne Ziel und Halt zwischen den Beeten herum, drehen sich wie wild und machen die sonderbarsten Bewegungen. Viele begleiten klopfend mit Gießkannen, Schüsseln und Sicheln die Musik, so daß an ein Aufhören kaum zu denken ist – selbst wenn die beiden

Instrumentalisten erschrocken ihr Spiel unterbrechen. Wenn es aber zu arg ist und die Gartenleute zum Beispiel nach rohen Eiern und einer Tischplatte für den mittelalterlichen Eiertanz verlangen, muß ich herbeieilen und zur Arbeit rufen… sofern ich mich nicht selbst in die tanzenden Reihen geselle.«

Diese Gärtnerei lag vor uns wie ein aufgeschlagenes altes Kinderbuch. Wir spazierten durch das Bild eines vergessenen, unsagbar glücklichen Sommertages, dessen flirrend-blasse Farben unsere Sinne balsamierten. Merkwürdig vertraute Ahnungen und Stimmungen stiegen in mir auf, es war als würde ich mich an Kindertage erinnern, die ich selbst so nie erlebt hatte. Alles wirkte gut und gelassen. Ein allumfassender Frieden.

Wir verließen den Garten und wandelten auf einsamen Wegen durch endlose Laublabyrinthe. Dabei erzählte Eichbart: »Die Eichenbund-Lehrer sind hier übrigens auch immer Schüler. So unterrichten sich die Lehrer zu bestimmten Zeiten gegenseitig. Da sitzt dann der Geschichtslehrer beim Musiklehrer und lernt das Flötenspiel, da zieht der Naturkundelehrer mit dem Gestiklehrer durch die Wälder und Heiden, da versucht sich der Gärtnermeister beim Turnierlehrer im kühnen Schwerterkampf oder die Reitlehrerin übt sich in der Kunst des Dichtens. So erweitern die Lehrer ihre Fähigkeiten, vertiefen ihre Einsichten und können also umfassender und universeller unterrichten. Außerdem geben sie ihren Schülern damit ein vortreffliches Beispiel für ein Leben nach der Maxime des ewigen Lernens.«

KAPITEL ZWANZIG

LEBENSAHNUNG

Nach einem reichlichen Mittagsmahl wandelten Matthyas und ich gemächlich und ohne Ziel durch die Gänge und Rittersäle. Obgleich die Anlage laut Eichbart mehrere Hundert Schüler und Lehrer beherbergte, konnte man hier lange Wege zurücklegen, ohne auch nur auf einen einzigen Menschen zu stoßen. Immer neue Korridore, Fluchten und Treppen lockten uns weiter in eine heimelige Irre. Sich gründlich zu verlaufen, das mußte an diesem Ort eine feine Beschäftigung sein. Wir durchquerten prunkvolle Gemächer, stille Bibliotheken, lichte Hallen, verschwiegene Kabinette. Wir passierten Galerien und Balustraden, verweilten auf Terrassen, bestiegen Türme. Von einem Balkon aus beobachteten wir, wie eine Schülergruppe das Gelände verließ und sich in Richtung Wald bewegte.

Da trat unvermittelt Eichbart zu uns heran und erklärte: »Sie gehen wohl in die Kirche. Denn unsere Kirchen sind ganz einfach die ewigen Wälder. Dort finden wir Inspiration und Heiligkeit, und jeder kann in den grünen Gefilden auf seine Weise andächtig sein. – Ja, es gibt auch Religionsunterricht an unserer Schule. Nämlicher behandelt die Geschichte und die Eigenheiten der Religionen und vermittelt alte mystische Praktiken, mit deren Hilfe allerlei Versenkungen und Öffnungen des Bewußtseins ermöglicht werden sollen. Zudem hat sich hier im Laufe der Zeiten ein ganz eigener Glaube entwickelt. Dieser Glaube ist dogmatisch und undogmatisch zugleich, ein Paradoxon wie Anfang und Ende. Immer aber ist unser Glaube ein Angebot, niemals eine Verpflichtung. Wer das Angebot annimmt, dem eröffnet jene Offenbarung neue Wege, die in labyrinthischer Manier über windige Weiten, schroffe Gebirge und durch wilde finstere Wälder führen… bis hin zur Quelle der vorletzten menschenmöglichen Erkenntnis. Jener Glaube geleitet an Grenzen, die zu überschauen ein frohes und erschütterndes Erlebnis sein kann. Jedenfalls liegen hinter diesen fernen Grenzmarken Räume, deren ahnungsreiche Undeutbarkeit im Betrachter eine sehnsüchtige und selbstlose Gier aufkommen läßt, die ihn fortan und für immer berühren wird. Eine Wanderung durch die Bezirke ewiger Mysterien beginnt mit dem Versinken in unseren mächtigen Glauben. Auf einmal nimmt die Gegenwärtigkeit neue Formen an, und die Zukunft erscheint gütig als leuchtendes Ziel am Ende der Nacht. Das Bewußtsein weitet und breitet sich aus, und es ist, als erlange man nie gekannte Sinne, deren Gebrauch viele alte Fragen aufklärt, aber noch mehr neue Fragen erzeugt. Ein Schüler hat einmal ein diesbezügliches Erlebnis aufgeschrieben, in seinen Worten festgehalten. Ich bin von dieser kurzen Schilderung äußerst angetan, sie beschreibt das Gefühl und das Wesen unserer Glaubensart.«

Und Eichbart zog einen Zettel aus seiner Tasche und reichte ihn uns, auf daß wir ihn lesen sollten – was wir auch taten:

141

» Im Wald steht eine Burg.
Still... alt... verlassen.
Der Mond schaut in die leeren Säle.
In den Gängen rauscht das Meer...
Warmer Wind zieht beatmend über die Steine;
Blütenduft begleitet ihn.
Alte Sommer treffen sich und singen leise,
flüstern sich Geschichten zu...
Ein erwachter Vogel ruft zaghaft in die Nacht hinein...
Träume schleichen, nach Träumen suchend,
durch die Gräser...
verbünden sich mit Mond und Wind und Meer.

Am Waldesrand, am Strand sitzt still ein junges Paar.
Auf den Wellen wiegt ein Schiff –
es trug sie her und trägt sie bald zurück.
Eine Möwe grüßt das Paar – sie fliegt ins All...

Die Burg leuchtet über dem Meer –
Sternensand wandert über die Insel.
Die Zeit ist schon weit fort...
Ein Sonnenstrahl blitzt auf am Horizont.
Das Segel strafft sich im Frühmorgenwind...

Aufgewacht!

Der Wecker schreit die Träume nieder.
Aufstehen – Schule.
Hab ich geträumt? Doch was nur?
Keine Erinnerung.
Egal – die Schule. Es ist Zeit.
Auf dem Nachttisch liegt ein Buch,
Das Silmarillion;
aufgeschlagen auf Seite 116 –
Tol Eressea...

Und es war kein Traum –
es war eine alte Erinnerung...
an die einsame Insel
Eressea.«

KAPITEL EINUNDZWANZIG

MÄRCHENGLÜCK

Später gingen wir wieder mit Eichbart spazieren. Diese gemeinsamen Gänge waren uns mittlerweile zu einer liebgewonnenen Gewohnheit geworden. Heimisch hatte ich mich hier vom ersten Augenblick an gefühlt, aber langsam verlor ich jegliches Zeitempfinden, so daß ich manchmal glaubte, seit Jahr und Tag an diesem Ort zu leben. Irgendwann werde ich mir auf einem Weg durch die Anlage wohl selbst begegnen. Stumm zunicken will ich mir dann – und lächeln.

In einem halb verwilderten Garten trafen wir auf einen Burschen, der bäuerlich gekleidet und eine Gans unter dem Arm tragend, mit weit ausholenden Schritten an uns vorübereilte. Etwas erstaunt sahen wir ihm hinterher. »Wer war denn das? Ein Schüler oder ein Lehrer?« wollte Matthyas wissen, und Eichbart antwortete: »Ihr könnt es glauben oder nicht, aber es sei euch im Namen von Vernunft und Anstand geraten, es zu glauben! Nicht Schüler noch Lehrer war nämliche Person, sondern Hans im Glück.«

Das war umwerfend.

Doch nach all den außergewöhnlichen Erlebnissen, die uns während des Aufenthaltes in der Eichenbund-Schule widerfahren waren, glaubten wir Eichbart ohne Vorbehalt und gern. Und es ist wahrhaftig angenehm, einer leibhaftigen Märchengestalt zu begegnen. »Aber was hat er hier zu schaffen?« fragte ich. Und Eichbart erwiderte:

»Es ist so, daß die Sagen- und Märchenkunde zu den vorzüglichsten Unterrichtsfächern dieser Schule gehört. Dafür wurde eine einzigartige Sagen- und Märchenbibliothek angelegt, die auch unser ganzer Stolz ist. Wenn sich nun ein emsig Studierender in die dortigen Bücher vertieft, er dabei viele Schriften offen und aufgeschlagen um sich herum auf dem Pult plaziert, so kann es durchaus geschehen, daß aus der einen oder anderen Illustration eine Märchen- oder Sagengestalt entsteigt, sich in vollständiger Größe materialisiert und in unserer Anlage mit Lust eine Zeitlang umherwandelt. Alles hier ist beseelt und durchdrungen vom Geist der Sagen und der alten Märchen. Manche Mythen wohnen bei uns für immer. In fast jedem Winkel unserer Burg hocken Geheimnisse und unbeantwortete Fragen. In einigen Gartengegenden und den Kellern aber findet man an manchen Tagen Gänge, die zu fernen und versunkenen Sagenwelten führen. Doch nur wenige haben einen jener Gänge benutzt, und beinahe alle, die es getan, sind drüben geblieben. Auch ich war dort. Doch ich bin zurückgekehrt, um hier auf dieser Ebene mein Werk zu vollbringen, um einen Hauch der Stimmung dieser herrlichen, unendlichen Märchenländer, dieser großen und weiten Dimensionen, in unser Revier zu bringen und uns allen die Unsterblichkeit schenkende Sehnsucht nach den Zauberwäldern und Elfenherzogtümern in die Herzen zu pflanzen. Unsterblichkeit schenkt diese Sehnsucht deshalb, weil sie erfüllbar ist und ewig.

Ich möchte es abermals bekräftigen: Die Märchenkunde gehört
tatsächlich zu den bedeutsamsten und prägendsten Unterrichtsfächern der Eichenbund-Schule. Neben der wissenschaftlichen
Arbeit lesen sich Schüler und Lehrer zum reinen Vergnügen und
zur Förderung der Wohlstimmung häufig stundenlang alte Märchen und Sagen vor, manche erzählen sogar von selbst erlebten
zauberhaften Begebenheiten, mithin gänzlich neue Überlieferungen entstehen. So sitzen dann die Eichenbund-Schüler an langen
Winterabenden in den alten Stuben vor dem knisternden Feuer

und erzählen sich wunderliche Geschichten, singen leise Weisen oder lauschen einfach dem wehmütigen Wehen des nächtlichen Windes, der in seinem rastlosen Zuge unruhige Seelen und Gespenster über die Felder treibt. Und wenn die Windgeister an Türen und Fenstern rütteln und an den Mauern ihr Klagelied singen, dann wird es ganz still in der Stube… und die Gedanken eines jeden ziehen fort mit dem eiligen Winde, über kahle Ebenen und Hügel, bis an vergessene Gestade und Grenzen…«

KAPITEL ZWEIUNDZWANZIG

KRÄUTERHEIL

Nun führte uns Eichbart in ein mittelalterlich anmutendes Gebäude, in dem sich auch die Unterrichtsgewölbe für die Heilkräuterkunde befanden. Wir traten ein, und Eichbart sprach:

»In diesen klösterlichen Steinräumen kräutern sich Schüler und Lehrer in die Geheimnisse des Heilpflanzenwesens hinein. Uralte vergilbte Naturbücher berichten von den Erdkräften und Heilgewalten, die in den wilden Blumen, Beeren, Gräsern, Blättern und Kräutern wohnen. Auf künstlerisch fein gestalteten Wandtafeln findet man Abbildungen ausgewählter Pflanzen, deren Fasern und Säfte gesundheitliche Erneuerung, Würzung der Speisen oder betörende Düfte versprechen. Im Frühjahr und im Sommer ziehen dann die Schüler mit ihren Lehrmeistern in die Umgebung hinaus, wo sie auf lichten Waldwiesen, am Feldrand oder unter rauschenden Fichten, Kräuter und Blätter sammeln. Vorsichtig werden die Pflanzen in kleine Körbchen gelegt und dem Lehrmeister vorgeführt, der sich von der Richtigkeit aller gesammelten Gewächse überzeugt und hernach Fleiß und gutes Auge lobt. Oft setzen sich alle Schüler während einer Pause im Kreis um ihren Lehrer, der, auf einem Hocker oder Baumstumpf sitzend, in der ruhigen Stimmung des Waldes von Legenden und Sagen erzählt, die sich im Laufe der Jahrhunderte um manches heilende Kräutlein

149

gerankt haben. In der Schule werden später die gesammelten Pflanzen in der Kräuterstube sortiert und abermals überprüft. Gebündelt hängt man sie alsdann im Gebälk des Trockenbodens auf, wo es warm und schattig ist. Ein anderer Teil der Kräuter wird frisch verarbeitet und wandert in die Tiegel und Mörser. Versierte Schüler stellen Salben, Tinkturen, Preßsäfte, Öle und Kräutergeister her. Besonders beliebt sind diese Arbeiten wegen der wunderbaren Düfte, die beim Herrichten der Pflanzen entstehen und schnell das ganze Gewölbe erfüllen. So mag es wohl auch in den Kräuterkammern der alten Klöster und in den Waldhäusern unserer Ahnen gerochen haben.

Die bewegende Stimmung einer imaginären Vergangenheit, die zugleich die Stimmung einer realen Zukunft ist, erfaßt die Herzen der Schüler, ein freudiger Schauer der Glückseligkeit läßt sie bei ihrer Arbeit beben, und ahnungsvolle Sehnsucht nach dem ewigen Wind und seinen Reisen durch Zeit und Raum rundet diesen Reigen urarchaischer Gefühle ab.

Auf dem Gelände befinden sich mehrere Kräutergärten. Der schönste aber ist der vom Kreuzgang eingefaßte Klostergarten. Dort ist fast immer jemand zu finden. Ob Schüler oder Lehrer, ständig rupft und zupft, streut und zerrt eine kundige Hand in den Beeten herum. Oder es sitzt einfach einer auf der steinernen Bank und sieht den Pflänzchen beim Wachsen zu, versunken in Träume und Ahnungen…«

KAPITEL DREIUNDZWANZIG

SCHMIEDEWERK

»Doch begeben wir uns nun in die Werksäle, damit ich euch von unserem Handwerk erzählen kann.« Und also begaben wir uns dorthin und verharrten zuerst bei einem Schmied. Dieser war von hünenhafter Gestalt und schwang einen Hammer, der wohl einem Riesen entliehen war. Er bearbeitete mit fanatischer Hingabe eine prächtige Sichel, so daß die Funken unaufhörlich nach allen Seiten sprühten. Erschütternde Schreie entrangen sich dabei seiner Kehle, und er schlug so gewaltig zu, als wollte er den gesamten Amboß in die Erde hineinrammen. Eine absonderliche Begierde hatte den Schmied offensichtlich gepackt, und mit rollenden Augen gab er sich seiner seligen Besessenheit hin. Im Hintergrund sahen wir einige behandschuhte Schüler, die sich unter lautem Gelächter glühende Kohlen zuwarfen. Eichbart versuchte, dem rasenden Schmied etwas zu sagen, doch jeder Schlag auf den Amboß war wie eine furchtbare Explosion, so daß jenes Ansinnen völlig vereitelt wurde. Und so sprach er eben zu uns: »Kommt! Gehen wir hinüber zu den Holzwerkern. Unser Schmied arbeitet hier übrigens schon seit den Anfangstagen des Eichenbundes, er ist ein Urvater. Niemand kennt sein genaues Alter. Ein großer Schöpfer ist er – und ein hochweiser Mann voller Geheimnisse.

Doch seht: Töpfe, Löffel, hohe Stühle, Tische, Hocker und Schemel, Bänke, Schnitzwerk und Rahmen, Gewänder, Schwerter

152

und Lanzen, Bögen und Spieße, Karren, Pflüge, Streben und Beben und allerlei andere Dinge werden im Burgkloster verwendet und müssen daher auch angefertigt werden. Klopfen und Kreischen, Britzeln und Rasseln, Bersten und Brechen – das ist die Musik des Schaffens. Erfahrene Meister erklären die Eigenarten der verschiedenen Hölzer und ihre Verwendungsmöglichkeiten. Schnitzlehrer treiben die Schüler zu immer prunkvolleren Werken an, so daß zuweilen die Arbeitsräume fast im Glanze der gülden bemalten Ornamente ertrinken. Aber auch einfache und ganz schlichte Schnitzereien werden mit Sorgfalt und Liebe fabriziert. Mädchen arbeiten auf Wunsch gleichfalls mit Hammer und Hobel. Vornehmlich aber erbauen sie sich an der kunstvollen Fertigung von Gewändern, Tüchern, Stickwerk und am Bemalen von Holzarbeiten und irdenen Gegenständen. Stiefel, Filzpantoffeln und Schnabelschuhe werden von Mädchen und Jungen gemeinsam hergestellt. Auch das ehrhafte Backhandwerk wird von beiden Geschlechtern betrieben. O, und unsere Backstuben sind ein wahres Märchenland! Wunderbare Düfte betören die Nase, und die schweren steinernen Öfen verlocken zum Hineinkriechen. Mehl liegt wie Bücherstaub auf den Regalen und Geräten. An der niedrigen Decke hängen flackernde Lichter, die den Raum in stilles altes Licht tauchen. So verwandelt sich der von den Ähren auf dem Felde aufgefangene Sonnenstrahl in den dunklen Backstuben zu uraltem knurzigen Brot.«

KAPITEL VIERUNDZWANZIG

LEINENWELT

»Kommt, gehen wir auf diesen Balkon dort drüben!« Und so stellten wir uns auf den Balkon, der klein und verwittert am Mauerwerk eines dicken Turmes klebte, und blickten hinweg über das weite Land. Es war später Nachmittag, und die Sonne breitete ihr tief-orangenes Lichtgewand über den Kuppen und Kegeln aus. Ich stellte mir vor, wie es wohl wäre, diese Gegend einmal gründlich zu erwandern. Wo würde ich schließlich landen, ginge ich von hier aus immer weiter und weiter? Gäbe es einen Weg zurück? Da fiel mir auf, daß wir immer noch nicht wußten, wo wir eigentlich waren, jedenfalls geographisch gesehen. Aber diese Tatsache machte die Vorstellung, durch dieses Umland hier zu wandern, im Grunde noch anregender. »Übrigens«, sagte Eichbart, »der waldige Hügel, den ihr dort hinten seht, der ist gemalt.«

Das war nun wirklich kaum zu glauben.

Wir musterten jeden Baum des besagten Hügels, ohne dabei auch nur den geringsten Hinweis auf eine Malerei zu entdecken. Alles sah aus wie gewachsen, ein Hügel neben anderen, mit Büschen, Hecken, einem Wäldchen. Ein knapper Kilometer Luftlinie, weiter war diese Erhebung sicher nicht von uns entfernt. Und so sehr wir auch starrten, wir erkannten einfach nichts Artifizielles da unten. Vor uns lag bloße Landschaft. Und dieser Hügel wirkte wie ein gewöhnlicher Teil davon.

Doch Eichbart blieb bei seiner verblüffenden Verkündung: »Die Schüler und Lehrer aus den Künstlerateliers haben dieses Werk vollbracht, es ist beinahe vollkommen. – Ich bemerkte es damals zuerst auch nicht. Es war ein Geburtstagsgeschenk für mich.«

Fassungslos fixierte Matthyas, der ja selbst ein begnadeter Maler ist, die illusionistische Schöpfung. Das Bild mußte enorme Ausmaße haben. Auch ich war regelrecht schockiert und wußte nichts zu sagen. Da ergriff Eichbart wieder das Wort: »Sie lieben es hier, überdimensionale Leinwände in meisterlicher Manier zu bemalen. Unsere Künstler – und beileibe nicht nur die malenden – werden zuweilen von wahnwitzigen Manien gepackt, und viele ihrer grandiosen Werke sind die Ergebnisse reiner Zwangshandlungen. Und wie den Initialenmalern, so gelingt es hin und wieder auch den Gemäldeartisten, ein Bild zu erschaffen, das begehbar ist, in das man also hineinsteigen kann. Von Zeit zu Zeit trifft man sich daher gerne mit Freunden und Gefährten, um gemeinsam eine Wanderung durch die Ländereien zu unternehmen, die sich hinter der zweidimensionalen Fassade eines besonders gelungenen Gemäldes erstrecken.

Wir wollen alle Schüler, auch die weniger begabten, dazu anleiten, mit Freude künstlerisch zu wirken. Und wir möchten jedem die Fähigkeit schenken, Gedanken und Stimmungen bildlich offenbaren zu können, in welchem Stil und auf welche Weise auch immer. Ein solches Vermögen steigert die Intensität des Daseins erheblich und trägt dazu bei, der eigenen Totalität ein Stück näher

zu kommen. Möge jeder Eindruck einen Ausdruck erzeugen und jeder Ausdruck einen Eindruck hinterlassen.«

Wir verließen den kleinen Turmbalkon, und Eichbart führte uns in einen gewaltigen Saal, der in Prunk und Pompösität beinahe zu ertrinken drohte. Uns empfing hier ein ganz neues Universum. Staunend ließen wir uns von all den Ornamenten, Gemälden, Szenerien und Verästelungen faszinieren und verwirren. Barockes Chaos. Fantastisch!

Weit hinten, am Ende des Saales, thronte eine mächtige Orgel, die nicht durch ihre Höhe, sondern eher durch ihre Gedrungenheit und Breite besonders auffiel.

»Das ist unser Festsaal«, erklärte Eichbart mit blitzenden Augen und fuhr fort: »Hier werden hin und wieder Bälle, außergewöhnliche Vorträge und Konzerte veranstaltet. Und merket auf! Denn auch heute Abend wird allhier ein wunderbares Konzert gegeben.«

Darauf waren wir natürlich sehr gespannt. Am Abend also fanden wir uns erneut im Saale ein, der bereits vom sichtbar erwartungsfrohen Publikum gut ausgefüllt war. Wir nahmen an einem Ende der ersten Stuhlreihe Platz, gleich neben dem Fenster, das den Blick auf den Haupthof freigab. Fahles Mondlicht überflutete die Fassaden und das Pflaster. Auf dem Brunnendenkmal hockten schlafende Tauben.

An der überschwenglich bemalten Saaldecke hingen vorne vier wuchtige Kronleuchter, die alle mit Dutzenden von Kerzen bestückt waren und ein heimlich-feierlich-gedämpftes Licht über dem Kammerorchester verbreiteten. Ansonsten herrschte beinahe völlige Dunkelheit im Saal. Allein am anderen Ende der Räumlichkeit flackerten bescheiden ein paar Kerzen. Endlich erhoben sich die Musiker, auffordernder Beifall, sie setzten sich, der musikalische Vortrag begann.

Nach wenigen Takten schon vergaß ich alles um mich herum und glitt selig in das wogende Rauschen des Barocks hinein. Ich versuchte, mich auf die im Raum herumschwirrenden Töne zu setzen, um mit ihnen in die Vergangenheit zu fliegen; ich griff nach ihnen, schnappte nach Tönen wie nach Luft. Welch eine wunderliche Zauberei, die mich über ungeahnte Schwellen des musikalischen Gefühls und der innersten Empfindsamkeit bewegte. Ich flog durch barocke Säle, Tür um Tür öffnete sich mir, ich schwebte durch einsame, schlafende Gemächer und Korridore. Ich drehte mich im Kreise, überschlug mich schwerelos in der Luft und blickte aus hohen Fenstern in stille Gärten und Parks hinaus. Mit freudiger Hingabe ließ ich mich tragen und leiten von kuriosen Kadenzen und chromatischen Strömen. Diese Musik, sie war wehmütig, zuweilen fast klagend, dann aber wieder jauchzend, schließlich mächtig und erhaben. Irgendwann landete ich wieder auf meinem Stuhl und öffnete die Augen. Im Festsaal hingen zwischen den Fenstern überlebensgroße Bildnisse barocker Persönlichkeiten. Ich beobachtete diese Figuren eine Weile – und siehe da: Sie bewegten sich! Die ihnen vertrauten Klänge hatten sie aufgeweckt. Und nun versuchten sie, sich ihrer Rahmen zu entledigen. Umständlich und etwas steif stiegen die Herrschaften nach und nach aus ihren Bildern heraus. Ich stieß Matthyas in die Seite, doch er verfolgte das Schauspiel längst. Erst bewegten sie sich ganz langsam, der Gestus dabei war ausgesprochen grotesk, jede Regung maßlos übertrieben. Dann kam ein wenig Schwung in die Angelegenheit, und erste Tanzschritte wurden gewagt. Schließlich bewegten sich alle Gestalten zügig im Takt der Musik und zeigten Pirouetten und andere elegante Leichtsinnigkeiten. Es bereitete ihnen offensichtlich große Freude, endlich einmal wieder die Musik ihrer Tage zu vernehmen. Und bald rauschten sie zusammen mit all den anderen Wesen und Engeln, die sich zwischenzeitlich von den Wänden und der Decke abgelöst hatten, ungestüm über das dunkle Parkett. Die Barockmenschen lachten dabei und stachen ihre Kinne ausgelassen durch den Raum. Putten geisterten wie wild herum, und das Konzert schien kein Ende nehmen zu wollen. Alles steigerte sich immer weiter und weiter...

Begeistert entrückte ich mich und gab mich verzückt dem delirischen Taumel endloser Harmonien hin...

Ich erwachte später im Bett meiner Schlafkammer und mußte mir berichten lassen, daß man mich nach dem Konzert hierher geschleppt hatte. Ich war einer Ohnmacht anheimgefallen – aus lauter Begeisterung. Daß es vielen anderen und auch meinem Freunde Matthyas ähnlich ergangen sei, fügte man noch hinzu.

KAPITEL FÜNFUNDZWANZIG

WELTENBUCH

Am nächsten Morgen, es war wie immer ein wunderschöner, erzählte uns Eichbart beim Frühstück im Refektorium folgendes: »Die Schule besitzt eine Buchbinderei, in der die Abschriften der Schüler und auch ihre eigenen Arbeiten und Aufsätze gebunden werden. Meist bindet der Schüler seine eigenen Schriftwerke selbst. Doch dabei kommt es häufig zu kleinen Rivalitäten, die dann im heiteren Wettstreit ausgetragen werden. Nun, es geht dabei um die Höhe, beziehungsweise die Länge der Bücher. Je länger das Buch in seiner Form ist, desto mehr Erstaunen und Bewunderung ruft es hervor. So ist es selbstverständlich, daß sich die Schüler liebend gerne mit ihren eigenen hohen Büchern, die häufig größer sind als sie selbst, im Lesegewölbe aufhalten, um die anderen dort zu ärgern, die sich dann eben dadurch sofort aufgefordert, ja genötigt fühlen, bei nächster Gelegenheit in die Buchbinderei zu eilen, um dort ein Buch von wirklich unschlagbarer Höhe herzustellen. Und so geht das dann immer weiter. Aus diesem Grund mußte bereits eine Wand in der Buchbinderei geöffnet werden, damit es Platz gibt für die meterlangen Bücher. Die Buchrücken bestehen bei solchen Ausmaßen in der Regel aus Holzleisten, und wenn im Raum gebunden wird, ist ein Durchkommen schier unmöglich.

161

Unübertroffen aber sind die Bücher der Lehrmeister. Sie sind um ein Vielfaches höher als die der Schüler und genießen daher besondere Anerkennung. Mithin ist es auch ein großer Spaß für die Lehrer, mit ihren Büchern den Schülern im Lesegewölbe auf den wankenden Stühlen Gesellschaft zu leisten, damit jene vor Neid fast zerplatzen. Das ständige Ziel aber ist die Schaffung des ewigen Buches! Man stellt sich vor: Des Buches Höhe hat so beträchtlich zu sein, daß es bis in die Räume der Unendlichkeit hineinreicht, sich dem menschlichen Auge irgendwann entzieht und lange Wanderungen auf seinem Rücken möglich sind. Dieses Buch soll so hoch sein wie der Horizont der Ewigkeit, den nur der Wind je gesehen hat, breit ist. Und wir sind überzeugt davon, dieses großartige Ziel der Buchbinderkunst dereinst zu erreichen. Entscheidend aber dabei ist, daß die Phantasie mit Idealen angereichert wird.«

Der Speisesaal hatte sich mittlerweile fast völlig geleert. Uns aber wurde aufmerksam frischer Tee gebracht, und nach einer kurzen Pause sprach Eichbart in nahezu verträumtem Tonfall weiter: »Geheimnisvolle Weltenbuchstimmung erfüllt bei geöffneten Fenstern das Lesegewölbe. Denn der Wind streicht mit dem Hauch der unendlichen Weite durch die Seiten der hohen Bücher, daß es fast wie im Walde rauscht… Bei zu heftigem Wind aber müssen die Fenster geschlossen werden, damit der Wind die Lesenden nicht von den hohen Stühlen weht. Die Stühle selbst können allerdings nicht umfallen, da sie – wie ihr unlängst gesehen habt

– auf besondere Weise im Boden verankert sind. Sie können wanken und schwanken, wie man es beim Lesen hoher Bücher liebt, aber niemals umkippen.«

Kapitel Sechsundzwanzig

DICHTERLICHT

Nach dem Frühstück schlenderten wir wieder durch die Anlagen, und Eichbart erzählte uns von der Dichtkunde: »Dichten ist gefühltes Denken und gedachtes Fühlen. Die Dichtkunst ist die weitherzige Lebensgefährtin der Musik. Sie bewegt sich spielend an allen Ufern des Geistes und ist zugleich Brücke zwischen Sprache und Gesang, zwischen der Schrift und der Melodie. Dichtung kann Gedanken und Gefühle offenbaren, bekräftigen, vererben. Dichtung kann auch ein Mittel zur Verschlüsselung sein, eine Kodierung des Unaussprechlichen, lesbar allein für die Seelenverwandtschaft des Poeten. Stürmische Kraft oder kühle Strenge, schwelgende Hingabe oder harmonische Sammlung, die Liebe zum Reinen und Schönen und der Mut der Verzweiflung – die Dichtung bestellt sicher das weiteste Feld der kulturellen Allmende. Und daher legen wir hier auf das Fach Dichtkunde großen Wert. In hohen Gewölben mit Fenstern zur Ewigkeit hocken die Schüler auf niedrigen Schemeln und versenken sich in das Aufsagen unendlicher Reimwortreihen.

Alte dunkle Steinkammern, nur vom Kerzenschein spärlich erleuchtet, stehen den Lehrmeistern und den besonders tüchtigen Schülern zur Verfügung. Wehmütiges Gemurmel hallt leise durch die Gewölbe und Gänge, und manchmal lassen sich schwermütige Klagelaute aus den Reihen der ewig vor sich hinreimenden

Schüler vernehmen. Diese Übung soll nicht nur das freie Beherrschen sämtlicher Reimmöglichkeiten fördern, sie besitzt zudem philosophisch-mystischen Charakter: Ewigkeitenstimmung! – Schüler und Lehrer versuchen sich seit einiger Zeit an der Schöpfung der absoluten Dichtung. Vermutlich kann so etwas kaum jemals erreicht werden. Doch hat allein schon jenes bloße Ansinnen, das absolute Gedicht zu erschaffen, eine derartige Schöpfungskraft erzeugt, daß wir nahezu wöchentlich von unseren

Dichterkreisen mit faszinierenden und bewegenden Werken beschenkt werden. Manche dieser Werke sind kaum lesbar, weil die darin schwingenden Stimmungen und Herrlichkeiten nur schwer zu ertragen sind. Einige aber wagen es dennoch und lesen die besten Werke der Besten, lassen sich dabei anketten und geben sich für die Zeit der Lektüre einer totalen Einsamkeit hin. – Die wichtigste und schwierigste Aufgabe für unsere Dichter ist eben die Wiedergabe von Stimmungen. Will ein Dichter die Stimmung beschreiben, die ihm draußen beim nächtlichen Durchschwelgen der Wälder und Auen die Kopfhaut erregt, so muß er stets eine tragische, süße Schlacht ausfechten, in der er immer nur Teilsiege zu erringen vermag. Die Kluft zwischen einem Gefühl und dem Sagbaren ist oft ein wahrer Abgrund für den Dichter, der, mit Buchstaben bewaffnet, tapfer den Brückenschlag versucht… und am Ende doch immer nur per Hängepartie die andere Seite erreicht. Je deutlicher Wort und Empfindung in Übereinstimmung gebracht werden können, desto leichter fühlt sich ein Dichter. Denn es geht darum, das Unbeschreibliche auf den Punkt zu bringen, das Unfaßbare zu präzisieren, für das eine Wort, das alles sagt, eine Kapelle zu errichten. Manche hier sagen, das absolute Gedicht müsse sehr kurz sein, eine Strophe vielleicht, keinesfalls mehr. Andere propagieren mehrere Milliarden Verse; ein Vers für jede Galaxie im Universum…«

Kapitel Siebenundzwanzig

WANDERQUELL

»Doch möchte ich nun von anderen Dingen berichten. Denn sehr viel Zeit wird auch dem Wandern gewidmet. Dabei dreht es sich nicht vornehmlich um das Zurücklegen von Strecken, sondern um das Ausüben einer heiligen Handlung. Unsere Wanderungen sind gelebte Mythen, und jeder Wanderer ist bestrebt, aus jeder Wanderung, auf die er sich begibt, eine Legende zu machen. Es ist dabei ganz gleich, ob die Wanderungen Stunden, Tage, Wochen oder Monate dauern. Nach der Heimkehr schreibt jeder Wanderer seine Erlebnisse nieder, so daß bereits eine kostbare Wanderungslegendensammlung entstanden ist, die durchaus einige Repositorien in Anspruch nimmt.

Seit einiger Zeit werden auch sogenannte Kriechungen mit wachsender Begeisterung durchgeführt. Eine gewisse Strecke wird eben kriechend statt gehend zurückgelegt. Dabei ergeben sich völlig neue Perspektiven. Bäume, Büsche und Sträucher treten in die zweite Reihe, da sich nun zuvorderst Halme, Pilze, Kräuter, Geäste, Moose und welke Blätter im Blickfeld befinden. Und Käfer, Spinnen und Raupen werden lange vor den Rehen, Wildschweinen und Vögeln wahrgenommen. Außerdem ist der Wald beim Hinaufschauen noch viel gewaltiger und größer. Die Kriechungen sind ja auch eine Ehrfurchtsbezeigung gegenüber dem allherrlichen Waldreich. Auch werden die Durchwindungen immer beliebter.

Dafür suchen sich die Schüler große Anhäufungen von Unterholz, ausgedehnte Hecken und Gestrüppe, die durchaus auch dornenreich sein können. Allein oder zu zweit durchwindet man dann das entsprechende Hindernis und gibt sich derweil großer Heiterkeit hin. Wer das dichteste oder gewaltigste Gestrüpp kriechend durchwunden hat, erntet reichlich Bewunderung und Lob. Manchen Schülern gelingt es tatsächlich, sich durch kilometerlange Hecken zu arbeiten. An dieser Stelle muß ich noch die Tierbewegungen erwähnen: Sich dazu berufen fühlende Schüler versuchen, sich in der Manier bestimmter Tiere fortzubewegen.

Sie imitieren den Gang der Wildkatze, die Sprünge eines Rehbocks oder den Galopp des Pferdes. Einige verstehen sich darauf so gut, daß sie, aus der Ferne betrachtet, kaum noch von den Tieren, die sie nachahmen, zu unterscheiden sind.«

Kaum hatte Eichbart dies gesagt, da galoppierte ein Schüler dicht an uns vorbei, und ich mußte einigermaßen verblüfft feststellen, daß er diese Kunst wohl schon zur Meisterschaft gebracht hatte. Aus einiger Entfernung hörte man ihn noch schnauben.

»Wir sind mit allen Tieren recht gut befreundet«, stellte Eichbart fest. »Wir versuchen, uns zeitweilig in ihre Lage zu versetzen, damit wir sie besser verstehen. Das honorieren natürlich die Tiere, die mit uns oder um uns herum leben. – Doch seht! Dort brechen zwei Wanderer auf. Befragen wir sie nach ihrem Ziel! «

So steuerten wir auf die beiden Eichenbund-Schüler zu, die am Tor stehend ihre Rucksäcke überprüften. »Nun, wohin sollen euch eure Füße tragen?« fragte Eichbart. Und es wurde geantwortet:

»Wandernd, kriechend und windend wollen wir uns durch die alten Wälder bewegen, auf der Suche nach dem Tor, welches aller Wanderer sehnlichstes Ziel ist. Es soll ja sogar mehrere Tore in unseren Waldungen geben; doch, wie Ihr wißt, haben bislang nur wenige eines davon entdecken können.«

»In welches Gebiet verschaffen diese Tore denn Eintritt?« wollte ich wissen. Und einer der beiden Schüler erklärte: »Jene Tore öffnen den Weg in das Land, in dem die wahrhaftigen und wirklichen Wanderungen beginnen. Einöden, unendliche Ebenen, düstere Wälder, gewaltige Gebirge, liebliche Täler und Auen findet man dort. Es ist kein Himmel und keine Hölle, es ist einfach ein Land in einer anderen Dimension, das man betreten und wieder verlassen kann. So ziehen wir nun in die Wälder, um den

Eingang in jene Gefilde zu suchen. Allerdings suchen wir nicht verbissen und emsig nach dem Tor, denn man findet es, wenn überhaupt, nur so ganz nebenbei. Man bemerkt es und tritt ein... oder man bemerkt es überhaupt nicht und schreitet zufällig hindurch.«

Wir begleiteten die beiden Waldpilger noch ein gutes Stück. Dabei sprach Eichbart: »Wanderungen können Wallfahrten zu sich selbst sein. Sie sind immer Ursprung des Unvorhersehbaren und eine Provokation des Abenteuers. Gut gewanderte Wanderungen sind reine Quellen der Kraft für Körper und Geist. Und ein ehrlicher Wanderer sollte am Ende nicht nur seine Füße, sondern auch seine Seele spüren.«

An einer Kreuzung hielten wir inne und ließen die beiden Schüler ihres Weges ziehen. Gerne wäre ich mit gelaufen. Schweigend sahen wir ihnen eine Weile nach. Dann nahm der Wald die kleinen Gestalten auf, sie betraten ihr Abenteuer und verschwanden.

Eichbart sagte: »Der Wanderer ist ein trockener Schwamm. Auf seiner Reise saugt er sich voll mit Landschaften, Stimmungen, Erlebnissen, Ahnungen und Klängen, bis er irgendwann ganz schwer wird und erzählen muß.

Und das Wandern hört nie auf: Denn beim Wandeln im Garten oder in den Gängen, beim Malen, Lesen und Schreiben, beim Ruhen und Einschlafen wandert doch immer wenigstens ein Glied des Geistes durch vertraute oder unbekannte Gegenden. Oft sehe ich einen Schüler oder Lehrer am offenen Fenster sitzen, das weite Land in die Augen saugend, verloren und versunken, den Geist auf Wanderschaft geschickt. – Ja, wir sind Wanderer, verwurzelt und flüchtig zugleich. Wir wandern mit den Winden und stimmen ein in ihr elegisches Lied. Wir wandern heimlich und leise, halten Zwiesprache mit dem Mond und den Sternen, streicheln die Zweige im Vorübergehen, und treffen uns auf einsamen Hügeln mit den Vorboten eines neuen Zeitalters…«

Kapitel Achtundzwanzig

WEIHNACHT

Und so verging der Sommer, der Herbst reiste an und Eich-bart lud uns zu einer längeren Wanderung durch die umliegenden Wälder ein. Und dabei sprach er folgendes: »Wenn der Herbst seine Kunst dem Walde anlegt und die Stürme den Bäumen diesen Schatz wieder entreißen, wenn der Himmel sich eingraut oder die tiefstehende Sonne ihre vergoldenden Strahlen über das Land wandern läßt, wenn der Regen die Wege aufweicht und danach der erste Frost alles wieder erhärtet, wenn also der Herbst den beobachtenden Menschen mit all seinen far-bigen oder schaurig-trüben, seinen wunderbar bedrohlichen und wilden Stimmungen ergreift, dann erwachen auch langsam die ersten Weihnachtsträume zwischen den Zweigen der Fichten und ziehen still in das Herz des vorübergehenden Wanderers ein.

Und es ist dem Wanderer dann, als führe ein leiser, heißer und zugleich kühler Hauch durch seine Brust. Weihnachten! – denkt er selig und sieht verschwommene Bilder aus der Kinderzeit und alten Büchern vor sich auf- und niedergehen. Doch dann wird ihm klar, daß der Heilige Abend noch fern ist und nun der Herbst mit all seiner Pracht das Land regiert. Er wird den Weihnachts-gedanken ablegen und anderen Dingen nachsinnen. Doch fortan wird der von den erwachten Träumen befallene Wanderer immer öfter weihnachtliche Ahnungen verspüren…

172

In der Eichenbund-Schule sitzt im Herbst so mancher Schüler am Fenster und blickt versunken in das graue, windige Land, ergriffen von den ersten Sehnsüchten nach Schnee und Eis, nach Lied und Kerzen. Aber vor dem 1. Dezember rührt sich für das Fest noch keine Hand. Doch wenn aus den mächtigen Schneeminen, hoch über dem Himmel, die erste Sendung zur Erde geschickt wird, wenn durch die Einsamkeit des weißen Landes Krähenschreie hallen und das Wehen des Eiswindes die Felder knistern läßt, dann zieren endlich duftende Tannenreiser die Kammern unserer Schüler und Lehrer. Nun beginnen fleißige Hände, in der Backstube Teig zu kneten und das Feuer im steinernen Ofen zu schüren. Mehlstürme wirbeln durch den Raum und erschweren bei allzu reger Backtätigkeit sogar ein wenig das Atmen. Mächtige Teiggebirge türmen sich empor in den Bottichen und auf den langen Tischen. Geschickte Gesellen glätten die Berge zu wellenlosen Ebenen. Tannenbäume, Sterne, Glocken und allerlei Zeichen werden mit Formen herausgestochen und auf Backblechen verteilt. Die ganze Schule muß ausreichend mit weihnachtlichem Backwerk versorgt werden.

Doch lassen wir den Wirbel in der Backstube hinter uns und imaginieren den Blick in einen mittelalterlichen Steinsaal. Dort sitzen Mädchen und Jungen, ruhig, bedächtig, feines Stoffwerk schaffend, vor dem flackernden Kamin. Schmuckvolle und nützliche Gaben werden hier für die Weihnacht vorbereitet. Oft schauen die Schüler während der Arbeit durch die hohen Fenster hinaus auf das schlafende Land. Eine Lautenspielerin untermalt und bekräftigt mit ihrer Kunst dieses beschauliche Leben und Wirken.

Aus den Musiksälen entweichen gedämpfte Klangsequenzen von den Chorproben in die Höfe und Gänge. Kurz stört ein lauter Ruf die Gemächlichkeit des Winternachmittages. Eine Schar Eichenbund-Schüler hat sich vor dem Tor versammelt. Gleich brechen sie auf zu einer die Nacht überdauernden Wanderung durch den eisklirrenden Wald. Das Geheimnis der Weihnachtszeit wollen sie dort im feierlichen Kirchbau der Natur erahnen und spüren. Die Kraft des kältetrotzenden Waldes wollen sie in sich übergehen lassen und seine Hoffnung auf den hellgrünen Frühling mit in ihre Herzen schließen. Wir brauchen keine Häuser zum Beten, unsere Kirche ist der Wald. – Die Torflügel werden geöffnet und die Gruppe verschwindet langsam in der Dämmerung... Das Knarren des Schnees unter ihren Tritten wird leiser und leiser... bis es ganz verstummt. Der Pförtner schließt das Tor. Stille ist wieder überall.

Am Tag vor der Weihnacht ist die Eichenbund-Schule von einer eigenartigen Stimmung umfangen: Jeder Schüler, jeder Lehrer ist innerlich aufgewühlt und gepackt von erwartungsvoller Freude und Ungeduld. Dennoch ist alles heilig und still, beinahe verlassen wirkt die Schule. Eine große Ruhe sinkt aus dem ewigen Himmel auf die Gemäuer, in die Gärten und Gänge. Ab und zu knirschen Schritte im Hof durch den Schnee, sieht man in Felle gehüllte Gestalten bedächtig dahergehen. Und es ist eine Spannung über allem, eine überirdische Spannung, die wohl das

Gemüt aufwühlt, den Körper aber unbeschreiblich ruhig werden läßt. Stuben, Kammern und Hallen zeigen sich in wohlvertrautem, doch ewig neuem Schmuck. Nun wimmelt es in der Burg von verbotenen und geheimnisvollen Türen. Schüler und Lehrer bereiten die Bescherung in den Wohngemächern vor. Die verschiedenen Kreise und Gruppen bleiben für diesen Teil des Weihnachtsfestes jeweils unter sich. So hocken also Jungen und Mädchen, aber auch Lehrer, vor den verriegelten Türen, und jeder glaubt, in der schmalen Silhouette des Schlüssellochs die erwünschten Gaben zu erkennen. Dann klingeln in allen Stuben der Burg die Glöckchen, die Türen werden geöffnet und goldener Lichterglanz blendet die Wartenden, die mit klopfenden Herzen froh und erschüttert auf der Schwelle zum Weihnachtszimmer stehen. Mit inniger Liebe erzeugte Geschenke zieren die Gabentische: Gestricktes, Gebackenes, Geschriebenes, Gemaltes, Geschmiedetes, Gesammeltes und Gewerktes.

Bis elf Uhr bleiben die Freundeskreise zusammen. Es wird gesungen, erzählt und gespielt. Kurz bevor die Uhr aber elf Mal schlägt, wird alles still, die Gespräche versiegen, die Laute wird beiseitegelegt und alle lauschen erwartend durch die geöffneten Fenster in die tiefe Nacht hinaus. Gleich werden die Glocken andächtig rufen. Die befreiende Schneeluft steht ganz still. Und wahrlich, nun ist es soweit: Der sachte Glockenschlag hebt an, elfmal tönt es hoch über den Dächern und Giebeln, dann erstirbt der himmlische Ruf, hallt lange aus – und die Gemächer und Geschenke werden alleine gelassen. Erst schreiten einige Gruppen durch

die Gänge, dann formieren sich ganze Züge, bis die Wege von einem wahren Menschenstrom geflutet werden. Der Eichenbund versammelt sich auf dem Hauptplatz, der von einigen Fackeln unwirklich erleuchtet wird. Bizarre Schatten zucken über die Mauern.

Und wieder beginnen die Glocken zu läuten. Bis tief in die verschneiten Wälder und weit hinaus über die eisigen Felder dringt das heilige Läuten der geweihten Nacht. Die Gemeinschaft des Eichenbundes reicht sich nun die Hände, und es erklingt aus

Hunderten von Kehlen ein feierlicher Choral des Friedens – eine Huldigung an das mächtige All. Und beim Singen erscheinen über den Köpfen große Bilder in der Dunkelheit: steinige Ebenen und Gebirge, endlose Nordwälder und schroffe Küsten, geheimnisvolle Landschaften, Geister und Wesen. – Betende Hände…

Der Chor verstummt. Eine Minute des Schweigens folgt. Nur der Nachtwind weht sachte um die Gemäuer, vergeblich einen Laut zum Weitertragen suchend. Aufgehoben wird die Stille erst wieder durch das Knarren der sich öffnenden Tore.

Und erneut steigen alte Lieder feierlich in den Nachthimmel und die emporgeflogenen Töne fallen aus den kalten Höhen leise als glitzernde Schneeflocken wieder herab auf die Erde. Danach Stille.

Die Gemeinschaft begibt sich nun durch das Tor aufs freie Feld hinaus.

Ein großer Zug entsteht.

Die Burg hinter sich lassend, wandern die Schweigenden dem Walde entgegen.

Und so nimmt die Gemeinschaft des Waldes die Gemeinschaft des Eichenbundes in ihre winterlichen Hallen und Gänge auf.

Die Fackeln werden gelöscht und die Mächtigkeit des blau-düsteren Waldes umspült den andächtigen Zug wie eine Welle, die über einem versinkenden Schiff zusammenschlägt. Die Schneebäume leuchten von innen heraus. Sterne und Rehe beobachten uns… Nach Stunden der Wanderung kehren wir wieder ein in unsere Veste. Dort wird nun ein großes Fest gefeiert, und die fröhlichen

Töne mittelalterlicher Musik verlieren sich im Dämmer der langsam weichenden Nacht...«

Und so zog der Winter ins Land. Mit Matthyas durchstreifte ich wieder einmal die klösterlichen Anlagen des Eichenbundes, und wir spürten dabei überall eine Stimmung heiliger Festlichkeit. Alles war so, wie es uns Eichbart im Spätsommer geschildert hatte. Am Ende eines Ganges öffneten wir eine rundbogige Tür und betraten einen karg eingerichteten Raum: Ein Mönch stand am glaslosen Fenster und blickte in die weite, verschneite Ebene, gab sich still seiner tiefen Versunkenheit hin und melancholisierte gemeinsam mit den Krähen. Eine von ihnen hatte sich zu ihm gesellt, saß dicht vor seinem ernsten Wintergesicht und schaute ihn aufmerksam mit ihren schwarzen, runden Augen an. Die anderen Krähen krähten, der Mönch mönchte und die einsame Landschaft gebar eine große Weihnachtlichkeit... Wir waren gerührt und bewegt, ließen den Mönch unbehelligt und entfernten uns leise.

In der Küche trafen wir Eichbart, der neben dem Feuer saß und in einem alten Buch blätterte.

»Von Specerey und Würtz, so die Teutschen in ihrer Küche brauchen« lautete der Titel des Werkes.

Eichbart erklärte uns, er sei gerade mit der Komposition des weihnachtlichen Festmahles beschäftigt. Also schauten wir über seine Schulter hinweg ebenfalls in dieses Buch hinein und nötigten ihn mit ausgefallenen Vorschlägen, von denen er sogar einige in seinen Plan aufnahm.

»Das wird ein allerköstlichstes Mahl werden!« sagte er. »Äpfel, Kohl und Wildprecht, gestampfte Kartoffeln mit reichlich Muskat, dazu Erbswürste mit Estragon, Rübenkompott und Honigkuchenpferde. Ich bin zufrieden. Doch kommt, gehen wir ein bißchen durch den Schnee draußen.« In den Kreuzgängen und auf den Höfen und Plätzen herrschte ein reges Treiben, da man nun daran ging, die Haupträume und Festsäle auszuschmücken. Leitern, Seile und gebündelte Tannenreiser wurden umhergeschleppt, einige ältere Schüler versuchten mit Anweisungen das allgemeine Gewirr zu ordnen, andere hatten sich als Weihnachtsbäume verkleidet und rauschten und fegten durch das Getümmel und verursachten enorme Schneewolken.

Da erblickten wir einen sonderbar gekleideten Mann, der gerade in einen Handel verwickelt zu sein schien. Zumindest sah es so aus, als würde er von einer weihnachtsmännisch wirkenden Person irgend etwas verlangen. Wir fragten Eichbart, und er sagte: »Ach, das ist nur Zebedäus der Zöllner. Er versucht stets in der Weihnachtszeit von den Weihnachtsmännern Zölle für die mitgeführten Geschenke zu erheben. Aber es gelingt ihm höchst selten. Er ist eigentlich nur unser Zierzöllner. Aber manchmal verlangt er eben doch Zölle, meist jedoch außerhalb der Burg, zum Beispiel von Wanderern.«

Da rief Lilie nach mir. Sie stand auf einem Balkon und winkte mir zu. Freudig erwiderte ich ihren Gruß. Im Laufe der vergangenen Monate hatte ich das Glück gehabt, sie näher kennenzulernen, wodurch eine besondere Verbundenheit entstanden war, und unser gegenseitiges Verständnis wuchs mit jedem Tag. Stets entdeckten wir neue geistige Gemeinsamkeiten, und wir eröffneten uns immer wieder herrliche Träume und Sehnsüchte. Es war aufregend und gut mit ihr, wie eine Reise.

Und so weihnachtete es.

Am Weihnachtstag beobachteten wir sogar vom Balkon aus, wie Eichbart draußen vor dem Tor mit einem stattlichen, weißbärtigen Mann sprach. Im Hintergrund stand ein Rentierschlitten.

Sie unterhielten sich augenscheinlich gut, ja geradezu ausgelassen. Dann verabschiedeten sie sich herzlich, wie alte Freunde, der Besucher bestieg seinen Schlitten und fuhr winkend davon, verschwand in den verschneiten Wäldern…

KAPITEL NEUNUNDZWANZIG

TRÄNENTRAUM

So verging der Winter. Und als der Sommer den Frühling ablöste, wußten wir, daß nun ein Abschied nahte.

Eines Tages begegnete uns Eichbart im Kreuzgang. Und er hielt uns an und sprach zu uns:

»Nun ist die Zeit gekommen. Ihr müßt wieder in eure Gegenden zurückkehren. Vorläufig. Denn alldort sollt ihr berichten von den Erlebnissen, die euch hier widerfahren sind. Achtet nicht auf die Spötter und sagt den Menschen, die euch mit Gewogenheit und Freude zuhören, daß hinter den Wäldern der Welt etwas Entscheidendes gedeiht…

Etwas Entscheidendes – das ist wichtig.

Und bald schon werdet ihr wieder zurückkehren.

Hierher zu uns… und zu euch selbst.«

Eichbart blickte zu den vereinzelt dahintreibenden Wolken empor und sprach dann wieder: »Vergangene Nacht rauschte ein Traum durch meinen Geist, der so durchdringend und erhebend war, daß ich ihn nach dem Erwachen alsogleich schriftlich festhalten mußte. Natürlich können sich Worte diesbezüglich allein

in Andeutungen erschöpfen. Der Raum der Worte bietet stets nur Platz für ein Körnchen Stimmung. Doch lest nun selbst!«

Er gab uns ein Papier, wir traten aus dem Schatten des Ganges in das Licht des sonnigen Gartens hinaus und lasen:

»Stille Wasser gleiten schillernd durch die Nacht. In tiefen Wäldern ruht die letzte Treue. Auf karsten Weiten umspielt der Wind die Zweige

geisterhafter Sträucher... und Tränen lasten auf den frischen Blättern. Traurigkeit schleicht sich müde von Stein zu Stein. Und seine Einsätze verschläft das stumme Leid, auf kühlen Höhen liegend. Das Ringen zweier Sphären ist entschieden, das überlegene Maß zieht langsam ein... Die Zeit steht beinahe still, sie wartet auf die Ankunft der Liebe, auf Unsterblichkeit. Sie wartet auf die Ablösung.

Auf einem Hügel steht ein Reiter. Sein Umhang berührt das nachtfeuchte Gras. Weltenräume in den Augen des Pferdes... und leises Rauschen in der Nacht. Die Gesichtszüge des Reiters sind von einer Gewißheit gezeichnet, die wohl lange darauf gewartet hatte, Gesichter zu bestimmen. Denn die Gewißheit, die dem Antlitz des Reiters entstrahlt, ist felsenfest und unwiderruflich, ihr Grund muß eine allumfassende Erlösung sein. Manchmal zucken Blitze am Horizont... «

Wir gaben Eichbart seine Aufzeichnung zurück und waren froh, da jener Traum uns wie ein Versprechen war.

ABSCHIED

Wir standen auf der Anhöhe.

Hier wurde uns damals zum ersten Mal der Blick auf die Eichenbund-Festung freigegeben. Und nun: der Abschied? Das ausgedehnte Tal lag da im dunkelroten Glutlicht der untergehenden Sonne.

Fenster und Dächer schillerten.

Ein müder Glockenton schleppte sich dahin, verlor sich in den Wäldern und Weiten.

Es war so, als würden wir jetzt… als würde alles hier langsam im Himmel versinken.

Wir schauten und schauten –

und wollten nicht gehen.

Vielleicht hatten wir Angst, daß sich hinter unseren Rücken alles auflösen würde. Oder wir wagten es einfach nicht, in unsere ehemalige Alltagswelt zurückzukehren.

Aber war das denn noch unsere Welt?

Unsere Alltagswelt?

Konnten wir denn dort drüben, in dieser Welt vor den Wäldern noch einen Alltag haben?

Nein – eine andere Welt war nun die unsrige geworden…

Irgendwo da unten weilte Eichbart…

in einem der Häuser.

Möglicherweise schrieb er gerade etwas oder er beobachtete die Höhe, auf der wir jetzt standen, konnte uns mit seinen scharfen Augen vielleicht als zwei winzige Punkte inmitten einer grandiosen Abendlandschaft erkennen.

Und Lilie… Lilie…

Nein, – es war ja kein richtiger Abschied. Bald würden wir wiederkommen. Nicht mehr als ein vorübergehendes Entfernen konnte es sein.

Wir gingen also in den Wald, drehten uns nicht mehr um und schwiegen.

So zogen wir dahin, voller Hoffnungen, ein neues Zeitalter in unseren Köpfen…

Es dämmert schon.

Die Kerzen glimmen sich in die Halter hinein. Ich lege die Papiere beiseite, betrachte mein Zimmer…

Es ist voller Wind, voller Fernen und Träume; in manchen Winkeln schlafen vergessene Königreiche, und unter meinem Bett beginnt ein unendlicher Wald.

Ich öffne das Fenster, lausche den gurrenden Tauben.

Noch ein paar Stunden Schlaf, dann werden wir wieder aufbrechen…

E N

D E

ANHANG

Aus dem Oktavheft
eines Eichenbund-Schülers

Felsen, Klippen,
rauschende See;
Insel der Ewigkeit,
karst und geheimnisvoll
liegst du im Meer,
das brandet
hinter den Fenstern
meiner Behausung –
schau mich an
und fühl'
meine Insel:
Sie ist grau
und fern
und still.
Sehnsüchte ruhen
erschöpft
am Strand meiner Insel;
ihr Weg war weit –
nun sind sie da,
auf meiner Insel
– und träumen...

Karste Küsten,
öde Einsamkeiten –
und überall weht stimmenreicher Wind;
Klöster ruhen in der Ebene
und Sträucher zieren wilde Weiten.
Wehmut wandert durch das Land,
süße Wehmut, Hoffnung, Frieden, Schlaf;
in der Ferne rauschen Meere,
Schatten regen sich im Sand:
die Schatten alter Wolkenzüge.
Ewigkeit, Unendlichkeit.
Und Winde wehen melancholisch
– doch wohin, ich weiß es nicht...

Stille trägt der Wind durchs Land,
die Weite liegt im Dämmerschein,
suchend nach dem Weltenrand
streicht er über Strauch und Stein.

Ich versuch' mit ihm zu ziehen,
mit dem Wind der Einsamkeit,
mit ihm aus der Zeit zu fliehen
in den Raum der Ewigkeit.

Ein Versuch der tiefen Sehnsucht:
auf des Windes Wogen fliegen,
eine Möglichkeit der Flucht,
still in seinem Lied zu wiegen.

Über mir das Sternenzelt,
unter mir der weiße Sand;
trägt er mich in ferne Welt,
unerklärlich mir bekannt.

Ahnungsträume werden wahr,
Wälder, Meere, Ewigkeiten –
einsam – doch in einer Schar
neuer Freunde anderer Zeiten.

Disteln im Wind –
ihre Augen:
vergessene Regentropfen.
Sie schauen ins Land,
in die Unendlichkeit,
sehen Wanderer ziehen
von Horizont zu Horizont.
Der Himmel rauscht,
Herzklopfen überall,
das Meer der Phantasie –
heimlich glucksend
verschwemmt es wieder alte Ufer...

Ein altes Meer
umschließt mit seinen stillen Ufern
meine inselhafte Seele
und raunt ihr tiefe Ruhe zu.
Es gluckst und weht am Seelenstrand,
ein Mond schenkt freundschaftlich
der Insel fahles Licht
und stumme Geigen träumen
den Traum der Ewigkeit.
Es rauscht die Nacht
und über ihre Saiten streicht freudig
sachter Wind;
endlich –
das Leben ist gekommen...

In stillen Gärten raschelt welkes Laub
und über glatte Brunnenränder
gleitet milder Wind.
Es rauscht so ruhig das nahe Meer.
Ich weiß nicht, ob ich bleiben will
in dieser scharfen Einsamkeit,
die keine Träne lockt
auf ihren tiefen Spiegel.
Ich warte, blicke in den Himmel
und bin das Gras, das auf den Wolken wächst...

Zypressen,
listige Zikaden;
Nacht und Liebe
verstecken sich
unter Kieselsteinen.
Und über den Wolken:
die Sterne,
Brustwarzen des Universums,
die meine Seele säugen...

Lachen,
Blütenschimmer, feuchtes Gras;
der warme Regen ist vorbei.
Ich liege da
und spann' das Segel meiner Seele
in den Sagenwind hinein.
Ich laß' sie ziehen,
meine Seele.
Weich gebettet ist mein Körper,
von Zypressen
feierlich umrahmt.
Und ohne Scheu
reist meine Seele
in das Blau vergessener Reiche,
nimmt ein paar Gedanken mit,
ein Augenzwinkern, einen Gruß;
ich schau ihr nach –
und mein Körper träumt davon,
sie zu begleiten.
Tränen.

Meeresbrandung,
adlerhafter Schwingenschlag
rauscht durch die Nacht.
Winde wehen, singen
unser Lied der Sehnsucht;
Laubgewölbe raunen,
unsere Herzen trinken Weltall
mit tiefen Zügen –
und oben glüht ein neuer Stern.

NACHWORT

Das Eichenbund-Buch:
Manifest einer romantischen Revolte

> »Erkenne, was du bist, und sei, als was du dich erkannt hast,
> dies ist die höchste Regel der Weisheit.«
>
> *Friedrich Wilhelm Schelling (1775 - 1854)*

Zwei Stühle in der vorletzten Reihe des Klassenzimmers blieben
oft leer, besonders wenn vorne an der Tafel Zahlen und Formeln
standen. Lesen und Schreiben, das konnten wir. Aber nicht rechnen.

Null Punkte in den Mathematik-Klausuren – das war eine
geradezu eiserne Regel. An Diskussionen über Literatur und Welt-
geschehen nahmen Matthyas und ich dafür gerne teil, und aus einer
Hausaufgabe in Geschichte konnte durchaus ein prächtig illu-
striertes Traktakt vom Umfang einer kleinen Diplomarbeit werden.
Doch das half uns nichts. Das mangelnde Zahlenverständnis, die
ewigen null Punkte, die auch durch den uns aufgenötigten Nach-
hilfeunterricht nicht zu überwinden waren, bedrohten fortlaufend
die ganze Schulkarriere. Gefährdete Versetzungen und Blaue Briefe
waren Alltag, und die dadurch erzeugten Sorgen der Eltern machten das Leben nicht gerade komfortabler. Immerhin war es das
Sitzenbleiben gewesen, das Matthyas und mich zusammengeführt

hatte. Als zwei Neulinge in der zu wiederholenden siebenten Klasse trafen wir aufeinander und entdeckten schnell unsere wesenhafte Verwandtschaft. So waren also schlechte Schulnoten für den Beginn einer Freundschaft, die bis heute anhält, verantwortlich. Meistens haben die Dinge eben zwei oder gar mehrere Seiten.

Bald stellte sich heraus, daß den Interessen, die uns verbanden, in der Schule wenig Raum geboten wurde. Zudem fiel uns das kommandierte Erbringen von ganz bestimmten Leistungen schwer, und so empfanden wir einen großen Teil der Schulzeit als ein nicht enden wollendes Diktat. Allerdings möchte ich an dieser Stelle keinesfalls die Feststellung unterlassen, daß es auch Lehrer gab, die mit wertvollen Anregungen aufwarten konnten, die mit ihrer Art und Weise dafür sorgten, daß manche Schulstunde als viel zu kurz empfunden wurde und das Klingeln zur Pause keineswegs Erleichterung bedeutete.

Die Teilnahme am Unterricht war jedoch häufig verbunden mit einem Kampf gegen die Müdigkeit. Und da der nicht immer zu gewinnen war, verbrachten wir einen nicht unerheblichen Teil der Schulzeit in einem Dämmerzustand. Manchmal gewann sogar Bruder Hypnos die Oberhand, und es wurde tief und fest geschlafen. Aber auch in den Wachphasen spielte das Unterrichtsgeschehen nicht immer die primäre Rolle. So ließ Matthyas mit Kugelschreiber und Bleistift phantastische und surreale Welten in seinen Schulheften entstehen: paradoxe Treppen, schwebende Schlösser, monströse Orgeln oder vierbeinige Kathedralen-Getüme. Es müssen Tausende von Bildern während unserer gemeinsamen

Schulzeit entstanden sein. Ich dagegen war leider nur sehr bescheiden mit zeichnerischem Talent ausgestattet, weshalb mir im laufenden Unterricht bloß das schriftliche Skizzieren von Ideen als Ablenkung dienen konnte. Aber so bekam auch ich meine Hefte voll. Kleine Verse füllten freie Ränder, manches Sprüchlein schmiegte sich an die Zahlenruine einer abgebrochenen Rechenaufgabe, zwischen Vokabelreihen drängten sich Zeugnisse idyllischer Melancholie, und ernsthafte Aufsätze versandeten nicht selten in märchenhaften Miniaturen.

So waren wir also in der Schule gleichsam unter- wie überfordert, waren ermattet und gelangweilt, verdrossen und verträumt, waren faul und waren strebsam, mal ganz offen, mal verschlossen wie ein Schrank. Natürlich gab es auch Selbstzweifel. Warum mußte alles so kompliziert sein? Waren *wir* nicht für die Schule geeignet oder war die Schule, *diese* Schule, *dieses* Schulregime nicht für uns geeignet?

Aber es ging ja nicht allein um Schule und Unterricht. Wir fragten uns schon, wo das denn alles hinführen sollte? Auf welch ein Dasein wollte man uns da vorbereiten? Auf ein Leben fern der Natur, fern von Spiritualität, bar jeder Empfindsamkeit, frei von Stolz, Güte und Größe? Wir fürchteten, in eine nüchterne Welt des Funktionalismus gedrängt zu werden, in ein Leben, das sich allein in der Dienerschaft des wirtschaftlichen Wachstums bewähren darf und soll. Früher, als Kinder, da waren wir einmal davon überzeugt gewesen, mit zunehmenden Alter würden die Räume weiter und tiefer, aber nun beschlich uns die Sorge, es könnten dort am Ende des Schulweges recht enge Kammern sein, die man für uns zusammengezimmert und vorgesehen hatte. Kaum eine aufbewahrte Kindheit würde darin später Platz finden, erst recht keine geistigen Riesenteleskope, auch keine Ausrüstung für Reisen bis an den Rand der Ewigkeit. Da wurde uns mulmig zumute.

Wir strebten ja nicht nur nach Wissen, sondern auch nach so etwas wie Erkenntnis. Erfahren wollten wir, verstehen und durchdringen, Neugier mit neuer Neugier stillen. Mentales Fernweh trieb uns an, kosmische Sensationslust. Und wir ahnten, daß schon *ein* Leben nicht ausreicht, alle Antworten zu erhalten… Daher oft die Empfindung, durch die Schule vom Wege abgebracht zu werden, Zeit zu verlieren, zu vergeuden… So versuchten wir, uns diese Zeit zurückzuholen, wir mieden bestimmte Schulstunden, hielten uns fern von Unterrichtseinheiten, die aus unserer Sicht keinen Ertrag versprachen, mindestens langweilig oder unangemessen anstrengend waren. Wir fühlten uns wie Argonauten und sahen deshalb keinen Sinn darin, binomische Formeln zu exerzieren.

So durchstreiften wir lieber heimlich die unfaßbar ausgedehnten Kellergewölbe unserer Schule, stets Ausschau haltend nach kleinen Abenteuern und geheimnisvollen Stimmungen, aber auch nach dem Hausmeister, der uns da unten nicht selten auf den Fersen war. Wir drückten uns draußen im nahen Park herum, später, als wir ein Gymnasium in Waldnähe besuchten, verbrachten wir unsere selbstgewährten Freistunden in Gesellschaft von Buchen, Fichten und Eichen. In der Oberstufe war dann das Auslassen des

Unterrichts ohnehin viel einfacher, Ausreden wurden kaum noch gebraucht, wir gewannen mehr Freiheit.

Die Zeit im Wald verbrachten wir dabei durchaus auch mit verbaler Fundierung eines Lehrstoffes, wir befragten und besprachen uns in mancherlei schulischen Angelegenheiten und konnten so die zeitliche Struktur des Lehrplans immerhin ein wenig den eigenen Bedürfnissen anpassen. Denn: Für Sujets, die wir gerne vertieft hätten, gab es im regulären Unterricht häufig viel zu wenig Zeit, wirkliche Wichtigkeiten wurden nur am Rande erwähnt, Monumente der Gelehrtheit links liegen gelassen; Gemeinplätze und Bagatellen dagegen wurden oft gemächlich und zäh über Wochen verhandelt.

Und eben das ist heute an jenen Turbo-Schulen ja noch viel schlimmer und verrückter geworden. Zeit spielt keine Rolle, weil keiner mehr welche hat. Schnell, schnell! – So werden sie alle durchgetrieben. Das Nötigste muß reichen. Funktionieren kann schließlich jeder – wenn er nur will.

Nun, nach Zeit, nach mehr Zeit haben wir uns auch schon damals immer gesehnt. Vor allem benötigten wir viel Zeit für unsere nahezu täglich stattfindenden Wanderungen in den Wäldern am Rande unserer Heimatstadt. Und da wir an den Nachmittagen tatsächlich auch mit Schulaufgaben beschäftigt waren, wurden eben nicht selten die Abende und manchmal sogar Nächte genutzt, um sich den Atmosphären der Landschaft auszusetzen. Dieses intensive Waldläufertum weckte aber auch das Gespür für die Bedrohung der Natur, die in jenen Tagen, wir sprechen vom Beginn der 80er Jahre des vorigen Jahrhunderts, auch öffentlich immer deutlicher wahrgenommen und thematisiert wurde. Der Tod des Waldes wurde eine Zeit lang beinahe wöchentlich prominent in der Presse angekündigt. Der Begriff »Waldsterben«, der sich schnell zur symbolischen Vokabel einer veränderten Umweltwahrnehmung entwickelte, ließ uns ernsthaft erschauern, wir fürchteten um das ganze lebenswichtige Ökosystem, aber auch um unsere grünen Fliehburgen, unsere sagenhaften Fluchtwege, um den Wald als Theorem einer herzinnigen Verfassung.

In diesen Tagen begannen viele Menschen auch, den Schein des atomaren Feuers zu durchschauen; sie erkannten das fatale Mißverhältnis zwischen möglichem Nutzen und greifbarer Gefahr, und es wurde immer klarer, mit welcher Wucht und Rigorosität ein ökonomischer Selbstzweck seine Alleinherrschaft proklamierte. Dagegen formierten sich zu recht Bewegungen, es verbreitete sich ein Klima der Sorge und des Widerstands. In weit geringerem Maße schien die Gesellschaft dagegen auf ein Phänomen zu reagieren, das wir durchaus als ebenso bedrohlich einstuften, figurierte es doch als Folge und gleichzeitig Ursache der Naturzerstörung: die Verhäßlichung der Lebensräume, das offene Ressentiment gegen Schönheit in jeglicher Hinsicht.

Ein ästhetischer Abtrieb war in Gang gekommen, in dessen Zug die Bedeutung von Anmut und Erhabenheit geschliffen wurde. Am Ende sollte ein banalisierender Pragmatismus Formen und Gedanken beherrschen. Tiefe und Tragweite, Sinn und Belang wurden im öffentlichen Diskurs zu privaten Liebhabereien herabgestuft, das Credo des Konsums schickte sich an, sämtliche geistigen Schaltstellen zu besetzen. So entstand eine verengte, auf Produktion und Verbrauch fokussierte Lebensweise, in der alles Seelenbildende, alles Herzerfüllende als kurioser Ballast belächelt, manchmal sogar als gefährliches Hemmnis wütend bekämpft werden muß. Eile trat an gegen die Ewigkeit, und für die Aussperrung des unendlichen Raumes sollten immer neue Grenzen und Barrieren des Geistes sorgen.

Verkürzt läßt sich sagen: Es kam zum Kampf der Materie gegen das Mysterium. Ein im Grunde gänzlich unnötiger Feldzug, weil es da am Ende nichts zu gewinnen gibt. Es können wohl zeitweilige Verdrängungen stattfinden, es gibt Verluste, auch unwiederbringliche, aber das Mysterium an sich erscheint als Größe, die über das uns bekannte Universum hinausweist und also kaum zur Disposition stehen kann. Allein Ausläufer und Adern des Mysteriums, wie sie zum Beispiel unsere Märchen durchziehen, können verschüttet oder beschädigt werden, was betrüblich genug ist und mithin Antrieb sein kann für ein transzendental-poetisches Aufbegehren.

Solcherlei besprachen wir auf unseren Wanderungen und an den vielen Lagerfeuern, die wir besonders gerne im Winter am Ufer eines stillen Waldsees entfachten. Unser Ingrimm über die Naturvernichtung, das Unbehagen gegenüber einer rapiden inhaltlichen wie auch formalen Verrohung in den alltäglichen Lebenswelten, die mit einiger Empörung beobachtete Gleichschaltung der Gültigkeiten, das dauernde Ringen mit der schulischen Dämonie, die mit leidenschaftsloser Mechanik so manchen Tag ins Nichts befördern wollte – all das verband sich zu einer Haltung, die keineswegs resignativ war, sondern unverzagt und wohlgemut. Die Ahnungen, die uns im Walde befielen, die Gewißheiten, die wir in den Atlanten des Geistes und den Spielplänen der Künste entdeckten, die Leuchtfeuer der Phantasie, die weisend an den Küstenlinien unserer Sehnsüchte loderten, machten uns zu unverwüstlichen Meistern der Zuversicht. Und um diese Zuversicht auch zu artikulieren, brauchten wir schließlich einen Plan.

»Vielleicht müßte es andere Schulen geben...« – Ein Gedanke war das, der uns immer wieder bewegt hatte. Denn: Eine gute Welt kann es kaum im Handstreich geben, jedenfalls keine, die Bestand hat. Eine erfreulichere Welt kann nur wachsen. Und sie braucht dafür einen guten Grund: Kindheit, Jugend. Und damit auf diesem Grund Entfaltung heimisch werden kann, braucht es Gewächshäuser des Geistes, einen Menschengarten – und Licht und Wärme, Wald und Wind. Und so beschlossen wir, den Plan unserer idealen Schule zu schmieden.

Das war im Jahr 1982, wir waren beide 16. Eine Schule sollte es sein, die zu besuchen uns ganz leicht fallen müßte, wo jede versäumte Stunde einen wirklichen Verlust bedeuten würde und nur wahre Meister Lehrer sein könnten. Wir berieten und bedachten und überlegten und planten. Doch es sollte sich bald herausstellen, daß es nicht an uns war, eine ideale Schule zu ersinnen, denn:

Genau eine solche Schule gab es bereits – und zwar seit sehr langer Zeit.

Abseits lag sie und ziemlich versteckt, jedenfalls nicht gerade um die Ecke. Andererseits war sie aber auch näher als man es hätte vermuten dürfen. Ein geheimer Ort jedenfalls, der jenseits aller uns bekannten Wegmarken das Tor zu den vielleicht ältesten Landschaften des Universums markierte. Eine Schule für Kinder anderer Bezirke und Gegenden fanden wir dort vor, eine Freistätte für uns, eine Schule, die wir nur als durch und durch beispielhaft für unsere hiesige Welt empfinden konnten. Den Weg dorthin hatte uns Eichbart gewiesen, der Leiter der Eichenbund-Schule. Ihm waren wir im Wald begegnet, ihm verdanken wir eine herrliche Zeit in diesem Quartier der Möglichkeiten, von dem zu berichten wir ihm nur zu gerne versprochen hatten.

Und so begannen wir nach unserer Rückkehr, aus all den dort angefertigten Skizzen und Notizen ein kleines Buch zu machen, das Eichenbund-Buch. Eine erste, eher schmale Fassung lag dann bereits Ende 1982 vor. Doch wurde schnell klar, daß es gründlicherer und umfassenderer Beschreibungen in Wort und Bild bedurfte, um dem ganzen Organismus der Eichenbund-Schule gerecht zu werden.

Und so wurde daraus eine Arbeit, die uns ein paar Jahre lang begleitete, eine Arbeit, die manchen Nachmittag und manches Wochenende zu einer Feier der Erinnerung an die vielen Erlebnisse und Begegnungen in der Eichenbund-Schule machte. Schließlich, 1987, war alles so gut wie möglich formuliert und gezeichnet und lag in vierfacher Ausfertigung vor uns auf dem Tisch. Die Seiten hellgelb, DIN A5, Schreibmaschinenschrift, am Kopierer vervielfältigt, die Umschläge aus ledrig wirkendem dunkelgrünen Elephantenpapier. Matthyas hatte alle vier Exemplare selbst gebunden und für jedes sogar einen Schuber aus grauem Karton angefertigt. Das Buch wurde für jeden von uns beiden zum Gefährten durch die kommenden Jahre und Jahrzehnte.

Dabei entwickelte es sich für uns mit der Zeit zu einem Stimmungsspeicher unserer Jugend, zu einer Enzyklopädie der Sehnsucht. Und obgleich wir dem Buch schon während seiner Entstehung durchaus auch die Eigenschaft eines Sendschreibens zugemessen hatten, verblieb es doch für lange Zeit im Regal als ein vollständig privates Dokument, das allein der persönlichen Retrospektive und Erbauung dienlich war.

Nun – mehr als ein Vierteljahrhundert nach seiner Geburt – tritt das Buch tatsächlich in vielfacher Zahl seinen Weg in die Welt an, um nach Freunden und Entdeckern Ausschau zu halten. Man könnte sagen: Nun ist es wohl alt genug für eine solche Unternehmung. Eine Unternehmung, die ohne das kühne Engagement des Verlegers Andreas Lentz vielleicht nicht möglich geworden wäre. Möge das Buch auf seinen Wanderungen freundliche Stationen finden ...

H.H., im März 2011

Bücher von NEUE ERDE im Buchhandel
Im deutschen Buchhandel gibt es mancherorts Lieferschwierigkeiten bei den
Büchern von NEUE ERDE. Dann wird Ihnen gesagt, dieses oder jenes Buch
sei vergriffen. Oft ist das gar nicht der Fall, sondern in der Buchhandlung wird
nur im Katalog des Großhändlers nachgeschaut. Der führt aber allenfalls 50%
aller lieferbaren Bücher. Deshalb: Lassen Sie immer im VLB (Verzeichnis lie-
ferbarer Bücher) nachsehen, im Internet unter **www.buchhandel.de**
   Alle lieferbaren Titel des Verlags sind für den Buchhandel verfügbar.

Sie finden unsere Bücher in Ihrer Buchhandlung oder im Internet unter
www.neue-erde.de
   Bücher suchen unter: **www.buchhandel.de**. (Hier finden Sie alle liefer-
baren Bücher und eine Bestellmöglichkeit über eine Buchhandlung Ihrer
Wahl.)
   Bitte fordern Sie unser Gesamtverzeichnis an unter

NEUE ERDE GmbH
Cecilienstr. 29 · 66111 Saarbrücken
Fax: 0681 390 41 02 · info@neue-erde.de